技術！ 體能！ 心志！ 肌力！

TECHNIQUE CONDITIONING WILLPOWER STRENGTH

全方位的
馬拉松科學化訓練

徐國峰・羅譽寅◎著

本書將帶你通過知識與理論的荒林，
並用簡單的方式教你把這些知識運用在訓練和提升運動表現上。

要寫一篇關於國峰和他的工作對我來說很容易。幾年前，我因為國峰翻譯
了我的書《跑步，該怎麼跑？》而開始與他熟識。當年我造訪台灣，有機
會跟他談論了許多關於跑步與鐵人三項的訓練與教學議題，我因此對他的
個人身兼作家、教練和老師的身分，有著極為深刻的印象。在他身上我看
到一些珍貴的人格特質——他的真，而且我從沒看過他以先入為主的觀念
反駁他人。他在面對各種年齡層、社會階級與知識背景的人，都以誠懇與
謙卑的態度傾聽，並用自己的方式慷慨且友善地分享他的知識。他總耐心
聆聽，並試著努力去了解對方說的話，而非搶著發表自己的意見。

「助人為快樂之本」是他的人生哲學，這讓他保持好奇心，也是支持他致
力於翻譯與寫作背後的一股驅動力。當我和他討論中國古代哲學思想，我
察覺到他對於真理擁有敏銳的覺察力與智慧，再加上他對此研究主題的濃
厚興趣，完美地組合成他個人獨有的觀點，將如何進行馬拉松訓練與比賽
的知識帶給其他讀者。

這本書不只是知識的匯集，它是作者經過深思熟慮、用智慧轉化多位研究
者關於馬拉松訓練與運動表現知識的結晶。國峰用自己的觀點帶領讀者認
識這些困難的知識領域，他將帶你通過知識與理論的荒林，並用簡單的方
式教你把這些知識運用在訓練和提升運動表現上。我確信你能透過本書來
達成自己的目標。

Dr.Romanov, Ph.D.

Author and Founder of the Pose Method

尼可拉斯・羅曼諾夫博士

《跑步，該怎麼跑？》作者 / 姿勢法創始人

It is an easy job to write about Kuo Feng and his work. Since I was acquainted with him several years ago as a translator of my book "Pose Method of Running", and then visiting him in Taiwan and discussing over many topics related to training, teaching in running and triathlon, I got very nice impression on him as a person and writer, coach and teacher. There is very valuable commodity about him – he is very true in any appearance, without predisposed opinion and opposing attitude. He is generous and friendly in his approach to people of any age, social level and knowledge, with sincere attention and humble point of view on himself. He rather ready to listen others and make an effort to understand them, rather than push his point of view ahead. His life's philosophy is to help people and this is driving force behind his curiosity and efforts to translate and write books. Together with his sharp sense of the truth, intelligence, which I was a witness discussing with him ancient Chinese philosophy, and deep interest in a subject he is studying, it brings a perfect combination of someone who wants to share with you – reader, individual vision of how to accomplish your marathon training and racing.

This book is not a compilation, but thoughtful and wise interpretation of work of several different writers related to marathon training and performance. Kuo Feng is bringing to you his own vision of this difficult field of knowledge and taking you through the wild forest of facts and theories to the simple implementation to your own training and performance. This is true and right guidance from the inside man. It is a way to your successful performance and I am sure about this.

Dr.Romanov, Ph.D.
Author and Founder of the Pose Method

體能！肌力！技術！心志！
全方位的馬拉松科學化訓練

目錄

跑步的體能該怎麼練？

跑步肌力：
強韌肌肉是跑馬的基礎

Chapter 5 跑步技術：學習不易受傷、效率與速度兼備的跑法

Chapter 6 馬拉松訓練計畫

Chapter 7 跑者的意志力

跑步有什麼用？

比賽中的配速策略

chapter **1**

馬拉松的
樂趣何在？

令人滿意的嗜好必須是相當沒有用處、
沒有效率、耗費勞力或者無意義的。
By Aldo Leopold（李奧帕德）

為了讓本書所討論的問題聚焦，我們先定義「馬拉松」這項運動，從 2014 年由丹尼斯（Dennis Kipruto Kimetto）於柏林馬拉松創下的世界紀錄（2 小時 02 分 57 秒），我們把它界義為：一種至少要跑 2 小時，距離為 42.195 公里，以競賽為目標的路跑賽。

這麼長時間的運動項目，為什麼有人會喜歡？而且參與的人還愈來愈多？我們可以從「全國賽會」這個網站上的資料來看，過去曾經登錄在網站的全馬賽事以及距離超過 42.195 公里的超級馬拉松賽事，2011 年之前每年大約都在 50 場以下，到了 2014 年已經增加至 158 場，今年（2015 年）還在累積上升中。可見全台灣參與這種長距離路跑賽事的人數愈來愈多。

台灣每年舉辦的全馬與超馬賽事場次			
年份	全馬場數	超馬場數	總計場數
2006	18	5	23
2007	12	2	14
2008	24	10	34
2009	28	9	37
2010	32	9	41
2011	41	9	50
2012	48	18	66
2013	72	24	96
2014	125	33	158
＊從網站「全國賽會」的資料統計而來			

為什麼有愈來愈多的人喜愛長距離跑步？為什麼人類會願意花這麼多時間跑步？馬拉松的樂趣何在？

人類是最耐跑的哺乳類動物！

關於這些問題，我們可以先從其他也會跑步的哺乳類動物思考起。「動物」顧名思義是一種會移動的生物，先不考慮天上飛的和水中游的，陸生動物的移動方式大致有三種：走路、跑步與跳躍。走路與跑步的差別是後者存在騰空期；跳躍也有騰空期，但它與跑步的差別是沒有轉換支撐的動作，下肢是同時支撐與同時離地，這一群以跳躍為主要移動方式的動物大都出現在澳洲，像袋鼠，牠們利用兩條腿同時撐地施力，使身體騰躍離地前進。走與跑，都是利用下肢交替支撐地面來移動，這是由於移動的基本要素是身體的某部分必須先找到支撐點，其他部位才能開始移動，例如我們右腳撐在地上，左腳才能往前跨，所以不管是「走路」或是「跑步」都必須先形成支撐點才能移動（這點在跑步技術這個章節會詳細解說）。這種交替支撐的移動方式比較有效率，所以動物演化的方向大多是往走／跑這個移動模式前進。

走／跑的差異在於後者存在騰空期，也就是跑步的移動過程中，存在一段身體任何一個部位都不與地面接觸的時間。如果我們接著問：會跑步的哺乳類動物有哪些？我們可以很快想到狗、貓、馬、牛、羊與人……等等，當你把這些會跑步的哺乳類動物都列出來後你會發現，似乎只有人類是兩條腿，其他都是四條腿。

事實上，目前地球上的哺乳類動物會用兩條腿跑步的只有人類而已。也因此，人類成為最耐跑的哺乳類動物，原因是四條腿的哺乳類動物在跑動時，每跑一步，當牠的前腿和後腿在身體下方交叉時，內臟會因為慣性而往前衝，接著壓縮到肺部，把空氣擠出去，使得牠非得吐氣不可；當牠的前腿往前跨出時，內臟又往後移動，肺的空間隨之擴大，空氣又自動被吸進來。因此四條腿的動物，受制於生物力學上的構造，

每跑一步必須要呼吸一次。由於牠們的呼吸被迫跟著步頻一起加快，跑動時的急促呼吸變成牠們的天性，也就是說四條腿的哺乳類動物們無法享受悠閒地慢跑，也無法邊跑邊聊天（假如牠們有說話能力）。而人類從猩猿演化到能直立行走之後，垂直排列的臟器不受水平移動影響，就此擺脫了被迫一步吐一步吸的限制，這項進化讓我們能跑好幾步才呼吸一次，也讓我們能夠做到「邊跑邊調整呼吸」這件其他哺乳類動物做不到的事。

當然，只有這項特徵還無法讓人類變成最耐跑的陸生哺乳類動物。除了「兩足站立」之外，另兩項耐跑的關鍵是「無毛」且「會笑」。先談「無毛」。雖然人類並非完全沒有毛髮，但只有人類是大部分皮膚表面都沒有濃密毛髮覆蓋的陸生哺乳類動物（鯨豚也是無毛的哺乳類動物，但牠們不會跑步），因此人類可以很容易把跑步過程中所產生的體熱排出體外。像狗這類長滿毛髮的動物，就只能透過大口喘氣（嘿嘿嘿）把體熱排掉，不像人類全身上下的皮膚都可以排熱。大部分的哺乳類動物之所以無法長時間跑步，正是因為毛髮太濃密，體熱積在體內排不出去，造成肌肉與器官因過熱而罷工，所以牠們跑不長並非因為體力不行，而是由於長距離奔跑後散熱不易。

那麼「會笑」跟耐跑有什麼關係？關家良一（日本超級馬拉松名將）在環台祈福路跑途中，時常展露笑顏跟前來加油打氣與陪跑的朋友合照，但到了第五天他的腳踝已經開始疼痛不已，接下小腿也開始浮腫，但他每天還是撐著跑80~100公里，最後還是完成了十三天環台路跑的挑戰。除了兩足與無毛這兩種因素讓他能在短短幾天內跑完台灣一圈之外，另一個讓他能撐下去的關鍵是：「苦中作樂」，這是只有人這種動物才有的能力。在長跑過程中，人類的大腦會產生腦內啡（endorphin），讓跑者在身心煎熬之中還能產生愉悅感（runner's high）。再者，我們

的意識能在辛苦中自我勉勵，還能夠自行「分心」，把注意力集中在莫大痛苦中的狹小角落。在漫長的跑步過程中，我們都曾試著轉移注意力，想著過往的好友，想著親愛的家人。人類可以透過想像力來忽視身心的痛苦。在痛苦中，微笑。

運動與懶惰，同是動物求生與延續生命的必要手段

經過歸納，動物活動身體的主要目的有四：獵補採食、求偶、逃避天敵與養活後代。

「用最少的能量來獲取食物與傳宗接代」是每一種生物都有的本能，只是各家的專長不一，例如豹的瞬間爆發力、猴的長手臂、蹬羚有力的雙腿……等等。過度消耗體力求生對於動物來說非常不利，很容易被天擇淘汰掉。身為動物，實在無法像植物一樣那麼輕鬆，在原地打開枝葉行光合作用就能活下去，但動物的優勢在於，當氣候變遷時，隨時能遷徙離開，自由自在多了。

長距離移動的能力，就是動物為了逃避氣候變遷、找尋食物或繁衍後代所演化出來的，就像能長途迴游的鮭魚或是天生適合長跑的人類，那是我們的基因製造出來追求生存的工具。

為何我們懶得運動？

然而，除了獲取食物、逃跑、求偶與繁衍這些必須消耗能量的身體活動之外，盡量保存體力也是動物的天性，這是演化至今各種動物的生存之道。這種動物的共同天性，會限制我們不要沒事就外出跑個數十公里。就像動物園裡的獵豹，每天把牠餵得飽飽的，儘管他的百米加速能力為全球動物之冠，但牠才懶得在園子裡練習衝刺，消耗過剩的能量。

我們人類，不過只是芸芸眾生之一，同樣具有優秀的「保存能量」基因。在這個現代化社會中，不像自然界的動物為了生存必須不斷活動身體，我們不必再為了溫飽從事耗體力的獵捕和採集活動。運動的正當理由消失了！所以現代人懶得運動是正常的，跟動物園裡的動物一樣，當所有活動身體的目的都滿足了之後，保存能量的基因就會位居高位，它的指令是：能不動就盡量不要動，誰知道明天會不會有飯吃，身體的能量還是得省著用。

農業時代的人類，還需要為了食物勞動身體，還要看天吃飯。但進入工業與科技時代之後，只有極少部分的工作需要活動四肢，食物有機器幫忙採收、生產與運送，社會有極精密的分工制度，也沒有天敵需要躲避逃跑，連談戀愛都有交通工具與網路之便，在台灣，80% 的約會活動都是靜態的（會一起約去跑馬拉松的情侶已經算是稀有動物）。我們失去了活動身體的理由。

現代化社會中的人類，除了職業運動員，已不太需要靠運動謀生。但身體裡「盡量保存能量」的基因指令仍然存在，食物與後代都有著落了，能不動當然最好。所以，現代人「懶」得運動，是有道理的。我們有

充分理由拒絕消耗不必要的能量。（是指除了獵補採食、逃避獵食者、求偶、養活後代之外所有「不必要」的活動。）

可是基因卻沒料到，有一種動物不用付出太多勞力就能生存，因此原本是天擇演化下身體的絕佳儲存能量——脂肪，變成了人類的惡夢。哺乳類動物是由高度「防減肥機制」的基因所製造出的求生機器，這樣的基因才能製造出自然界最有利於生存的生物。這也是為什麼「肥」是如此難「減」！

從另一個角度來看，遠古人類經過了數十萬年的獵捕與採食，「活動身體」的因子也潛藏在我們的身體裡，只是當我們活動身體的原始目的消失時，這種因子就被藏在底下，「盡量保存體力」的指令位階比較高。

 ## 為何我們喜歡跑馬拉松？

我們仍存在著活動身體（運動）的基因，只是藉此獲取食物的目的不存在了。耗體力的勞工、吃不飽的街友，不太會以跑馬拉松為休閒，但在社會漸漸富足之後，「運動」成為一種「休閒」活動。為何世界上會有一大群人喜歡花錢去跑個 42.195 公里，甚至更遠的距離呢？我認為有下列幾項理由，促使我們把長跑基因拉到超越懶散的高度。

為了休閒與興趣而跑

我們先從最大宗的理由談起：「只是跑興趣的！」「當作休閒跑跑而已啦！」這是我聽到最多跑者提到的理由。這些跑者有個特色，他／

她們不求成績，以歡樂與休閒為目的，是名副其實的休閒馬拉松跑者。所謂「休閒」，《說文解字》定義「休」為「息止也」，白話的意思是：停下來好好呼吸的意思。「閒」是指門縫間所透進的月光，引伸到後來是正事與正事之間的空閒時間，像是小時候的下課十分鐘或目前的週休二日。把這兩個字的意義綜合起來，我們可以把「休閒」定義為：在正事與正事之間的時間縫隙中，從事一種「沒有目的性」的行為，以這種行為作為生活中的休息片刻。所以跑步絕不算是奧運馬拉松選手的休閒活動，跑步是選手的正事，無法讓他／她們獲得休息的目的。若你有一份正職，時常在下班後換上運動服出去練跑，時常在週末到外縣市參加馬拉松比賽，這些訓練和比賽都能讓你感到放鬆，也讓你在上班日更為專注，如此你就是名副其實的休閒馬拉松跑者。

這一類休閒型跑者，有些人除了為了放鬆，還會為了「興趣」而跑。所謂興趣，又可分為「興」味與「趣」味。何謂興味？「興」這個字讀成一聲時可當動詞用。在跑步過程中，由於脫離了電腦、手機、工作與家人的羈絆，腦袋能處於空白的狀態，在這種狀態中最容易「興」起過去的回憶、情感，或產生新的創意或靈感，這些都是跑者的內在風景，與外在的景物無涉；而所謂的「趣」味，是你在跑步時感受到外物所帶來的愉悅感，像是天上的雲、河岸的水鳥或是路邊跟著你跑上一段的小朋友。

有些將跑馬拉松當作興趣的跑者，也許說不清楚為什麼要把馬拉松當成嗜好，自然書寫作家李奧帕德（Aldo Leopold）作了最好的詮釋，他說：

嗜好究竟是什麼？它和一般追求的事物之間的分界線在哪裡？我一直無法圓滿地回答這個問題。乍看之下，我很想說，令人滿意的嗜好必須是相當沒有用處、沒有效率、耗費勞力或者無意義的。[1]

馬拉松這種運動，不就正是一種「相當沒有用處、沒有效率、耗費勞力或者無意義的」運動嗎？想要移動 42.195 公里的話，汽機車的效率高多了！

為了變強而跑

另一種類型的跑者，並非只是為了興趣和嗜好而跑，他／她們為了變強，有目的性地鍛鍊自己的身體。有些人變強是為了得名上凸台的榮譽感、為了拿獎金、為了破 PB，或只是追求更快的速度看到不一樣的風景。這一類跑者會在閒暇時練跑，但跑步並無法讓他們達到休息的狀態，練跑大都附帶有嚴厲與痛苦的特性。他們與休閒馬拉松跑者剛好相反，心裡始終存在著目標，需要靠意志力來進行痛苦的高強度間歇訓練，不像休閒跑者能透過跑步放鬆身心，這一類跑者需要進行超負荷訓練才能變強。練跑與比賽當下的「興趣」是很少的，它不太能興起什麼感受或靈感，也沒有什麼趣味。訓練與競賽大多需要動用意志力，需要不斷地忍耐無趣與痛苦。

那他／她們為什麼喜歡？

理由有很多，我們將在第 8 章〈跑步有什麼用？〉中仔細闡述，但我要先提出最引人入勝的一點：升級（Level UP）。

因為升級的感覺無與倫比。在馬場（馬拉松的賽場）上，「時間」是等級的證明。突破自己極限的證據是你的完賽時間，從全馬 5 小時，一步步過關斬將，進步到破 4、或甚至破 3 的成績，就像是角色扮演遊

---

1 李奧帕德：《沙郡紀年》（台北：天下文化，2005 年，頁 250）

戲（RPG）中角色想要升級就要不斷的練功，等級愈高就要累積愈多經驗值才能再升上一級。他們用數字來量化自己「身體」的極限。升級的成就感，會讓人沉迷，讓人想一直練下去。如果你也是一位對於變強與升級充滿熱忱的跑者，這本書正是為你所寫。

chapter **2**

讓我們開始
科學化訓練

隨性練，不只會隨性的進步，
也會隨機產生運動傷害；
科學化訓練能幫我們確立目標與降低運動傷害發生的機會。

「訓練」的目的是為了變強，對馬拉松這種競賽來說，所謂變強，具體來說就是用更短的時間跑完 42.195 公里。「想要變強，科學化訓練是最有效與最安全的方法」。若從《說文解字》來看「科」這個字，它是會意字：「從禾從斗，斗者量也」，所以科學一詞可以說是一種「測量」的學問；再從西方角度來看「科學」一詞的基本涵義，它是指「從理性客觀的方法所驗證過的知識」。因此，本書談「科學化訓練」，是把過去國內外研究學者用理性客觀的科學方法所驗證過的訓練知識，整理、詮釋、轉化成書，再分享成如何「檢測」自己目前的能力，傳授該如何排定週期化的訓練計畫，該如何執行與進行個人化的調整，以及該如何客觀的利用「量化」數據檢驗自己是否確實變強。

身體素質由肌力和體能組成

當我們談跑步科學化訓練的知識時，可以分為「體能」、「肌力」與「技術」三大領域來談。所以本書接下來將把跑步訓練分成跑步體能、跑步肌力與跑步技術。

世界上運動科學發展較完善的國家，大都在政府組織底下成立國家級的訓練研究中心，例如美國在 1978 年成立「美國肌力與體能訓練協會」（National Strength and Conditioning Association, NSCA），或是澳洲肌力與體能訓練協會（Australian Strength and Conditioning Association, ASCA）與英國肌力與體能訓練協會（UK Strength and Conditioning Association, UKSCA）。這些協會成立的目的就是為了提升教練與選手在「Strength」（肌力）與「Conditioning」（體能）訓練的專業知識與實踐能力。從單位的名稱就可以注意到，他們的研究重點放在「Strength」與「Conditioning」。Strength 翻成「肌力」比較沒問題，但國內統一把

Conditioning 翻成「體能」，並不恰當。因為 Condition 字面上的意思是「調節」與「適應」，比較接近「身體的調適能力」。但後續的用語，我們還是用體育界已經習慣的「體能」一詞。肌力其實也在體能（身體調適能力）範疇之中，但由於肌力是所有體能特質中最關鍵的一環，所以特別被提出來研究。

由此可知不管是哪一種運動，都必須強化該項目所特別需要的身體素質，才能呈現優異的運動表現，而身體素質正是由「肌力」與「體能」這兩大範疇所組成。不同的運動種類當然有不同的技術，但「肌力」與「體能」的知識就具有普遍性，不管是什麼運動都可以拿來運用。換句話說，「肌力」與「體能」正是所有運動的基礎，在訓練時必須與技術搭配，針對不同的項目所需強化的「能量系統」與「肌肉功能」做調適。

因此，我們可以將跑步能力分解成體能／肌力／技術三大部分，也就是說，你的馬拉松成績是這三種能力混合後的表現。這三者既是相輔相成，反過來也會互相牽制。只有當你的體能與肌力的根基夠扎實穩定之後，才能保證你在 42.195 公里的跑步過程中能一直有效地控制身體，讓動作維持著有效的技術──身體始終維持著優美、流暢的跑步動作。

將身體打造成長跑機器

你可以把身體想像成一部賽車，「體能」是指心肺耐力與身體輸出能量的續航力，就像賽車的引擎效能、供油、排氣系統與油箱大小，心肺耐力不足就像是一具品質不佳的引擎，很容易縮缸。肌力就像賽車各種傳動系統間的機械性能，如果輪軸不夠強韌，引擎再好也沒用，如果避震系統不好，車體也容易損傷。技術是指控制身體的能力，就像賽車手操控技巧的優劣。假若賽道上每部賽車的性能都一樣，決定勝負的因素就取決於不同賽車手的操控技術，就算用同樣的車，一級的賽車手就是可以開得比別人快。

這三種能力同等重要，缺一不可，但對一位剛開始練初馬的跑者來說，最先要加強練習的是「肌力」。因為身體的相關肌群如果不夠強韌，而體能又進步得很快，受傷的風險就會提高，試著想像一下：在金龜車上面裝上法拉利的引擎，車體、輪軸輪框很容易出問題。

太多人在報名全馬後擔心跑不完，一開始將跑量加得很大，就算運氣好沒受大傷，但由於體能進步太快，肌力沒跟上，在比賽或高強度訓練中一強催馬力，身體便出了狀況。所以，雖然馬拉松是長距離運動，一開始仍要先以「肌力」訓練為重，等身體夠強之後，再把訓練重心移到體能上，這時你的身體就可以變得「很耐操」了！換句話說，耐操的身體不是透過一直增加跑量或強度來達成，而是透過肌力訓練。

對於馬拉松這項競賽來說，好的跑步技術可以讓身體以最少的力氣（肌力與體能）用相同的速度跑完全程，就像是優秀的 F1 賽車手能使輪胎磨耗與汽油耗損降到最低一樣。跑步技術的知識長期以來一直被忽視，直到尼可拉斯・羅曼諾夫博士（Dr. Nicholas Romanov）發表了《跑步

該怎麼跑》（Pose Method of Running）之後才開啟了跑者們對跑步技術的新視野。但跑步技術是無法獨立學會的，因為技術是建立在體能與肌力的基礎上，如果你的心肺耐力不佳或肌肉力量不足，有些技術是做不到或做不久的。所以我們說這三者之間是相輔相成，就算你身體素質再好，如果不知道加速的基本物理原理在於加大前傾角度，你就會深陷於一連串的間歇訓練中而無法突破最佳成績；反之，儘管技術的知識都學全了，但如果肌力與體能不好，也會維持不了理想中的標準動作。

馬拉松訓練金字塔

如果曲軸失效，整部引擎也跟著失去功能。

體能／肌力／技術，像是一個金字塔底部的基礎，缺一不可，「速度」位於角錐的頂點。當這三種能力平衡發展時，速度才能穩定向上提升。

速度與體能 / 肌力 / 技術間的關係

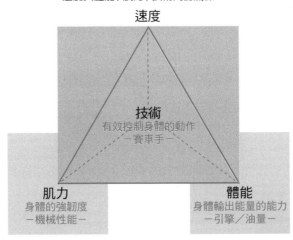

如果身體的其中一項能力不足，圖中的三角錐會因某一邊較低而偏向某一邊，頂點自然比較低。就像體能不足時即使技術再好，你的「速度」仍然無法有效提升一樣。另外，也不能只是過度鍛鍊其中一項，雖然如此也能提高速度，卻會被沒有同時提升的另兩項能力拖累，通常使得訓練效果不彰。對馬拉松來說，不只訓練效果受限，過度發展體能忽視肌力與技術，如前所述反而很容易造成運動傷害。

突破個人最佳成績（破 PB）可不只是單純提高「速度」，讓身體習慣快跑的壓力就能變強。「速度」只是最後的結果，「體能／肌力／技術」三者才是讓你破 PB 的的根本原因，只要分別從這三個根本基礎下手，穩固基礎，平衡發展，你的速度自然就會提升。

速度是建立在平衡的基礎上

A型：技術與肌力較弱　　　　B型：技術／肌力／體能平衡發展　　　　C型：體能較弱

科學不談教練對錯，只追尋自然的原理

道常無為而無不為。（《老子》第三十七章）

「無為」就是什麼都不要做嗎？不是的。一般人認為「無為」就是把

「為」否定掉，是什麼都不做！老子的意思不是這樣的。我們要先了解「有為」所代表的是「私心」。當一個教練「自以為是」，他就是以私心而為的教練。當教練以自以為是的價值判斷去強迫選手都跟他一樣（跟隨他的價值判斷），那就是「有為」。世上的父母常常如此，以自己的價值判斷強迫孩子跟隨：就像父母說：「這好吃！孩子，趕快吃趕快吃。」子女：「我覺得不好吃。」父母：「好吃啦，我跟你講好吃就好吃。快吃！」「唉呀！你這小孩子就是不懂，這可是高級貨，還挑嘴。」

這就是父母強迫子女追隨自己價值觀的例子之一。父母或是領導者們常說：「這是為你好」，便是所有的「有為者」常用的藉口。欲想把自己的價值判斷強加在他人身上的藉口。本書強調科學化的馬拉松訓練，所以我們不會說「跟著練就對了」，我們寫這本書的目的是為了把「主觀私人的訓練經驗」給消解掉，試著以客觀的科學化訓練來闡述訓練的方法（給你釣桿），而非硬把某份訓練課表或個人經驗（魚）塞給你。

科學化訓練所追求的是順應自然，地心引力即是自然界一切物體移動的起源，所以本書在跑步技術中所有談的不是一種新發明出來的方法，而是找出自然的原理，再用身體去順從與適應它。在談體能訓練時我們也是要先了解人體裡的能量系統與變強的週期性，才有順應的依據。當我們談科學化訓練時，其實就是一種教育身體順應自然的訓練。

科學化訓練的核心概念在於「量化」

沒有量化，就沒有科學化訓練。對耐力運動來說，最初始的量化指標就是成績，例如原本 5 公里跑 20 分，訓練三個月後在同樣的道路上可

以跑到 19 分，就是進步了；或是在同樣的訓練課表中跑出更快的時間，例如同樣進行 10 趟 400 公尺的間歇跑，平均每趟的時間都比上禮拜更快了。「固定距離內所跑出的時間」確實是進步的具體指標，但你無法確定這種進步到底是體能、肌力還是技術變強的結果，也就是說你不知道現在的你哪一項較強或較弱，那麼就會無法對症下藥，開課表與訓練時就會模稜兩可，變成矇著眼練，矇對了就進步，矇錯了再換另一種訓練法，訓練效率自然很低。

關於量化，肌力訓練是三者中最容易做到的，因為它可以藉由「重量」、「反覆次數」和「組數」來量化某次的訓練壓力是多少，以及訓練到哪一些肌群。例如某次的課表是：硬舉 3 組 80 公斤 ×4，這是在訓練最大肌力。訓練量能藉由反覆次數和組數來控制，也可以藉由重量來控制訓練強度與觀測未來的訓練成效。例如原本蹲舉一次的最大重量是 60 公斤，三個月後可以負重 80 公斤，如此最大肌力進步的成果就非常明確。肌耐力也可以依此進行檢測進步幅度，但爆發力的成果就很難量化了，因為三個月後可能重量不變，但舉起的速度加快。目前市面上的穿戴式裝置還無法量測出抓舉等爆發力動作過程中的速度。這是監控裝置的限制，跑步技術和體能訓練的量化也碰到同樣的困難，但在科技的輔助下，這兩種量化的技術已逐漸普及。

 跑量愈大，進步愈多？

現在「馬拉松界」最重視的一個數字是里程數，大多數的跑者是透過不斷增加跑量、累積訓練里程數來追求更好的成績，可是這種訓練方式對於全馬已經跑到 3 小時 30 分的人來說，效果並不大（當然，某些極少數人可能還有效果）。但大多數的跑者對於跑量的迷思仍相當嚴

重，這是可以理解的，因為每個人剛開始練跑時「只要有練成績就會一直進步」，所以初期訓練的成績會跟跑量成正比。

以下圖為例，一位原本完全沒有跑步經驗但平常會自主去健身房訓練的上班族，剛開始其實就算不用練跑，快走也能在 7 小時左右完成一場馬拉松，隨著跑量增加，馬拉松成績也會愈來愈好，當每週跑量超過 80 公里時，全馬突破了 4 小時的關卡⋯⋯這種甜頭大家剛開始都嘗得很過癮，所以大家會很理所當然地認為跑得愈多，成績當然也會愈好。

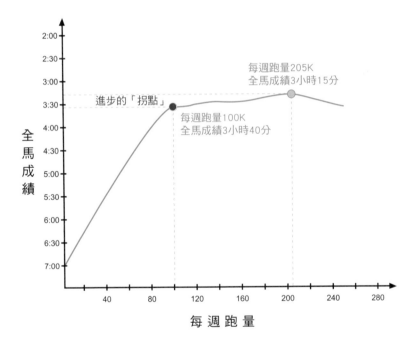

但變強後還要再更強的過程其實沒那麼單純（不然奧運選手只要比誰練得多就好了），以這位選手為例，他每週跑量到達 100 公里後，（依原本的訓練方式）再把跑量往上增加，但訓練效果就變得很平緩，進步得幅度很小⋯⋯但他很想進步，所以再跟著跑團裡的大哥大姐們練得

更多了，每週跑量到達 205 公里，他的全馬成績也的確進步到了 3 小時 15 分，但身心同時變得相當疲累。為了再進步，他再加大跑量到每週 220，甚至 240 公里（平均每天跑 30~35 公里），沒想到成績竟然不進反退（因為太過疲勞了，身體吃不下來）。

從這位選手的進步曲線圖我們可以了解：一開始先以低強度累積跑量的確是關鍵，不但成績會進步，也能協助你打好體能的基礎。但訓練量到了 80~120K 之後，來到進步的「拐點」，拐點的位置因人而異。拐點之後進步的關鍵就不再是「里程數」而是「訓練的品質」。所謂訓練品質，就是訓練量的調配問題，也就是「該如何把相同的訓練量『調配』成效果較佳的訓練處方」，這即是科學化訓練在討論的問題。其中，對於馬拉松這種耐力型運動來說，體能訓練最為重要，因此也最需要被量化與調控，所以接下來我們先從馬拉松的體能訓練談起。

chapter **3**

跑步的體能該怎麼練？

練體能就像在建造金字塔，
基底打得愈廣，
才能疊得又穩又高！

量化體能的關鍵指標：
最大攝氧量（VO_2max）

我的孩子在 2015 年 1 月底來到這個世界，在產房裡看著她出生所做的第一件事就是哇哇大哭，與此同時吸到了人世間的第一口空氣。我們呼吸的主要目的，是為了讓空氣中的氧氣透過肺泡交換到血液中，再由心臟這個有力的幫浦輸送到全身去進行代謝，產生能量供各種器官及肌肉等使用。人活著，就需要消耗氧氣，就算安靜不動時也是一樣。就算在最深沉的睡眠裡，心臟在跳、血液在流、自律神經系統仍管理著身體各系統的運作，你的身體需要運用最低限量的氧氣，才能活下去。

當你開始活動身體時，肌肉的用氧需求增加，此時就要透過血液運送更多的氧氣過去，氧氣送到有需求的肌纖維組織，再交換進入粒線體中跟能量與酵素進行化學反應，代謝成為 ATP 和體熱，ATP 可供肌肉收縮使用以驅動骨骼，體熱經由血液送到皮膚再經由汗水蒸散排出。這個運作過程很完美，讓我們能利用身體儲存的能量來跑完一場全程馬拉松，就像汽車利用油缸裡儲存的燃料來驅動車體前進一樣。

那麼體能的高下從何判別？是身體儲存燃料的多寡嗎？體能優劣與否並非從油箱的大小來決定，而是從**引擎的效能**。我們在比較每具汽車引擎的效能時，主要看它有幾 CC 還有它裡頭有幾具氣缸，像我阿爸的 TOYOTA CAMERY 裡有一具 3000CC 的 V6 引擎，意思是引擎裡頭有六個汽缸來驅動曲軸，每個氣缸 500CC，總共 3000CC，能燃燒的容量愈大，產生的動能也愈大。

關於「體能的高下從何判別？」這個問題，要先了解身體裡的引擎在哪裡——在於肌纖維裡的粒線體。因為驅動肌肉伸縮的 ATP 都是從粒線體裡代謝而來，粒線體就像身體裡的微小汽缸，汽缸愈多，所能產生的動能愈大。但在這個微小汽缸裡代謝的過程還需要氧氣、燃料和其他酵素，當肌肉間的微血管愈密（能送愈多氧氣進去）、酵素濃度愈高，輸出的效能就愈高。但我們如何知道身體裡能量輸出的效能（每分鐘代謝 ATP）有多少呢？方法很簡單，我們可以先忽略細節，因為能量消耗與氧氣消耗之間有著基本的對應關係：**消耗 1 公升的氧氣 = 產生 5 大卡的能量與熱量**。因此，我們可以直接從身體在運動過程中總共消耗了多少氧氣（攝氧量），就可以知道身體裡的引擎總共創造多少能量出來，再把氧氣量除以時間，「效能」就量化了。

當我們把油門催到底，馬力加到最大時，會得到一個氧氣最大消耗量，在運動生理學上的專業術語稱為「最大攝氧量（VO_2max）」，它的單位是身體每分鐘每公斤體重所消耗的氧氣量，看誰量測出來的數值最高，誰的體能就最好。

因此，最大攝氧量就成為評估耐力跑者有氧能力的最佳指標。優秀長跑選手的最大攝氧量可超過 70 ml/kg/min，也就是這位跑者在最激烈的運動狀況下，每分鐘每公斤體重可以消耗 70 毫升的氧氣，而一般甚少進行耐力訓練的人通常都在 40 ml/kg/min 以下。

目前最大攝氧量的世界紀錄，來自於挪威的奧斯卡‧斯文森（Oskar Svendsen），1994 年出生的他，於 2012 年的最大攝氧量測試中，創下了驚人的 97.5 ml/kg/min，打破了同樣來自挪威的前世界紀錄保持人埃斯本‧赫隆‧伯利格（Espen Harald Bjerke）所創下的 96 ml/kg/min；斯文森目前為一位職業自行車選手，並於 2012 年的自行車世界錦標賽中

奪得青年組（U23）個人計時賽冠軍。

 我們該如何知道自己的最大攝氧量呢？

一般實驗室中的最大攝氧量測試，都會在跑步機或固定式腳踏車上進行，受試者在臉上戴上面罩，收集呼出的每一口氣，並運用氣體分析儀來量測消耗的氧氣量。以跑步機為例，跑者在測試剛開始時先從低強度慢跑開始，每隔一段時間提高跑步機的速度，一直重複此動作直到受測者無法維持該速度為止，分析儀器會記錄下受測者在整個過程中所呼出的氣體，並分析當中的含氧量，從而得知受測者在運動過程中消耗了多少氧氣（亦即攝取了多少空氣中的氧氣），由於運動強度愈高其攝氧量會等比例上升，因此在受測者衰竭前的攝氧量會達到高原值，這就是他們的最大攝氧量。但我們不可能每回在路上跑步時都戴著面罩進行監控，因此最大攝氧量的測試只限於在實驗室或醫院進行（目前台灣各大醫院都有提供自費測試）。

如果我想要知道自己的體能等級，有沒有比較簡易的測試方式呢？有的。美國運動醫學學會（ACSM）發展出一套公式，可以預測出跑者的最大攝氧量。事前有兩項準備工作：
(1) 測驗前幾天的訓練要先減量，讓身體恢復，測出來的數據會比較準確。
(2) 需要一台可以調坡度的跑步機。

測試前先站在跑步機上逐漸把速度調整到時速 9.6 公里，再把坡度調到 2%，當作熱身。接著，每 2 分鐘調整一次速度，各階段的速度如下表，跑步強度會愈來愈高，直到你在該階段無法撐完兩分鐘為止。

測試進程	維持時間（分鐘）	速度（公里/小時）	坡度（%）	最大攝氧量（毫升/公斤/分鐘）
0	2分鐘	9.6	2	38.54
1	2分鐘	10.4	2	41.46
2	2分鐘	11.2	2	44.38
3	2分鐘	12	2	47.3
4	2分鐘	12.8	2	50.22
5	2分鐘	13.6	2	53.14
6	2分鐘	14.4	2	56.06
7	2分鐘	15.2	2	58.98
8	2分鐘	16	2	61.9
9	2分鐘	16.8	2	64.82
10	2分鐘	17.6	2	67.7
11	2分鐘	18.4	2	70.6
12	2分鐘	19.2	2	73.5
13	2分鐘	20	2	76.4
14	2分鐘	20.8	2	79.3
15	2分鐘	21.6	2	82.2
16	2分鐘	22.4	2	85.1
17	2分鐘	23.2	2	88

資料來源：ACSM's Guideline of Testing and Prescription, 5ed, 1995, P278~283

看你最後停在哪個階段，就可以依上述表格對照出自己的最大攝氧量。假設有位跑者 A 的體重是 65 公斤，跑到階段 10 的時候撐不下去，我們就知道他的最大攝氧量是：67.7 ml/kg/min，也就是說每分鐘他的身體可以消耗 4.4 公升的氧氣（67.7×65=4400 毫升 =4.4 公升）。因為我們知道消耗 1 公升的氧氣 = 產生 5 大卡的能量與熱量，這位跑者 A，每分鐘最大可以產生 22 大卡的能量與熱量（4.4×5=22 大卡）。這 22 大卡，並非全部都能夠拿來當作你跑步的動能，大部分都會變成無用的體熱。就像火力發電廠一樣，設備愈先進，把煤碳燃燒後轉換成電能的百分比就愈高。這就是所謂的**引擎效能**，也是運動科學中常說的經濟性（Economic）。

代謝能量＝動能＋熱能，動能比例較高代表跑步的經濟性較好

沒有經過耐力訓練的人，有氧代謝的引擎效能大約 17-18%，曾接受訓練的一般跑者大約 20%，經長年訓練的菁英馬拉松選手可到 22-23%。經過研究顯示有氧代謝的效能跟肌肉內的慢縮肌比例成正比，而訓練年數跟慢肌比例也成正比。以上述的例子而言，如果跑者的有氧代謝效能是 20%，身體每分鐘所生成的 22 大卡中，只有 4.4 大卡（22×20%）變成動能，其餘 17.6 大卡都變成熱能。

 最大攝氧速度（vVO₂max）

在《丹尼爾博士跑步方程式》一書中，作者提出的「最大攝氧速度」就可以具體看出引擎效能上所顯現的差異，它代表的是身體在消耗氧氣的最大上限（也就是最大攝氧量）時所跑出的速度。這個數值跟引擎效能密切相關。作者丹尼爾在書中自述（《丹尼爾博士跑步方程式》2014 年遠流出版，頁 37）：

四十年前，我有一位隊友在測試中發現他的最大攝氧量為 73 毫升／分鐘／公斤。當時我也測了最大攝氧量，令我相當灰心，只有 63 毫升／分鐘／公斤。但有趣的是，在 4000 公尺的現代五項賽事中我卻常常贏過他，所以我決定研究一下看他在低於最大強度的配速時，身體消耗氧氣的情況。

運動科學中所謂的「經濟性」就像引擎的效能，有效率的引擎可以用等量的汽油跑出更長的距離，某些效率較佳的跑者同樣地也能以較低的耗氧量跑出相同的速度。因此兩位最大攝氧量相近的跑者不一定會有接近的運動表現，還需要考量兩者跑步技術與引擎效能上的差異；

最大攝氧速度正是評量實際跑步表現的良好指標，假設 A 跑者的最大攝氧量為 67.7ml/kg/min，B 跑者為 75ml/kg/min，理論上由於 B 的最大攝氧量較高，其長跑表現應該更為出色，但如果 B 跑者是一位技術很糟的跑者，而 A 跑者卻擁有極佳的跑步經濟性，因此在馬拉松比賽中，A 跑者也許並不會落後 B 跑者太多，甚至能贏得比賽。A 跑者就好比一台具有高效能引擎的賽車，雖然引擎的容量沒有比 B 跑者來得大，但由於 B 跑者的引擎效能不佳，縱使可燃燒氧氣的量比 A 跑者高很多，但大多轉化成熱能，確實轉化成跑步動能的能量卻跟 A 跑者差不多，同時還要排出更多的體熱，造成身體的額外負擔，導致 B 在比賽中後段由於燃料不足或身體過熱而愈跑愈慢；反而 A 選手卻能有效地運用燃料，用相同的速度跑到最後。

馬拉松的燃料來源

運動之所以令許多人討厭，是因為你必須主動地燃燒身體裡儲存的能量，它是一種帶有痛苦成分的「輸出」過程，就像把身體某一部分切來當柴燒，雖然不會流血也不是進手術室開刀抽脂，但拿掉屬於自己的一部分總是讓人感到痛苦。運動強度愈高，由於必須快速把原本屬於自己身體的一部分給燃燒掉，產生的痛苦也就愈強烈。愈快速，痛苦指數愈高。而且不幸的是：雖然高強度運動可以更快速地使用貯存在身體裡的燃料，但大部分都不是「脂肪（肥）」，而是醣類（醣原或血糖）。

 脂肪 vs 醣

也許你曾有過這樣的經驗：在一次長時間的身體活動下覺得頭暈目眩，

感到極度飢餓，而且全身都使不上力只想坐下來休息。這是因為血糖過低所造成的。人類的大腦非常耗能，而且只仰賴血糖供應能量，所以如果你在長時間運動下導致血糖低到無法使大腦正常運作，身體會自動釋放肝臟中的醣原以保持血糖濃度。

雖然「醣」和「脂肪」都是身體可以運用的燃料，但使用的引擎卻不同。醣類就像可以被瞬間燃燒的汽油，能夠快速產生能量讓肌肉動起來，而且它不管在有氧或無氧系統中都能被當成燃料；脂肪卻只能被有氧系統所利用（後面會詳細說明何謂有氧系統）。也就是說當我們衝刺快跑時用不到脂肪，主要是利用無氧系統燃燒醣類產生能量供肌肉使用。因為脂肪燒得太慢了，根本來不及供給。

脂肪就像油膩且不易燃燒的煤油[1]，它需要大量的氧氣才能增進燃燒效率。醣原就像高揮發性的汽油，只要氧氣一出現就會快速燃燒，只是無法持續太久。這就是醣類在劇烈運動中會被快速消耗殆盡的主要原因。但低強度的運動中，能量來源就會轉換為以脂肪為主。由此可知，燃燒脂肪的比例會隨著運動強度的上升而下降。

如同前述我們拿汽車引擎比喻：把肌肉裡的粒線體想像成引擎的汽缸，當化油器將「燃料」和「氧氣」送來此處，火星塞傳送電流將兩者點燃，以受到控制的爆炸來驅動活塞上下運行驅動汽車前行，就像肌肉驅動骨骼前後移動一般。只不過我們人體裡的肌肉細胞運用燃料的效率非常高，因為它們可以同時在不同跑步強度下以不同的比例燃燒醣和脂肪這兩種燃料，由於這兩種燃料可以同時燃燒，所以燃燒不易的脂肪可以被容易燃燒的醣原所點燃。順道一提：這也是為什麼政府會推行333運動（每週運動三天，每次運動心率達每分鐘130下，每次運動要持續30分鐘），因為在剛開始跑步的前10幾分鐘，身體會先開始拿

易燃的醯（汽油）來燒，等過了 20 分鐘後汽油的火焰才會開始蔓延到不易燃燒的脂肪上，就像用汽油來點燃煤油[1]一樣，汽油很容易一下就燒完了，但煤油卻可以燒很久。當脂肪燒起來，扎實的有氧代謝過程（燃脂過程）就此展開。所以如果能讓心率達到每分鐘 130 下[2]，維持三十分鐘，最後的十分鐘就能拿脂肪來燒。這是最佳的有氧耐力訓練，對跑馬者所需的能量系統來說也是相當關鍵的強度，也是 LSD 長跑訓練的主要目的，本章後面會詳述。

雖然強度增強時燃燒脂肪的比例降低了，但其實你仍在燃燒脂肪（注意下面圖表的 y 軸單位為百分比，並非重量）。比例降低是因為在高強度的運動狀態下會燃燒更大量的醣類。也就是分母變大了。這是比例問題。

醣類／脂肪使用百分比

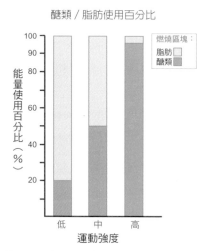

摘自：《Energy Yielding Macronutrients and Energy Metabolism in sports Nutrition》, edited by Judy A. Driskell and Ira Wolinsky(boca Raton, Florida: CRC press,2000), page 22.

1 煤油是一種對石油進行分餾後獲得的碳氫化合物的混合物。由於煤油的組成成分並非絕對相同，因此不同產地的煤油特徵可能區分很大。相比起汽油，煤油比較黏稠，比較不易燃。其閃點在 55℃～100℃之間。
2 有效燃燒脂肪的心率不一定是每分鐘 130 下，這個數值因人而異，本書在第 3 章會詳述。

為了避免撞牆期，
跑馬者要訓練身體燃燒脂肪的能力

一位訓練有素的 65 公斤跑者平均每跑 1 公里需要燃燒 60 大卡，大約
是麥當勞餐點中一塊麥克雞塊的熱量。

醣類儲存在血液、肝臟與肌肉中，在運動過程中肝醣原又可經由裂解回
到血液中供肌肉與大腦使用。但「醣類」的儲存量是有限制的，它不像
「脂肪」可無限制儲存在身體裡。我們在前面提過的 A 跑者，他的體
重 65 公斤，體脂肪為 10%，也就是說全身總共有 6.5 公斤的脂肪，1 克
的脂肪可以產生 9 大卡的熱量，因此全部燃燒殆盡的話總共可以產生
6,500×9=58,500 大卡的熱量（大約是 975 塊麥克雞塊）。那麼 A 跑者
體內有多少醣呢？一般來說 65 公斤正常人體內的血液中大約平均存在 6
克的血糖[3]，經過估計後，他在肝臟和肌肉中分別儲存了 94 克肝醣原與
410 克的肌醣原[4]。1 克的醣類能產生 4 大卡熱量，也就是說跑者 A 中身
體的醣總共可以產生（6+94+410）×4=2,040 大卡的熱量。

經過測量，這位跑者平均每跑 1 公里需燃燒 60 大卡熱量。我們來看看
最極端的例子：

· 把身上的脂肪燃燒殆盡總共可以跑 **58,500÷60=975 公里**
· 只用醣來跑可以前進 **2,040÷60=34 公里**

脂肪的儲存位置（徐國峰繪製）

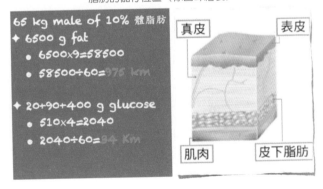

某位體脂肪只有 10% 的跑者，只用身上的脂肪所產生的能量，幾乎可以跑完台灣一圈（當然，這只是理論值，身體在能量耗竭前，肌肉和其他生理系統會先衰竭，不然就會是先睡著）。但醣不同，雖然它燃燒的效率比較高，但體內醣類的儲存量有其上限，脂肪卻可以無止境地儲存在內臟周圍以及堆積在血管與真皮與肌肉之間（見 P38 圖），所以人可以無止境的胖下去。單就「儲存量」這個理由，跑者就應該多多訓練身體燃燒脂肪的能力。

另一個更關鍵的理由是，大腦與中樞神經系統只能用血糖來運作，大腦不收脂肪。也就是說，當運動強度提高，過多的血糖被拿去給肌肉使用，為了維持血糖濃度（正常值在 800-1200 毫克／升之間），身體會自動把「肝醣原」分解成葡萄糖，並釋放到血液中[5]，大腦的能量供給來源短缺時，它就會下令要你停止運動：「嘿！我比較重要，血糖要留給我用！不要再跑了！」這也是為什麼血糖過低時，身體會使不上力的原因。當你肝臟中的醣原消耗殆盡，血糖也下降到大腦正常運作的安全值[6]，身體內部就會興起一股深深的無力感，不想再跑的負面情緒也被放大，在馬場上我們一般稱此情況為「撞牆期」。

---

3 身體中血糖的濃度通常被控制在一個很窄的範圍內，普遍在 800-1,200（毫克／升）之間，而一位正常成年人身體裡的血液量約相當於體重的 7~8%，菁英跑者會趨近於上限，以文中 65 公斤的菁英跑者 A 而言，全身的血液量約為 65×8%=5,200 毫升 =5.2 公升。因此跑者 A 身體中的血糖總含量的上限為 5.2×1.2=6.24 克。附帶一提，飯前血糖濃度是否超過 1,260（毫克／升）是醫界一般定義為是否有高血糖的上限值。

4 一般人的肝臟平均儲存 75~90 克醣原，肌肉的平均儲存量為 250 克，但馬拉松跑者長期訓練，肌肉中的儲存量會比一般人多。

5 肝醣原只能供給肌肉細胞所用，不能提升血糖濃度。在正常情況下，人體內每千克肌肉約儲存著 15 克的醣原。

6 當血糖低於 500 毫升／公升就會開始有強烈的無力與飢餓感，血糖低於 300 毫升／公升就會失去意識。

身體運用脂肪的能力相當重要，因為如果沒有這種能力，血糖會被快速地消耗掉。況且，血糖是大腦與中樞神經系統唯一仰賴的能量來源，只要血糖少於大腦維持正常運作的最低限度，不管你的體能有多強，身體會很快地失去運動能力。如果我們能訓練身體在較高強度的情況下，使用更多比例的脂肪，在馬拉松的賽程中保留更多寶貴的血糖，就能避免撞牆期。

那麼要怎麼練呢？方法就是把「以脂肪為主要燃料的有氧系統」鍛練得更強大！

強化你的有氧系統

首先，我們要再說明一次「有氧系統」與「無氧系統」之間的主要差別在於前者需要氧氣參與代謝。但無氧系統不需要，所以它產生能量的速度很快，但有兩個缺點：（1）會產生副產物乳酸；（2）持續時間非常短，短到對馬拉松跑者來說幾乎是無用武之地，除非你是冠軍選手，有可能要跟對手在最後幾百公尺一決高下，但這種情況對99%以上的跑者來說都不適用，用不到的系統就不太需要特意去訓練。

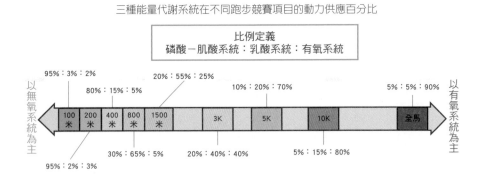

三種能量代謝系統在不同跑步競賽項目的動力供應百分比

但我們在此還是要認識一下這兩種系統，其一為「磷酸─肌酸系統（ATP-PCr System）」[7]，它主要是靠肌酸產生能量，但肌酸在肌肉中的含量很少，4-12 秒就用完了，能量生成的速度非常快，就像火箭燃料一樣。我們跑百米時用到的主要能量就是肌酸。如果超過 12 秒，再用同樣的速度跑下去，由於肌酸用完了，身體就會開始動用前 12 秒所代謝出來的副產物──乳酸來產生能量，也就是進入「乳酸系統（Lactic Acid System）」，雖然這個系統所能供給的能量也很有限，但它跟磷酸─肌酸系統一樣產能的速度夠快（雖然還是沒有前一個系統快），當你要在 1 分鐘內跑完 400 公尺時，肌肉所需要的不是很多能量，而是要「很快」拿到能量來讓肌肉快速收縮。

簡單來說，無氧系統的功能就在「夠快」，但這種以無氧系統為主的跑步方式，最多只能撐兩分鐘。兩分鐘之後，就開始由有氧系統主導。從下圖的實驗圖表，我們可以了解，一位在 60 秒內衝刺 400 公尺的跑者，幾乎全以無氧系統產生的能量為主（前 10 秒是磷酸─肌酸系統，後 50 秒很快地轉成以乳酸系統為主）。因為身體的能量代謝系統並非完全從無氧或有氧中二選一進行，而是以不同的比例混合運轉產生能量供肌肉使用。

---

7 ATP-PC 中文稱為「三磷酸腺苷－磷酸肌酸」，簡稱「磷酸─肌酸」。

高強度運動時磷酸—肌酸系統→乳酸系統→有氧系統的使用時間分布圖

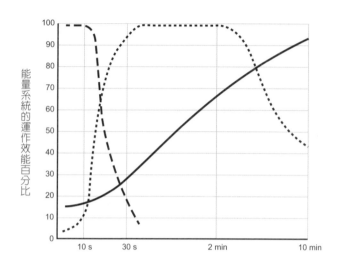

能量系統的運作效能百分比

- - - - 磷酸—肌酸系統（ATP-PCr System）
········· 乳酸系統（Fatty System）
———— 有氧系統（Aerobic System）

我們從上圖可以看到某位跑者在一次 10 分鐘的「高強度」測試過程中，其身體能量系統的轉變情況，剛開始時 ATP-PCr 是主要的供能系統，但乳酸系統與有氧系統也已經開始投入產能的行列，只不過前 10 秒大都以 ATP-PCr 為主，但在開始衝刺的 20 秒後兩大無氧系統形成交叉，代表供能比例達到一致。到了第 30 秒，乳酸系統取代 ATP-PCr 系統，成為主要的供能系統。在這段過程中，有氧系統的運作效能不斷攀升。衝刺超過兩分鐘，若要維持同樣的強度繼續跑下去，由於乳酸大量積聚，乳酸系統的效能也開始下降，有氧系統也就漸漸取而代之成為主要的供能系統。有氧系統能夠維持非常長的時間，主要的原因就是它是以脂肪為燃料，而且副產物還是無害的二氧化碳和水，跟無氧系統

比起來，有氧這條路的產能效率不怎麼好（產能的速度很慢），但它的產量大，續航力高，正是全馬跑者需要的能量供應系統。

	無氧系統		有氧系統
燃料來源	醣類		醣類、脂肪
氧氣	不需要		需要
能量 生成路徑 維持時間	磷酸—肌酸系統 12 秒以內	乳酸系統 45 秒 ~2 分鐘	來自醣酵解或脂肪酸的有氧代謝 45 分鐘 ~2 小時 訓練有素的超馬選手可以維持 10 幾個小時
產生能量	不管是哪一種能量系統，產生能量的過程都發生肌肉中的粒線體（mitochrondria），最終的釋放出來的能量都是 ATP（Adenosine triphosphate），ATP 無法被儲存，因為 ATP 在合成後必須於短時間內被消耗，所以粒線體只有在需要時才會把它釋放出來供肌肉使用。ATP 是真正促進肌肉工作（收縮）之化學物質。		
副產物	乳酸		二氧化碳 + 水
能量產生速度	較快		較慢

選手在百米競賽中的能量主要有 98% 來自無氧代謝，但在馬拉松競賽中，則有 90% 的能量來自於有氧系統。從上述這些數據和說明主要是想讓大家了解，馬拉松跑者真正的訓練重點在於強化身體的有氧系統。接下來我們要問的是：「如何讓有氧系統的效率提升？」

為了建立強大的有氧系統，我們首先要學習的是有關「訓練強度」和「週期化」的知識。

定義訓練強度

如果無法指出一份課表的訓練目的，它就不值得練！

監控訓練強度一直是科學化訓練十分重要的一環，運動強度太高或太低也都無法達到良好的訓練效果，所謂的訓練主要是由「訓練時間」與「訓練強度」所構成。訓練時間和距離非常容易量化，例如：節奏跑 10 分鐘、間歇跑 3 分鐘 6 趟、休息 15 秒。任何人只要有時鐘或手錶就可以輕鬆掌控訓練時間，然而訓練強度就很難說清楚。這也是我們剛開始從事教練工作時，所碰到最大的問題。以下面兩個課表為例：

（1） 800M × 8 趟，用力跑。

（2） 2 小時 LSD，輕鬆跑。

看到這兩份課表，學生常會問：「教練，用力跑是盡全力的意思嗎？」「輕鬆跑要跑多慢？」對於學生來說，無法體會「用力」、「輕鬆」這種形容詞在訓練上的意義，其實，連當時開出這份課表的我也不知道要如何回答他們的問題。更何況，在團體訓練中每個人的程度都不同，所以當我們更明確地將第（2）課表描述為：「今天輕鬆跑的強度是每公里 4 分半，連續跑 2 小時。」如此的量化方式的確是更為具體，但每公里 4 分半的配速對某些人來說已經要相當勉強才能撐完 2 小時，一點都不輕鬆。

要如何在同一份課表中，讓每個人的輕鬆與用力程度都一致？換另一種更簡潔的問法：我們要如何定義訓練強度？

為了解決這個難題，我們參考了很多國外的跑步訓練書籍，最後我們挑選了丹尼爾博士（Jack Daniels', PhD）所著的《丹尼爾博士跑步方程

式》（Daniels' Running Formula）一書作為主要參考，丹尼爾博士已被全球最著名的跑步雜誌《跑者世界》（Runner's World）譽為世上最佳跑步教練，他曾經在男子現代五項中贏得兩次奧運（1956 年奧運銅牌，1960 年奧運銀牌）與一次世界錦標賽的獎牌；直至目前已經擁有近 50 年的教練與指導世界級頂尖長距離跑者的經驗。《丹尼爾博士跑步方程式》為他的經典著作，此書理論與實務俱備，極受世界各地跑者歡迎，其中更專門為跑者劃分了五大訓練強度（本書會再加上一個過渡區間強度），由低至高分別為 E → M → T → A → I → R，這六種強度各有不同的訓練目的與意義，為了讓跑者更加了解各種訓練課表的目的，以下將逐一介紹。

 E 強度幫你打下扎實的有氧基礎

「E」是輕鬆跑（Easy）的簡稱，此強度的訓練目的是「替有氧系統打下穩定的基礎」，因為在長時間的 E 強度訓練後，能夠有下列數種效果：

· 慢縮肌與結締組織變得更強韌，因此能避免運動傷害。
· 心臟收縮肌肉力量增加（心搏量增加），因此能提升每次心跳所輸出的血液量。
· 血液中紅血球數量增加。
· 提升肌肉端的「用氧」能力，包括：
　　■ 使肌肉端微血管增生。
　　■ 促進粒線體增生。
　　■ 有氧酵素濃度升高。

E 強度的訓練強度是最低的，它的主要目的是鍛鍊肌群中肌纖維、肌腱與韌帶的強韌度，避免之後較高強度訓練的運動傷害；接著，最主要

的目的是替身體的有氧系統打下穩定的基礎，此種強度的訓練雖然也能刺激到心肺系統，但主要的目的還是在提升肌肉端的「用氧」能力，促進肌肉組織中的粒腺體與微血管增生，提高有氧酶濃度。既然這一級強度的目的是打下體能的基礎，所以關鍵在「慢」。記得在訓練 E 強度時千萬不要跑得太快，過高的強度會讓身體長時間處於無氧狀態，這樣將無法有效地達到上述的訓練目的。

E 課表的強度是你可以邊跑邊聊天的配速（Conversational Pace）

我們常聽說一些教練或跑者會說：如果你想要跑完一場全程馬拉松，你最好在比賽之前先進行幾次 32 公里以上的長跑訓練、或是跑過幾次 3~4 小時的長跑才能確保安全完賽。但對於大部分的跑者，特別是剛接觸馬拉松的新手來說，32 公里的長跑訓練也許就要花將近 4~5 小時才能完成，這對於他們來說實在太嚴苛了，對他們來說可能不需「幾次」，

「一次」就可能進入傷兵名單。因為就算是菁英馬拉松跑者也幾乎不進行這種超過 4 小時的長跑訓練（注意：我們這邊一再強調的是訓練時間，而非距離）。

也許你還是會感到疑惑：「我知道很多菁英馬拉松選手都會一次練跑 32 公里，甚至更長距離啊！」事實的確是如此，但我們要注意的是時間，而非距離。這些菁英跑者完成 32 公里 LSD 的時間通常都會落在 2~2.5 小時左右，因此對他們來說這種距離才是剛好的。

也許你還是拋不開跑量，忍不住追問：「我的全馬成績大約是 4~5 小時，真的不用練到這麼久嗎？」我們的回答是：請你放心，並非要你減少訓練，只是希望你不要一次練跑那麼長的時間。我們希望剛接觸馬拉松訓練的跑者都能先建立起一個重要的觀念：**刺激身體的能量系統是以時間計算，而非距離，身體並不會知道跑了幾公里，只會知道今天主人「總共」刺激了有氧系統多久時間**。假若一週練跑的時間是 7 小時，我們絕對不希望你只練兩次，課表（菜單）排成 3 小時與 4 小時的長跑，長期暴飲暴食的結果只會傷身。

國際知名鐵人教練喬福瑞（Joe Friel）在《超長耐力訓練》（Going Long）中也對 LSD 長跑作出與丹尼爾博士類似的建議，書中提到長跑訓練超過 2.5 小時將會大幅增加身體恢復的時間，也就是說如果進行一次長達 3 小時的 E 強度長跑訓練，與一次 2 小時的 E 長跑相比，前者的成本會較高，2 小時的 LSD 也許一天就恢復了，但 3 小時則可能需要 2 天以上的時間，這樣將會影響往後幾天的訓練安排，因為如果安排更多的恢復日，代表質量訓練的次數減少，整個訓練計畫的效率也就變低了。

但我們也不會把菜單排成平均每天跑一小時，因為時間太短會讓肌肉端的有氧系統得不到良好的適應。課表要怎麼排，這是週期化的問題，往後會詳細解說。在此我們要了解的是：體能訓練都應該是根據「訓練時間」來安排（不要用距離），對馬拉松跑者而言，E 強度的訓練至少 30 分鐘才有效果，但最長不要超過 2.5 小時。時間過長的慢跑訓練並不會帶來更多的好處，除非你正在準備超級馬拉松（距離大於 42.195 公里的長跑比賽），才要再加長 LSD 的時間。

 ## M 強度是跑馬拉松賽事時的平均配速

「M」是馬拉松（Marathon）的簡稱，它的訓練效果跟 E 相同，只是強度往上拉高一級，主要目的是為了藉由模擬比賽強度以提高比賽的自信心，此強度的訓練能幫你：

· **模擬比賽強度。**
· **提升掌握配速的能力。**
· **訓練馬拉松比賽時的補給技巧。**

我們把 M 強度定義為全程馬拉松的比賽強度，它比 E 略快一些，因此它也是另一種 LSD 訓練時的強度選擇（在練 LSD 時，你可視當天情況在 E 和 M 強度間選擇訓練強度），此級強度是馬拉松跑者最主要的訓練強度，目的是強化跑步的相關肌群，提升有氧耐力，也能先讓跑者熟悉馬拉松配速；但與 E 長跑不同，M 強度長跑的單次訓練時間最好不要超過 110 分鐘（1 小時 50 分鐘）。

在進行 M 強度長跑訓練時，我們建議能同時進行補給訓練，讓身體適應在跑步時進食與消化。在某些 E 強度的長跑訓練時，建議不要補充其他碳水化合物（醣類）或喝能量飲品，只要補充水和電解質即可。如此，在 E 強度的訓練過程中就可以教會身體節省使用肌肉中的醣原，亦可藉此強化身體代謝脂肪的能力。然而，在馬拉松比賽時，由於強度的提升，身體使用醣類的比例會增加，為了避免血醣降低，在比賽中能補充一些能量對成績是有幫助的，所以 M 強度長跑就是訓練補給的最好時機，讓身體習慣在 M 強度時能消化、吸收，讓血醣維持穩定，但不管是什麼樣的練習都要記得適時補充水分。

T 強度訓練能夠有效擴展跑者的有氧區間

「T」是閾值（Threshold）的簡稱，也就是乳酸臨界點的意思。它的訓練目的是：

· 提升有氧耐力的空間。
· 提升身體耐受乳酸與排除乳酸的能力。
· 讓身體在更嚴苛的配速下維持更久的時間。

T 課表的強度是你乳酸剛好達到臨界點時的配速

訓練 T 強度時，乳酸產生的量剛好等同於排除的量，當身體在這種強度的刺激下，乳酸閾值才會有效地往上提升，在 T 強度下的移動速度稱為「臨界速度」，你只要能認識自己在跑步時的臨界速度是多少，在那個速度下就能最有效地訓練身體耐受乳酸與排除乳酸的能力。久而久之，臨界速度就會跟著提升，有氧區間也會跟著擴大。

註：這邊我們定義的有氧區間是指在 E/M 兩種強度時，有氧代謝產生能量的比例大於無氧代謝，並非完全沒有無氧代謝參與。

T 強度的訓練類型與維持時間

一般而言，在臨界速度下至少要能維持 20~30 分鐘才算是 T 強度，因此在訓練 T 課表時一定要捫心自問：在這個配速下我能維持 20~30 分鐘嗎？如果不行，請把配速降低一點，切記：恰當的 T 配速是感覺「痛快」（comfortably hard），並非只有「痛苦」（hard），若跑到只剩痛苦的感覺那已經進入無氧區間的強度了；但如果覺得太輕鬆的話，請不要提升配速，而是延長訓練時間或是增加組數。訓練方式有兩種，其一是節奏跑（Tempo Run），其二我稱為巡航間歇（Cruise Intervals）。

這兩種訓練的差別在於節奏跑是用 T 強度定速跑 20 分鐘，而巡航間歇是分成好幾趟，每趟的強度跟節奏跑一樣，但中間會進行短暫的休息。兩種訓練方式都各有好處。因為穩定的節奏跑是要求你在嚴苛的配速下維持一段相當長的時間，若你在練習時能做到，將能大大提升比賽的信心，也能提高身體對乳酸的耐受度，但節奏跑對一般剛接觸 T 強度的跑者來說會很辛苦，因為他們的耐受乳酸能力不佳，所以先以間歇的方式，讓身體習慣乳酸達到臨界點的情況，過了適應期後再練節奏跑會比較順利。

跑者要維持 T 強度至少要連續達 20 分鐘，才能夠稱為節奏跑。當跑者從較為輕鬆的配速加速到 T 時，前半段都不算，只有用 T 前進的部分才可被稱為「節奏」訓練。我們把節奏跑的訓練時數限制在 20 分鐘，如果單次訓練中想增加 T 的訓練量（其實對大部分跑者而言，20 分鐘的 T 配速通常一次就很夠了），建議增加組數，因為維持 T 強度 20 分鐘以後，排乳酸的機制會開始下降，訓練效果反而比較差。例如「T 強度 20 分鐘 ×2，每趟中間休息 4 分鐘」會比直接進行「T 強度 40 分鐘」的訓練效果好。但只有訓練有素的跑者，才能在同一份訓練菜單中把

「20 分鐘的 T 配速」練習兩次甚至三次。如果 T 配速的練跑時間少於 20 分鐘，而且進行好幾趟，兩趟之間還有休息，那麼當天的菜單只能被歸類為「巡航間歇」。巡航間歇的特點是：訓練強度為 T，訓練時間介於 5~20 分鐘之間，訓／休比為 5:1，重覆兩趟以上。

T 強度訓練實際會遇到的問題：

■ 節奏跑是否能夠練到 20 分鐘以上？有些教練與跑者會談到節奏跑要練到 1 小時，但只要我們了解菁英馬拉松跑者在比賽中後段最多也只能維持 60 分鐘的 T（他們會留在比賽關鍵時刻中使用），而且是在有計畫的休息和減量訓練之後才能做到。想當然爾，一次用 T 強度練跑 60 分鐘，對身體的負荷很大（而且一般跑者也很難在訓練中用 T 強度維持 1 小時）。

■ 如果當天的課表是長跑，如何把節奏跑加進去？假如單次的訓練量是 90 分鐘，你可以在前 60 分鐘進行 M 強度的訓練，過程逐漸加速，直到最後 30 分鐘時再用 T 配速跑 20 分鐘，最後 10 分鐘回到 E/M 當作恢復跑。有些人會把整份 90 分鐘的訓練菜單歸類為節奏跑，但其實只有 T 強度那 20 分鐘才算是節奏跑。

■ 訓練到後面時，體能進步了需要提高臨界速度（T 配速）嗎？在巡航間歇中，因為強度並非最高，到最後幾趟會很想加速，但必須忍住，別急於加速，你要知道加速後的效果跟原本的 T 配速是一樣的，所以沒必要把自己搞得更累。實際在訓練時，若你覺得之前的強度不夠「痛快」，不要加速，而是減少休息時間、延長訓練時間或增加組數。當你之後比賽的成績確實進步了再來提高 T 配速。（節奏跑和巡航間歇的強度要一樣，想要找到自己的 T 配速或 T 心率，請參考後面章節。）

A 強度是 T 到 I 之間的無氧過渡區

「A」是「無氧」（Anaerobic）的簡稱，從 A 強度開始進入無氧區間（無氧代謝產生能量的比例開始比有氧區間高），在《丹尼爾博士跑步方程式》一書中並沒有論及此區間，因為丹尼爾認為 A 強度並沒有特定的訓練目的，它只是 T 強度與 I 強度之間的過渡區，但為了在使用心率計不要漏掉這段強度的心率，我們還是要把這段區間考慮進去。難道在 A 強度時無法達到 T 強度的訓練效果嗎？當然有效，只是因為強度過高，此時已經爆乳酸，你可能維持不了太久，或甚至跑不完設定的趟數，如此一來訓練效果當然會打折扣，而且由於強度太高，痛苦的程度將會大大增加，甚至會影響到後來的訓練。因此 A 強度不但會把自己搞得很累，又練不到接下來要談的 I 強度，使你練不好乳酸閾值，也無法有效提升最大攝氧量。

但經過研究，我們認為這個強度還是有一些可取之處，最主要的是它有助於「提升有氧代謝的效能」。我們前面提過，粒線體在產生跑步能量的過程中也會產生熱能，熱能的比例愈低，表示有氧代謝的「效能」愈好。雖然 A 強度無法提高最大攝氧量，但跑者可以維持 A 的時間會比 I 來得長很多，因此它對有氧代謝效能的幫助會比 I 強度來得好！另外，A 強度還有下列兩項小功能：

· 能夠讓身體學會從爆乳酸恢復到有氧區間的能力。
· 可以當成距離 5 到 10 公里的比賽配速。

五公里比賽配速跟 A 配速相當

 I 強度是為了刺激最大攝氧量的配速

「I」是「Interval」的簡稱，代表此級強度最主要的是「間歇訓練」。
它具有下列三個主要的功能：

· 刺激最大攝氧量，擴大有氧容量。
· 提升有氧引擎的效能。
· 鍛鍊心理意志。

I 是最痛苦的訓練強度

I 強度心跳率介於最大心跳率的 97-100%。當強度逼進最大心跳率時，也同時逼近最大攝氧量，會對攝氧系統形成極大的壓力，身體經過適應，進而能夠提升攝氧容量（oxygen uptake capacity）。由於此級的強度很高，在比賽中最高只能維持 11~12 分鐘左右，所以 I 強度並非用在長距離比賽中。對馬拉松跑者而言，I 強度的主要目的是為了訓練最大攝氧量，也就是提高身體從空氣中攝入氧氣的能

力。但大部分剛開始進行 I 強度訓練的人都無法撐過 6 分鐘，為了能在訓練時延長此級強度的「總訓練時間」，所以才會利用「間歇」的方式進行訓練，例如跑 I 強度 3 分鐘休息 3 分鐘，這樣才能讓身體保持在此級強度的總時間增加。

那麼 I 強度的間歇要如何訓練呢？讓身體維持在如此高強度的訓練時間，每一趟應保持在 3~5 分鐘之間，訓練和休息的時間比應為 1：1，這樣才能讓每一趟都維持在最大攝氧量的強度，休息的時間要足夠，才不會讓乳酸來不及排除，造成肌肉過於疲勞，以至於下一趟訓練達不到同樣的攝氧量，那麼訓練效果就會受限。例如 I 強度 3 分鐘 ×6 趟，每趟之間休息 3 分鐘，休息太久攝氧量會掉下來，休息太少就會太快累積乳酸，造成之後幾趟配速下降，反而達不到訓練目的。我們常聽

到的「亞索 800」（快跑 800 公尺與休息之間反覆進行的訓練方式）其實就是一種 I 強度的間歇訓練。

在 I 強度時，我們強迫身體的耗氧量達到最大值。通常從起跑線上開始以 I 配速開始跑，攝氧量要花 1.5~2 分鐘的時間才會達到最大值。攝氧量達到最大值的意思，是儲存在體內的醣類與脂肪將以最快的速度代謝成 ATP 供肌肉使用。這種快速輸出的過程將非常痛苦，此時你的心跳率會飆高逼近最大值，血管裡血液流動的速度也會達到極速（血壓升高），來不及排除的乳酸爆量累積在肌肉和血液中，每一趟跑到最後都會有喘不過氣來的感覺……種種壓力使得 I 強度的訓練讓跑者感到極為痛苦。這種痛苦，在 2 分鐘後會變得更加難以忍受，你隨時都想停下來，以「I 強度 3 分鐘 ×6 趟」的課表來說，最後 1 分鐘正是能鍛鍊跑者面對巨大痛苦還繼續往前邁步的堅毅心志。

 ## R 強度是在提升跑步的經濟性

「R」是「Repetition」的簡稱，代表高強度反覆訓練的意思，它的主要訓練目的是：

· 鍛鍊無氧系統與刺激肌肉神經反射。
· 提升最高速度。
· 提升跑步經濟性。
· 消除 E/L 課表訓練後肌肉伸縮速度變慢的副作用。

可能有些人會疑惑，為什麼在最大心跳率之上還有一級？因為這 R 強度已經超過有氧系統，對馬拉松跑者來說 R 強度不是在練體能，它主要的訓練目的是為了提高跑步的經濟性。為什麼它可以提高跑步的經

濟性呢？首先我們要先了解最大心跳率代表的意義：心臟所能負戴的輸血能力，但在強度超過最大攝氧量時，血液提供氧氣產生能量的速率已經趕不上消耗的速率。無氧系統提供能量的效率比有氧系統高很多，所以你能跑得更快。

R 強度並不是在練體能，而是在練神經肌肉反射，所以關鍵在加大雙腳的幅度

因此在練 R 強度時，最大心跳率不是很重要，要達到特定的配速比較重要。也就是說，R 強度並非在訓練有氧代謝能力，對馬拉松跑者來說它是在訓練肌肉快速伸縮的模式，進而提升運動效率。簡單來說，就是快跑和慢跑的技巧會有些微差異，而快跑的技巧只有讓身體處在高速下才能學會。例如時常有人問「要怎麼練步頻？」能刺激肌肉神經反射的 R 配速就是提高步頻的有效訓練之一。

由於 R 強度屬於無氧系統，主要是訓練你的速度感，並試圖讓選手在同樣的高速中找出更輕鬆的方式（即能以更輕鬆的狀態完成該速度的練習），這是丹尼爾教練認為能有效增進跑步經濟性的訓練方式。所以 R 強度的訓練都是以 200~400 公尺為主，若目標是練馬拉松，就不用再拉長。但對於 800 公尺或 1600 公尺這種短距離跑者來說，需要拉長到 800 公尺，才能鍛鍊到無氧系統中的乳酸系統，但不管每趟的距離為何，「總里程」通常不會超過 3 公里。

R 強度訓練的休息時間跟前面「T 強度巡航間歇」與「I 強度間歇訓練」不同，不太需要客觀以幾比幾來定休息時間，你可以「主觀」用本體感受來判斷，直到你感覺自己下一趟也能跑到與前一趟相同的速度，所以在練 R 強度時必須完全恢復後才能開始下一趟。由於 R 強度的目的是為了提高速度與跑步的經濟性，所以休息時間不是重點，重點是每趟都要能跑出一樣快的速度。在訓練 R 強度時，休息太久只會有兩個缺點：其一是身體冷掉導致僵硬；其二是訓練拖得太長壓縮到你從事其他活動的時間。

此外，R 強度訓練雖然速度最快，但這種訓練方式對於提升最大攝氧量的幫助不大，因為訓練時間短，又休息很久，來不及達到最大攝氧量就跑完了，並不會對最大攝氧量系統帶來足夠的刺激。

 馬拉松跑者的體能金字塔

既然 R 強度可以提升跑步的經濟性，I 強度可以提升最大攝氧量，我們一直練 R 跟 I 不就好了嗎？攝氧量提升後，速度就可以一直往上拉高。沒錯，剛開始 I 強度的間歇訓練，進步很快，但也很危險。因為我們的

體能就像一個金字塔，R 跟 I 位於金字塔的頂端，只練這兩種強度的結果就像在地基不穩的金字塔頂端不斷往上加蓋，一開始的確可以馬上提升速度，但相對地體能金字塔也很容易倒掉，造成運動傷害或過度訓練。一開始先練 E，把體能的基礎打好，這種打底的工作，雖然速度不會顯著提升，也比較枯燥，但當你把體能金字塔的基礎建得又穩又寬之後，再往上練 M/T/I/R 時，你的體能金字塔會變得更為穩固，而不是只跑高強度間歇那種搖搖愈墜的體能（後面談到週期化訓練時，會詳細說明要如何安排各強度的訓練時程）。

體能金字塔

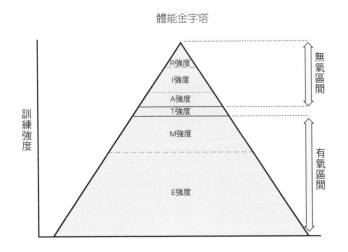

前面曾說明，不論強度或高或低，有氧系統與無氧系統都會同時運作，只是比例不同。以 R 強度為例，有氧系統所產生的能量非常少，由於速度很快，身體要快速產生能量供肌肉使用，有氧系統根本來不及，所以大部分的能量都由無氧系統供應。但 R 強度是以無氧代謝為主，不需要用到氧氣，所以 R 的耗氧量並非最多，I 才是耗氧量最大的強度。

也就是說，當我們從 E 強度開始，每兩分鐘加一級強度：E → M → T → A → I，攝氧量會不斷的往上攀升，直到 I 達到最大值。

從 E 爬升到 I 的過程中，不只攝氧量不斷增加（有氧代謝的能量增加），同時無氧代謝的能量也在攀升，攀升的結果是無氧代謝的副產物——乳酸的產量也變多了。但慶幸的是，有氧代謝除了能燃燒醣類與脂肪之外，乳酸也能燒來產生能量，也就是我們所謂的「排乳酸能力」。這種能力在 E/M 兩種強度都還游刃有餘，乳酸不會累積，能及時被代謝掉。

當強度超過 T 時，乳酸增加的量將超出排除量，它就會開始累積在肌肉與血液中，此時肌肉會發脹、身體為了加快把血中的乳酸運到肝臟與其他肌肉代謝掉，就會加快心跳與呼吸。來不及排除的乳酸使得肌肉變酸、變硬，運動能力也會逐漸下降（其實身體就是透過這個機制來限制你的運動能力，以免你把自己操爆）。了解乳酸的成因後，你可能會想到：那是否在增加到某種跑步速度後，剛好可以讓乳酸增加的量等同於排除的量，我們就能用較快的速度一直跑下去都不會變慢。

沒錯！乳酸處於動態平衡時就稱為「乳酸閾值」（Lactate Threshold），以下簡稱 LT。在 LT 時，就像你一直把乳酸被倒進漏斗中，雖然快滿出來，但由於下方的斗孔一直排掉，讓漏斗剛好處在欲滿不滿的動態平衡狀態。在此種狀態下的跑速，稱為你的「臨界速度」。這個臨界速度就成為定義訓練強度的關鍵，低於 T 我們就稱為「有氧區間」，此時有氧代謝能量比例大於無氧代謝；高於 T 就是屬於「無氧區間」，此時無氧代謝的比例已經大於有氧。
☆見隨書附贈 DVD 影片：能量系統

血乳酸閾值

血乳酸閾值

觀察運動時的血乳酸濃度同樣是十分可靠的監控方式，相比起耗氧量更能夠在實際訓練時採用；進行方式是讓跑者於訓練暫停時抽取血液，再透過儀器分析血液中的乳酸濃度，但缺點在於跑者必須要停下來才能讓專業人士順利進行抽血程序，因此跑者並不能在運動的同時得知當下的血乳酸濃度（跑步機或固定式自行車除外），無法及時監控，而且並不是所有跑者都可以接受不斷地抽血；通常也只有非常頂尖的選手，為了能夠最精確地控制訓練強度時才會選擇這種方式，普通跑者甚少會在訓練時監控乳酸濃度。因此在訓練時比較常用的方式是監控 LT 時的「臨界速度」（T 配速）與「心率」（T 心率）。

為何菁英選手可以瀟灑進終點？

下面這張圖是兩個跑者量出最大攝氧量和 LT 後的比較圖，我們稱為紅選手和藍選手，他們都有相似的 VO₂max，約等於每公斤體重每分鐘消耗 69 毫升的氧氣。但紅選手的 LT 位於 70% 的 VO₂max，藍選手卻只有 60%。

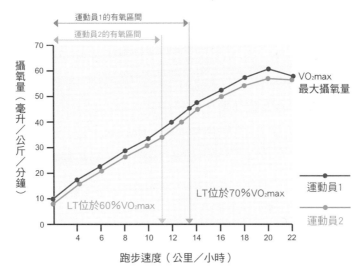

擁有相同 VO₂max 的選手，耐力的強弱取決於 LT 的高下，LT 愈高有氧容量就愈大。

這代表在跑速同樣是每小時 7 公里的情況下，紅選手還是以有氧引擎為主，還可以邊跑邊講話，藍選手已經大量驅動無氧引擎，乳酸也開始累積，這個時速維持不了幾分鐘藍選手就會大口喘氣、肌肉僵硬、心跳加速，速度愈來愈慢，此時紅選手還可以張口大叫他快點跟上，但他已經連應答的力氣都沒有了。

兩人有同樣的 VO_2max，也就是有相同的最大的輸出功率，所以若他們的肌力與技巧也都一樣，短距離的運動表現也會差不多，但在長跑時最大輸出功率並不是最重要的能力，而是耐久力，用前面解釋過的術語來說，就是跑者的 LT 有多高，說得更精準一點：「LT 有多接近 VO_2max」，兩者愈接近代表你的耐力愈好。

我最感到好奇的就是，那些奧運等級的長跑菁英選手，為什麼每次跑到終點都一副好像剛跑到家門口的 7-11，好整以暇買完東西的輕鬆模樣，不喘也不痛，進終點時還能揮手致意，為什麼他／她們不再用力一點跑出破紀錄的成績呢？

其實正是因為他／她們的 VO_2max 和 LT 已經非常接近，看起來不會喘是因為在比賽時強度還在 LT 附近，但不能再快了，只要再加快一點點就會超過 LT 逼近最大攝氧量，由於兩者太靠近了，稍微超過一點乳酸就快速積累，速度會立即大幅度掉落。所以他／她們跑到終點可以如此從容，同時他們也必須小心，不能越線。在馬拉松體能訓練的其中一項目標，也是為了讓 LT 逼近最大攝氧量，才能擴大有氧區間，讓你在高速下還能跑得不疾不徐！[8]

肌肉「酸痛」vs 肌肉「痠痛」

不管是進行高強度的間歇訓練、低強度的輕鬆慢跑、甚至是當我們處於休息狀態時，身體其實都在產生乳酸，只是生產的多寡而已，進行低強度訓練時由於乳酸一產生就被排除掉了，不太容易感覺得到；但當我們進行高強度的間歇訓練時（數趟亞索 800M），由於此時的運動強度非常高，乳酸產生得多且迅速，身體無法馬上排除，因此在最後幾趟時都會感受到明顯的肌肉「酸痛」，甚至到了訓練結束後的半小時內仍然十分難受。

此時肌肉的「痛」，確實是由於身體裡過多的乳酸所造成的。但大部分跑者仍然會誤解，以為每次在高強度訓練後隔天的肌肉「痠痛」也是由於乳酸仍然累積在身體所引起，但其實運動（特別是高強度運動）24 ～ 48 小時後的肌肉「痠痛」跟乳酸並沒有關係，而是一種「遲發性肌肉痠痛」（delayed onset muscle soreness，簡稱 DOMS）所引起的。這種「痠痛」的起因是由於肌肉在高強度運動時受到劇烈的磨擦與拉扯，造成肌肉纖維發炎與輕微斷裂所致。

不管是菁英選手抑或是剛入門的新手，在運動後的 1-2 小時內乳酸都會完全被排除掉（透過血液循環至肝臟，再重新合成葡萄糖供身體使用），因此相隔一、兩天的肌肉痠痛，跟乳酸可說是一點關係都沒有。

---

8 世界級馬拉松選手的 LT 可以逼近最大攝氧量的 90%。

找到自己的訓練強度區間

訓練強度的區間可以用兩種單位來決定，分別是「配速」和「心率區間」。

 利用丹尼爾的跑力表來找到自己的訓練配速區間

丹尼爾教練所開發的跑力表（VDOT）正是採用配速的方式來決定訓練強度，透過特定的方式測驗出跑者目前的能力（如 5 公里、10 公里測驗），再推斷出適合他的訓練配速，以達到該有的訓練強度；在心率裝置還沒有普及之前，配速對耐力選手來說可說是最主要的強度指標。但按照配速訓練的缺點是難以按照當下的身體狀態進行調整，且難以配合當下的外在環境作出調整，像是坡度。例如在平路是以每公里 5 分速（5:00/km）的配速來進行 E 強度訓練，但到了 5~6% 的上坡如果繼續以這個配速前進，強度也許就到達 M 強度甚至更高了。或是比賽的氛圍，只要有參加過比賽的人就會知道，剛出發時可以跑得比平常快很多，而且也不太會喘，但那通常只是假象，如果不加以剋制，比賽後半段就會嚐到苦果。因此，用心率表就能更有效控制強度。但配速對沒有心率裝備的人、或是經過多年訓練且對自身狀況十分了解的選手來說仍然十分實用。

 利用《丹尼爾博士跑步方程式》中的跑力表

那麼我們該如何找到自己的訓練配速區間呢？可以採用丹尼爾博士所開發出來的跑力表（VDOT Table），先找到自己的跑力，再用跑力來

對照出自己的各級配速。

「跑力」一詞源自《丹尼爾博士跑步方程式》（Daniels' Running Formula）一書，作者傑克‧丹尼爾（Jack Daniel）以此值來定義跑者的能力等級。它並不等於最大攝氧量，而是身體實際的最大攝氧量、跑步經濟性、跑者的心志毅力結合後的指標，「跑力」愈高代表你的跑步實力愈強；試想，即使兩個人擁有相同的最大攝氧量（通常最大攝氧量愈高有氧能力愈強），但 A 跑者比 B 跑者擁有更好的跑步經濟性（攝氧所產生的是較多的能量而非體熱），因此 A 跑者的「跑力」會比 B 跑者高。你可以把它想成生理達到最大攝氧量時的跑步速度。假設兩個人有相同的最大攝氧量，一個人跑步技術比較高明或是意志較為堅韌，那他的跑力也就會比較高。

接下來我們要教你如何用跑力表來找到自己的各級配速。

在找自己目前的跑力和各級配速時，必須用最近比賽（或測驗）的結果，不能用你希望達到的目標成績。

假設跑者 A 某次比賽的 5 公里成績為 17 分 03 秒，在【表 5.1】找到 5,000 公尺的欄位，接著往最左（或最右）的一欄找出跑力為「60」。但如果用 5 公里和 10 公里測驗所得出的跑力不同怎麼辦？答案很簡單：以測出結果最高的跑力為準。

接著再用【表 5.2】即可找到不同等級的配速分別為：

・E 配速 = 每公里 4 分 15 秒至 4 分 49 秒
・M 配速 = 每公里 3 分 52 秒
・T 配速 = 每公里 3 分 40 秒 （400M 跑道每圈 88 秒）
・I 配速 = 每公里 3 分 23 秒（400M 跑道每圈 81 秒）

・R 配速 = 200M 間歇配速 37 秒（400M 間歇配速 75 秒）

丹尼爾就是利用這種方式，一個個將跑力找出來。再分別給定適合不同跑力的訓練配速。

採用《丹尼爾博士跑步方程式》中文版第五章【表 5.1】頁 91-92

跑力值	1,500公尺	一英里	3,000公尺	兩英里	5,000公尺	10公里	15公里	半馬	全馬	跑力值
30	8：30	9：11	17：56	19：19	30：40	63：46	98：14	2：21：04	4：49：17	30
31	8：15	8：55	17：27	18：48	29：51	62：03	95：36	2：17：21	4：41：57	31
32	8：02	8：41	16：59	18：18	29：05	60：26	93：07	2：13：49	4：34：59	32
33	7：49	8：27	16：33	17：50	28：21	58：54	90：45	2：10：27	4：28：22	33
34	7：37	8：14	16：09	17：24	27：39	57：26	88：30	2：07：16	4：22：03	34
35	7：25	8：01	15：45	16：58	27：00	56：03	86：22	2：04：13	4：16：03	35
36	7：14	7：49	15：23	16：34	26：22	54：44	84：20	2：01：19	4：10：19	36
37	7：04	7：38	15：01	16：11	25：46	53：29	82：24	1：58：34	4：04：50	37
38	6：54	7：27	14：41	15：49	25：12	52：17	80：33	1：55：55	3：59：35	38
39	6：44	7：17	14：21	15：29	24：39	51：09	78：47	1：53：24	3：54：34	39
40	6：35	7：07	14：03	15：08	24：08	50：03	77：06	1：50：59	3：49：45	40
41	6：27	6：58	13：45	14：49	23：38	49：01	75：29	1：48：40	3：45：09	41
42	6：19	6：49	13：28	14：31	23：09	48：01	73：56	1：46：27	3：40：43	42
43	6：11	6：41	13：11	14：13	22：41	47：04	72：27	1：44：20	3：36：28	43
44	6：03	6：32	12：55	13：56	22：15	46：09	71：02	1：42：17	3：32：23	44
45	5：56	6：25	12：40	13：40	21：50	45：16	69：40	1：40：20	3：28：26	45
46	5：49	6：17	12：26	13：25	21：25	44：25	68：22	1：38：27	3：24：39	46
47	5：42	6：10	12：12	13：10	21：02	43：36	67：06	1：36：38	3：21：00	47
48	5：36	6：03	11：58	12：55	20：39	42：50	65：53	1：34：53	3：17：29	48
49	5：30	5：56	11：45	12：41	20：18	42：04	64：44	1：33：12	3：14：06	49
50	5：24	5：50	11：33	12：28	19：57	41：21	63：36	1：31：35	3：10：49	50
51	5：18	5：44	11：21	12：15	19：36	40：39	62：31	1：30：02	3：07：39	51
52	5：13	5：38	11：09	12：02	19：17	39：59	61：29	1：28：31	3：04：36	52
53	5：07	5：32	10：58	11：50	18：58	39：20	60：28	1：27：04	3：01：39	53
54	5：02	5：27	10：47	11：39	18：40	38：42	59：30	1：25：40	2：58：47	54
55	4：57	5：21	10：37	11：28	18：22	38：06	58：33	1：24：18	2：56：01	55
56	4：53	5：16	10：27	11：17	18：05	37：31	57：39	1：23：00	2：53：20	56
57	4：48	5：11	10：17	11：06	17：49	36：57	56：46	1：21：43	2：50：45	57
58	4：44	5：06	10：08	10：56	17：33	36：24	55：55	1：20：30	2：48：14	58
59	4：39	5：02	9：58	10：46	17：17	35：52	55：06	1：19：18	2：45：47	59
60	4：35	4：57	9：50	10：37	35：22	54：18	1：18：09	2：43：25	60
61	4：31	4：53	9：41	10：27	16：48	34：52	53：32	1：17：02	2：41：08	61
62	4：27	4：49	9：33	10：18	16：34	34：23	52：47	1：15：57	2：38：54	62
63	4：24	4：45	9：25	10：10	16：20	33：55	52：03	1：14：54	2：36：44	63
64	4：20	4：41	9：17	10：01	16：07	33：28	51：21	1：13：53	2：34：38	64
65	4：16	4：37	9：09	9：53	15：54	33：01	50：40	1：12：53	2：32：35	65
66	4：13	4：33	9：02	9：45	15：42	32：35	50：00	1：11：56	2：30：36	66
67	4：10	4：30	8：55	9：37	15：29	32：11	49：22	1：11：00	2：28：40	67

跑力值	1,500公尺	一英里	3,000公尺	兩英里	5,000公尺	10公里	15公里	半馬	全馬	跑力值
68	4：06	4：26	8：48	9：30	15：18	31：46	48：44	1：10：05	2：26：47	68
69	4：03	4：23	8：41	9：23	15：06	31：23	48：08	1：09：12	2：24：57	69
70	4：00	4：19	8：34	9：16	14：55	31：00	47：32	1：08：21	2：23：10	70
71	3：57	4：16	8：28	9：09	14：44	30：38	46：58	1：07：31	2：21：26	71
72	3：54	4：13	8：22	9：02	14：33	30：16	46：24	1：06：42	2：19：44	72
73	3：52	4：10	8：16	8：55	14：23	29：55	45：51	1：05：54	2：18：05	73
74	3：49	4：07	8：10	8：49	14：13	29：34	45：19	1：05：08	2：16：29	74
75	3：46	4：04	8：04	8：43	14：03	29：14	44：48	1：04：23	2：14：55	75
76	3：44	4：02	7：58	8：37	13：54	28：55	44：18	1：03：39	2：13：23	76
77	3：41+	3：58+	7：53	8：31	13：44	28：36	43：49	1：02：56	2：11：54	77
78	3：38.8	3：56.2	7：48	8：25	13：35	28：17	43：20	1：02：15	2：10：27	78
79	3：36.5	3：53.7	7：43	8：20	13：26	27：59	42：52	1：01：34	2：09：02	79
80	3：34.2	3：51.2	7：37.5	8：14.2	13：17.8	27：41	42：25	1：00：54	2：07：38	80
81	3：31.9	3：48.7	7：32.5	8：08.9	13：09.3	27：24	41：58	1：00：15	2：06：17	81
82	3：29.7	3：46.4	7：27.7	8：03.7	13：01.1	27：07	41：32	：59：38	2：04：57	82
83	3：27.6	3：44.0	7：23.0	7：58.6	12：53.0	26：51	41：06	：59：01	2：03：40	83
84	3：25.5	3：41.8	7：18.5	7：53.6	12：45.2	26：34	40：42	：58：25	2：02：24	84
85	3：23.5	3：39.6	7：14.0	7：48.8	12：37.4	26：19	40：17	：57：50	2：01：10	85

此表格來自「跑步智能訓練計畫」網站中「傑克‧丹尼爾的跑步計算器」

跑力值	E(easy)/L(long)		M（馬拉松配速）		T（閾值配速）		
	公里	英里	公里	英里	400 公尺	公里	英里
30	7：27-8：14	12：00-13：16	7：03	11：21	2：33	6：24	10：18
31	7：16-8：02	11：41-12：57	6：52	11：02	2：30	6：14	10：02
32	7：05-7：52	11：24-12：39	6：40	10：44	2：26	6：05	9：47
33	6：55-7：41	11：07-12：21	6：30	10：27	2：23	5：56	9：33
34	6：45-7：31	10：52-12：05	6：20	10：11	2：19	5：48	9：20
35	6：36-7：21	10：37-11：49	6：10	9：56	2：16	5：40	9：07
36	6：27-7：11	10：23-11：34	6：01	9：41	2：13	5：33	8：55
37	6：19-7：02	10：09-11：20	5：53	9：28	2：10	5：26	8：44
38	6：11-6：54	9：56-11：06	5：45	9：15	2：07	5：19	8：33
39	6：03-6：46	9：44-10：53	5：37	9：02	2：05	5：12	8：22
40	5：56-6：38	9：32-10：41	5：29	8：50	2：02	5：06	8：12
41	5：49-6：31	9：21-10：28	5：22	8：39	2：00	5：00	8：02
42	5：42-6：23	9：10-10：17	5：16	8：28	1：57	4：54	7：52
43	5：35-6：16	9：00-10：05	5：09	8：17	1：55	4：49	7：42
44	5：29-6：10	8：50-9：55	5：03	8：07	1：53	4：43	7：33
45	5：23-6：03	8：40-9：44	4：57	7：58	1：51	4：38	7：25
46	5：17-5：57	8：31-9：34	4：51	7：49	1：49	4：33	7：17
47	5：12-5：51	8：22-9：25	4：46	7：40	1：47	4：29	7：09
48	5：07-5：45	8：13-9：15	4：41	7：32	1：45	4：24	7：02
49	5：01-5：40	8：05-9：06	4：36	7：24	1：43	4：20	6：56
50	4：56-5：34	7：57-8：58	4：31	7：17	1：41	4：15	6：50
51	4：52-5：29	7：49-8：49	4：27	7：09	1：40	4：11	6：44
52	4：47-5：24	7：42-8：41	4：22	7：02	98	4：07	6：38
53	4：43-5：19	7：35-8：33	4：18	6：56	97	4：04	6：32
54	4：38-5：14	7：28-8：26	4：14	6：49	95	4：00	6：26
55	4：34-5：10	7：21-8：18	4：10	6：43	94	3：56	6：20
56	4：30-5：05	7：15-8：11	4：06	6：37	93	3：53	6：15
57	4：26-5：01	7：08-8：04	4：03	6：31	91	3：50	6：09
58	4：22-4：57	7：02-7：58	3：59	6：25	90	3：46	6：04
59	4：19-4：53	6：56-7：51	3：56	6：19	89	3：43	5：59
60	4：15-4：49	6：50-7：45	3：52	6：14	88	3：40	5：54
61	4：11-4：45	6：45-7：39	3：49	6：09	86	3：37	5：50
62	4：08-4：41	6：39-7：33	3：46	6：04	85	3：34	5：45
63	4：05-4：38	6：34-7：27	3：43	5：59	84	3：32	5：41
64	4：02-4：34	6：29-7：21	3：40	5：54	83	3：29	5：36
65	3：59-4：31	6：24-7：16	3：37	5：49	82	3：26	5：32
66	3：56-4：28	6：19-7：10	3：34	5：45	81	3：24	5：28

I（I 配速）				R （R 配速）					跑力值
400 公尺	公里	1,200 公尺	英里	200 公尺	300 公尺	400 公尺	600 公尺	800 公尺	
2：22	—	—	—	67	1：41	—	—	—	30
2：18	—	—	—	65	98	—	—	—	31
2：14	—	—	—	63	95	—	—	—	32
2：11	—	—	—	61	92	—	—	—	33
2：08	—	—	—	60	90	2：00	—	—	34
2：05	—	—	—	58	87	1：57	—	—	35
2：02	—	—	—	57	85	1：54	—	—	36
1：59	5：00	—	—	55	83	1：51	—	—	37
1：56	4：54	—	—	54	81	1：48	—	—	38
1：54	4：48	—	—	53	80	1：46	—	—	39
1：52	4：42	—	—	52	78	1：44	—	—	40
1：50	4：36	—	—	51	77	1：42	—	—	41
1：48	4：31	—	—	50	75	1：40	—	—	42
1：46	4：26	—	—	49	74	98	—	—	43
1：44	4：21	—	—	48	72	96	—	—	44
1：42	4：16	—	—	47	71	94	—	—	45
1：40	4：12	5：00	—	46	69	92	—	—	46
98	4：07	4：54	—	45	68	90	—	—	47
96	4：03	4：49	—	44	67	89	—	—	48
95	3：59	4：45	—	44	66	88	—	—	49
93	3：55	4：40	—	43	65	87	—	—	50
92	3：51	4：36	—	43	64	86	—	—	51
91	3：48	4：32	—	42	64	85	—	—	52
90	3：44	4：29	—	42	63	84	—	—	53
88	3：41	4：25	—	41	62	82	—	—	54
87	3：37	4：21	—	40	61	81	—	—	55
86	3：34	4：18	—	40	60	80	2：00	—	56
85	3：31	4：14	—	39	59	79	1：57	—	57
83	3：28	4：10	—	38	58	77	1：55	—	58
82	3：25	4：07	—	38	57	76	1：54	—	59
81	3：23	4：03	—	37	56	75	1：52	—	60
80	3：20	4：00	—	37	55	74	1：51	—	61
79	3：17	3：57	—	36	54	73	1：49	—	62
78	3：15	3：54	—	36	53	72	1：48	—	63
77	3：12	3：51	—	35	52	71	1：46	—	64
76	3：10	3：48	—	35	52	70	1：45	—	65
75	3：08	3：45	5：00	34	51	69	1：43	—	66

跑力值	E(easy)/L(long)		M（馬拉松配速）		T（閾值配速）		
	公里	英里	公里	英里	400 公尺	公里	英里
67	3：53-4：24	6：15-7：05	3：31	5：40	80	3：21	5：24
68	3：50-4：21	6：10-7：00	3：29	5：36	79	3：19	5：20
69	3：47-4：18	6：06-6：55	3：26	5：32	78	3：16	5：16
70	3：44-4：15	6：01-6：50	3：24	5：28	77	3：14	5：13
71	3：42-4：12	5：57-6：46	3：21	5：24	76	3：12	5：09
72	3：40-4：00	5：53-6：41	3：19	5：20	76	3：10	5：05
73	3：37-4：07	5：49-6：37	3：16	5：16	75	3：08	5：02
74	3：34-4：04	5：45-6：32	3：14	5：12	74	3：06	4：59
75	3：32-4：01	5：41-6：28	3：12	5：09	74	3：04	4：56
76	3：30-3：58	5：38-6：24	3：10	5：05	73	3：02	4：52
77	3：28-3：56	5：34-6：20	3：08	5：02	72	3：00	4：49
78	3：25-3：53	5：30-6：16	3：06	4：58	71	2：58	4：46
79	3：23-3：51	5：27-6：12	3：03	4：55	70	2：56	4：43
80	3：21-3：49	5：24-6：08	3：01	4：52	70	2：54	4：41
81	3：19-3：46	5：20-6：04	3：00	4：49	69	2：53	4：38
82	3：17-3：44	5：17-6：01	2：58	4：46	68	2：51	4：35
83	3：15-3：42	5：14-5：57	2：56	4：43	68	2：49	4：32
84	3：13-3：40	5：11-5：54	2：54	4：40	67	2：48	4：30
85	3：11-3：38	5：08-5：50	2：52	4：37	66	2：46	4：27

跑力值	I（I配速）				R （R配速）				
	400 公尺	公里	1,200 公尺	英里	200 公尺	300 公尺	400 公尺	600 公尺	800 公尺
67	74	3：05	3：42	4：57	34	51	68	1：42	—
68	73	3：03	3：39	4：53	33	50	67	1：40	—
69	72	3：01	3：36	4：50	33	49	66	99	—
70	71	2：59	3：34	4：46	32	48	65	97	—
71	70	2：57	3：31	4：43	32	48	64	96	—
72	69	2：55	3：29	4：40	31	47	63	94	—
73	69	2：53	3：27	4：37	31	47	63	93	—
74	68	2：51	3：25	4：34	31	46	62	92	—
75	67	2：49	3：22	4：31	30	46	61	91	—
76	66	2：48	3：20	4：28	30	45	60	90	—
77	65	2：46	3：18	4：25	29	45	59	89	2：00
78	65	2：44	3：16	4：23	29	44	59	88	1：59
79	64	2：42	3：14	4：20	29	44	58	87	1：58
80	64	2：41	3：12	4：17	29	43	58	87	1：56
81	63	2：39	3：10	4：15	28	43	57	86	1：55
82	62	2：38	3：08	4：12	28	42	56	85	1：54
83	62	2：36	3：07	4：10	28	42	56	84	1：53
84	61	2：35	3：05	4：08	27	41	55	83	1：52
85	61	2：33	3：03	4：05	27	41	55	82	1：51

跑力 30 以下的人怎麼辦？

我個人在東華大學曾開過兩學期的馬拉松課，來修課的同學大都是沒有跑步訓練背景的素人，第一次測跑力時都以 5 公里為基準，一半以上的同學都在 30 分以下，根本測不出跑力。那時只能要求同學全部都以跑力最低值的 30 為基準來找出自己的各級配速。原本在《丹尼爾博士跑步方程式》第二版中，丹尼爾所設計的跑力表是從 30-85。但到了第三版，因應許多入門跑者的要求，丹尼爾把跑力的最低值從 30 延伸到 20。

採用《丹尼爾博士跑步方程式》中文版第五章【表 5.3】頁 98

時間			R		I		T			M		
英里	5公里	跑力值	200m	300m	200m	400m	400m	一公里	一英里	時間	每公里	每英里
9：10	30：40	30	1：08	1：42	1：11	2：24	2：33	6：24	10：18	4：57	7：03	11：21
9：27	31：32	29	1：10	1：45	1：14	2：28	2：37	6：34	10：34	5：06	7：15	11：41
9：44	32：27	28	1：13	1：49	1：17	2：34	2：42	6：45	10：52	5：15	7：27	12：02
10：02	33：25	27	1：15	1：53	1：18	2：38	2：46	6：56	11：10	5：25	7：41	12：24
10：22	34：27	26	1：19	1：57	1：22	2：44	2：51	7：09	11：30	5：35	7：56	12：47
10：43	35：33	25	1：21	2：02	1：24	2：48	2：56	7：21	11：51	5：45	8：10	13：11
11：06	36：44	24	1：24	—	1：27	2：55	3：02	7：35	12：13	5：56	8：26	13：36
11：30	38：01	23	1：27	—	1：30	3：01	3：08	7：50	12：36	6：08	8：43	14：02
11：56	39：22	22	1：30	—	1：33	3：07	3：14	8：06	13：00	6：19	8：59	14：29
12：24	40：49	21	1：33	—	1：36	3：13	3：21	8：23	13：29	6：31	9：16	14：57
12：55	42：24	20	1：37	—	1：40	3：21	3：28	8：41	13：58	6：44	9：34	15：26

但檢測距離只有 1 英里（1,600 公尺）和 5,000 公尺兩種。他建議入門跑者先用這兩種距離的比賽或測驗成績，看你的成績介於哪兩個跑力值的範圍內，就可以找到建議的訓練強度。

對於剛接觸跑步的初馬挑戰者而言，這是個很有用的表格，請注意最後的欄位「M」裡頭有一欄「時間」，那即是此跑力所對應的「全馬時間」。比如說，假設你的 5,000 公尺測驗成績是 35 分半左右，跑力是「25」，你的初馬目標可以設在 5 小時 45 分，M 配速即為每公里 8 分 10 秒，差不多是大部分人快走可以達到的速度。這樣想起來，是否變得不那麼困難了呢！

利用「耐力網」的跑步能力檢測功能

丹尼爾書中的表格很好用，但缺點是每次測驗或比賽完都要重新翻書，造成不少困擾，所以我們過去一直以來想要把所有的數據輸入資料庫，設計一個網頁，直接輸入距離與成績後就能顯示目前各種強度的配速為何。直到最近，在與耐力網團隊的努力下，合力完成跑力檢測的線上版，網址：http://www.center4gaming.org/c4g/index.php/estimate/index

線上檢測第一步：輸入成績

在耐力網「能力檢測」頁面中先點選「跑力檢測」，在下拉選單中選擇目標賽事的距離，再輸入近期比賽或測驗的最佳成績，網站中左下側表格顯示的是具有相同「跑力」的人，在其他比賽距離的最佳表現成績，這些成績只是參考用，讓你知道同一個跑力值的跑者在其他距離跑出的成績為何：

下方顯示其他距離能跑出的成績（如下）

右下欄的表格才是重點，它是你練跑時訓練配速的依據（可分別用配速和時速表示）：

檢測結果：假設 5 公里輸入成績 18 分 36 秒後所獲得的檢測結果，可見 E/M/T/I/R 五級配速（第一欄為每公里的時間、第二欄為每 400 公尺的時間），點選時速則可調整為「公里／小時」

請注意：跑力最小為 20，也就是 5,000 公尺跑 42 分 24 秒，如果你的實力在此之下，系統仍會顯示跑力值為 20。

 ## 心率是目前最佳的體能量化指標

對耐力運動來說，最原始的量化指標就是成績，例如原本 5 公里跑 20 分，訓練 3 個月後在同樣的跑道上可以跑到 19 分，無庸置疑，這就算變強了。但只看測驗或比賽成績，你會不確定進步的到底是體能、肌力還是技術。尤其，對於馬拉松這種耐力型運動來說，體能訓練是最重要的，所以也最需要被量化。原本「量化體能」這件事相當困難，但科技進步後出現了心率監控裝置，讓我們可以即時「監控」與「紀錄」訓練心率，因為心率可以當成體能訓練強度的相應指標，跑得愈用力，心率自然也愈快。

身體裡的各種細胞中，能產生「動作電位」的細胞主要是神經細胞與肌細胞，也就是神經和肌纖維這兩種組織，他們都能動，而且大腦具有主動權，它能下指令控制身體各部位的肌肉該怎麼動；但其中有一塊肌肉不受大腦的控制，那就是心臟，因為它本身就具有自律心肌細胞，不用命令它，它本身就能產生節律性的「動作電位」帶動心肌細胞進行有規律的收縮，將血液送往全身組織。

心臟像是壓縮幫浦

當身體各部位器官或組織的血液需求量增加時，例如氣溫升高時為了排除體熱，或是苦思難題時大腦需氧量大增，或是運動強度增加時各部位肌肉需要更多能量與氧氣，心臟跳動的頻率（心率）就會自主升高。

計算「心率」的標準是心臟每分鐘的跳動次數（beat per minutes, 簡稱 bpm）。普遍來說，一般人的心臟在處於靜止的情況下，每分鐘會跳動 60 到 90 次，運動時心跳會加速，耐力較好的跑者在同等運動強度下的心率會比正常人來得低。

簡單來說：心率可以反應目前你的身體對於血液的需求量。當你跑得更快時，前傾角度增加，腳掌要拉得更高，落地也變重，肌肉的負荷與收縮範圍變大，身體要更快速地把能量和氧氣運送來供給肌肉使用，除此之外還要趕快把肌肉大量運動後所產生的副產物運走。以上運送工作就是由血液來做，運送的需求量愈高，心臟輸出的血液量（心輸出量）也愈高，而心輸出量＝心率 × 心搏量。所以當身體提出更大量的血液需求時，心率就會自動升高。

那麼，提升心搏量（心臟每搏動一次所輸出的血液量）不也能增加心輸出量嗎？沒錯，雖然心臟的大小在成人後就幾乎不會改變，但藉由有氧訓練，心臟的肌力會增加，許多馬拉松跑者會發現，長期訓練後心率會變得很低，那即是因為心搏量變大後，心臟已經不需要跳得那麼快就能應付相同的活動量。

對於耐力跑者來說，當運動強度提高時，不管是在平坦路段提高速度或是進入陡坡要反抗地心引力向上爬，心臟都需更費力地輸出更多的血液。心臟像是壓縮幫浦，當身體的需求量愈高，它壓縮的頻率就要跟著提高。所以，心率其實是一個被動而非主動的數據。

心率跟攝氧量成正比

跟配速比起來，心率還是一個更為精準的強度指標。

雖然量化訓練強度最精確的數據是「最大攝氧量的百分比」，直接可以看出你的身體每分鐘使用多少氧氣，藉此了解每分鐘身體消耗了多少能量。但我們不可能每次訓練都戴著面罩採集呼出的每一口氣做分析，因此我們退而求其次，使用心率當指標。根據美國國家肌力與體能協會所出版的《肌力與體能訓練》（Essential of strength training and conditioning），當運動強度上升時，特別是處於最大攝氧量的 80% 以下時，心率與耗氧量將會成線性關係同時上升，最大攝氧量 80% 以上，心率的上升會趨於平緩。但大體上兩者還是呈現正比關係。

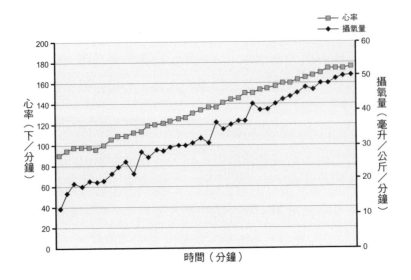

圖例（右上角）:
- 心率
- 攝氧量

當強度提高時，攝氧量和心率之間的關係圖。摘自 Heart Rate Training, figure 1.3, P16

由於兩者間的密切關係，耐力跑者最常使用心率來定義運動強度，在《丹尼爾博士跑步方程式》一書中，同樣是以最大心率的百分比作為各種訓練強度的指標。

找出跑步時的最大心率（Heart Rate Maximum, HRM）

若要使用心率作為監控訓練強度的指標，首先我們要找出自己的最大心率，才能依百分比依序算出各強度區間的訓練心率，大部分的人會直接採用網路或書本上的公式進行計算，但那「非常不妥」，原因在於公式計算出來的最大心率是某個年齡的平均值，若把這個年齡的最大心率都等同於公式計算的結果，那可犯了相當嚴重的錯誤。

在網路上就能搜尋到數種最大心率計算公式，可以統整成下列六種：

	公式名稱		推估心率
公式 1	Age adjusted	220 – 年齡	189 bpm
公式 2	Ball State University	214 –（0.8 x 年齡）	189 bpm
公式 3	Londeree & Moeschberger	206.3 –（0.711 x 年齡）	184 bpm
公式 4	Miller et al	217-（0.85 x 年齡）	191 bpm
公式 5	Heart Zones®（Male）	〔210 -（0.5 * 年齡）-（0.1 * 體重）〕+ 4	192 bpm
公式 6	Heart Rate Training	202 –（0.55 × 年齡）	185 bpm

不管用何種公式，計算出來都不一定是你實際的最大心率，而是那次實驗針對特定的族群所分析出來的實驗結果。以我來說，年齡31歲，體重65公斤，用這六種公式所計算出來的最大心率可見於第三欄：最低184，最高192，而我實際用心跳表測出來的最大心率是192 bpm，跟公式估算值差距不大。但對某些人來說可差多了，我們用公式A，計算55歲的跑者的最大心率是220-55=165 bpm，但165 bpm並非這位跑者實際的最大心率，而是55歲跑者的「平均」最大心率，他實際測出來是185。所以如果把公式用在特定的個人身上就會有誤導的問題。以下以丹尼爾博士曾在書中舉了兩個例子（《丹尼爾博士跑步方程式》中文版，頁46-47）：

我測試過他們多次，測試出來實際的最大心率遠低於他們用公式推出來的預測值。有一位30歲的男性跑者，以最嚴謹的方式測出最大心率為148bpm，他到了55歲測出來的最大心率為146bpm。你可以想像這跟用年齡推估出的差距有多大，如果你告訴這位跑者在30歲時用他推估出來的最大心率（220-30=190）的86%來訓練，那代表心率需要到163bpm，這對實際最大心率只有148的他來說根本不可能。

另一位受試者在 25 歲時所測出的最大心率是 186（比公式推估的 220-25=195 低），這一位跑者到 50 歲時測出的最大心率反而提高到 192（比公式推估的 220-50=170 高很多）。我的意思是如果你要用心率來監控相對的訓練強度，你必須很清楚你個人目前實際的最大心率為何；總而言之，要知道自己最大心率的最佳方式還是「實測」。

在此，我們提供室外與室內的實測方式。

室外的最大心率檢測方式：操場版

- **檢測場地**：400 公尺操場。
- **檢測距離**：3 公里（操場 7.5 圈）。
- **確認心率監測器正常運作**：戴上心率錶，先試跑 1 圈後，按脈博算 15 秒的心跳數再乘以 4，看是否跟心跳監測器讀到心率一樣。
- **測試的內容**：在 400 公尺的操場上連續跑 7 圈半，強度逐漸提高，從第五圈開始，每圈結束都要看一下你的心跳率的數值，確認自己的心率持續上升（若沒有上升就要再提升速度），並在最後的半圈使盡你全身的力量，跟他拚了，衝出你最快的速度。
- **結果**：心率錶在最後半圈所記錄到的心率，幾乎已經跟真正的 HRM 非常接近了，足以當作訓練心率區間的依據。

室外的最大心率檢測方式：爬坡版

- **檢測場地**：坡度 10~15 度的上坡路段，長度約 400 公尺。
- **確認心率監測器正常運作**：戴上心率錶，先試跑 1 趟後，按脈博算 15 秒的心跳數再乘以 4，看是否跟心跳監測器讀到心率一樣。
- **測試的內容**：
  用全力上坡跑約 400 公尺，抵達後紀錄下當時的心率，接著慢慢走

下坡休息 3 分鐘。

休息結束後,再跑一次,一樣用盡全力跑。假設你前一次的心率是 180bpm,你可以想像這次要達到 181~183bpm,之後跑下坡休息 3 分鐘。

休息結束後,再跑一次,直到再也測不出更高的心率為止。

· **結果**:如果第四次所測得的心率還比前一次高,下坡後改休息 5 分鐘,之後再一次,直到你全力跑後量出來的心率等於或低於前一次的心率為止。但如果這一次跑出來的心率低於前一次,你也確定已經用盡全力了,那你就可以直接以前一次量到的數據為準。

最大心率並不會進步!

很多人誤以為最大心率會隨著不斷的訓練而進步,但其實最大心率並不會進步,每個人的最大心率皆是先天決定的,並且會隨著年紀而下降;但有些人可能會發現,在經過一段時間的訓練之後,最大心率的確比之前更高了,難道這不是進步嗎?其實並不是,這個「進步」只是因為在之前的肌肉訓練不足,或是當時的意志力無法讓心臟跳到真正的最大值,但經過一段時間的訓練後,心理或是肌肉能力皆得到強化,所以後來測出來的最大心率才會比過去跳得更高。因此進步的並不是最大心跳率,而是因為訓練而讓身體更能夠接近極限。另外環境的因素也會影響我們的心跳率,在比賽時心情特別興奮,心跳率一般會比平常還要高,此時測量的最大心率通常會比一般訓練時更加準確。

六大強度的心率區間——最大心率區間（%HRM）

相信很多正在使用心率裝置訓練的跑者都遇到過同樣的問題，就是「如何用最大心率法來找出不同訓練強度區間的訓練心率呢？」這也是我們過去最大的困惑，不同的教科書、教練或網路訓練平台所定義的心率區間都不一樣，讓我們無所適從。其實，並無誰對誰錯的問題，只是定義不同罷了。因此，我們最後採取《丹尼爾博士跑步方程式》一書中對各級強度的定義，分別是：

· E 強度（Easy）：最大心率的 65-79% 之間
· M 強度（Moderate）：最大心率的 79-89% 之間
· T 強度（Threshold）：最大心率的 89-92% 之間
· A 強度（Anaerobic）：最大心率的 92-97% 之間
· I 強度（Interval）：最大心率的 97-100% 之間
· R 強度（Repitition）：雖然速度比 I 配速快，但訓練 R 強度的時間很短，所以還沒到達最大心率就停止了，所以無須注意心率。

雖然這個方法暫時解決了我們對心率訓練區間的困惑，但同時卻又衍生出另一個問題，就是最大心率法並無法針對不同跑者的體能作出區別，也就是最大心率相同但運動能力不同的跑者，其根據最大心率法所計算出來的各級心率區間是一模一樣的！這無法讓我們準確得知跑者實際的訓練強度，因為一個經過長期訓練的馬拉松跑者，與一名普通的市民跑者，就算最大心率剛好相同，但心率的訓練區間不太可能完全相同，兩人在運動時心率的起點本來就不一樣（優秀的馬拉松跑者其安靜心率會比一般人低 20-30bpm），而最大心率法由於沒有考慮到個人的安靜心率，等於每個人的安靜心率皆以零計算，所以不管是馬拉松跑者，還是久坐不動的上班族，如果兩人最大心率相同，根據最大心率法所計算出來的訓練區間都會相同。

測量安靜心率（Rest Heart Rate）的目的在於計算出儲備心率，有了儲備心率將能更準確地使用心率來監控訓練強度。但我們在日間正常活動時，安靜心率會受到很多因素的影響，例如天氣、心情、生活壓力、咖啡因等刺激，如果在日間測量安靜心跳率（儘管是安靜地坐著），所測量出來的數據仍會跟實際上的有一定落差；所以我們最好能利用早上剛起床的時候測量安靜心跳，以避免受到上述因素的影響。

安靜心率的測量方式十分簡單，只要在早上起床時先坐著（不用下床），把手指放到胸口或按壓脖子，看著手錶計時 20 秒，同時記下脈搏數或心跳數，再乘以 3，得出來的數值即是你當天的每分鐘安靜心率；一般未經訓練的成年人其安靜心率大多介於每分鐘 65 至 75 次，但通常只要經過數個月的耐力訓練後就會下降。安靜心率愈低，表示心肺功能愈強，菁英馬拉松跑者的安靜心率幾乎都在每分鐘 50 次以下。

由於安靜心率可以作為個人有氧適能（aerobic fitness）的指標，體能愈佳者其安靜心率愈低，體能愈差者（或未經訓練者）則安靜心率會愈高。因此以儲備心率來設定訓練強度就能夠考慮到個別跑者的體能差異，讓每一位跑者不受到個別的體能差異而影響訓練的強度；假設現在有 A、B 兩名跑者，他們的最大心率同樣是 200bpm，但跑者 A 經過長時間的耐力訓練，安靜心率為 50bpm，而跑者 B 卻才剛接觸耐力訓練，所以他的安靜心率為較高的 80bpm，在這種情況下，如果只採用最大心率的百分比（%HRM）來計算強度，兩位跑者會得出同樣的結果：

強度	%HRM	下限	上限
有氧耐力（E）	65－79%	130	158
有氧動力（M）	79－89%	158	178
乳酸閾值（T）	89－92%	178	184
無氧耐力（A）	92－97%	184	195
無氧動力（I）	97%－100%	195	200

因人制宜的「儲備心率法」（%HRR）

為了更準確地利用心率來監控訓練強度，透過上述分析，我們認為最大心率之百分比（%HRM）確實難以根據每個人不同的體能狀況加以修正，而應該納入卡蒙內（Karvonen）等人首先提出的儲備心率（Heart Rate Reserve, 簡稱 HRR），它是把身體處於安靜狀態下的最低心率（安靜心率）也考慮進去：

儲備心率 = 最大心率 － 安靜心率

接續前例，由於跑者 A 的體能較佳，其儲備心率為 150（bpm）比跑者 B 的 120（bpm）還高，也就是說其實 A、B 兩位跑者在運動時心率的起始點差了 30（bpm），因此在同樣的訓練強度下兩者的心跳率應該會是不一樣才對，但如果我們只採用 %HRM 來判定訓練強度的話，兩位跑者會得到一樣的結果，由此可知 %HRM 並不是界定訓練強度最好的方法。基於上述原因，我們希望各位跑者能採用「儲備心率法」來決定訓練心率區間。其計算公式如下：

目標訓練強度心率 = 目標訓練強度百分比 × （最大心率 － 安靜心率）+ 安靜心率

如何定義儲備心率的百分比？

問題來了，在這個公式中的最大心率與安靜心率都可以自行測量出來，但我們一開始卡到的問題是不知如何定義出「目標訓練強度百分比」。我們從《丹尼爾博士跑步方程式》中知道了 E、M、T、I 各訓練強度的 %HRM 區間，但書中並沒有提到儲備心率，因此我們並不知道這幾

種訓練強度的 %HRR 區間範圍是多少，那麼到底要如何使用儲備心率來安排這五種強度呢？

我們從美國體能與肌力協會（NSCA）的教科書中找到答案。經過運動科學家的研究顯示「心跳率百分比與耗氧量百分比具有高度的關聯性」，其從下表我們會發現 %VO$_2$max 與 %HRR 兩者間的百分比完全吻合：

TABLE 18.1
Relationship Between V̇O$_2$max, HRR, and MHR

% V̇O$_2$max	% HRR	% MHR
50	50	66
55	55	70
60	60	74
65	65	77
70	70	81
75	75	85
80	80	88
85	85	92
90	90	96
95	95	98
100	100	100

HRR = heart rate reserve; MHR = percentage of maximal heart rate.

不同強度下 %VO$_2$max、%HRR 與 %HRM 之間的關係

摘 自 Thomas R. Baechle, & Roger W. Earle （2008）. Essential of strength training and conditioning 3rd edition., 493. National Strength and Conditioning Association（U.S.）: Human Kinetics.

既然我們知道 %VO$_2$max 與 %HRR 的百分比完全吻合，也就說如果我們得知《丹尼爾博士跑步方程式》中五種訓練強度的最大攝氧量後，便可以推斷出各強度的儲備心率為何。而 E/M/T/I/R 強度的 %VO$_2$max 正是丹尼爾研究的重心，書中指出五種強度的 %VO$_2$max 分別為：

此數據整理自《丹尼爾博士跑步方程式》中文版，五種強度所對應的 %VO$_2$max

強度	%VO$_2$max
有氧耐力（E）	59-74%
有氧動力（M）	74-84%
乳酸閾值（T）	84-88%
無氧耐力（A）	88-95%
無氧動力（I）	95-100%

根據前面提到 %VO$_2$max 與 %HRR 之間的密切性，所以我們認為各強度的 %VO$_2$max 區間應該可以直接轉換成 %HRR，並用來作為訓練時的依據。接著我們利用丹尼爾所提供的 %VO$_2$max 區間轉換成 %HRR，再重新計算 A、B 兩位跑者五種強度的區間。

依儲備心率法計算目標心率的方式如下：59% ×（200-50）+50=139

依此類推可以發現 %HRR 的方式更合乎訓練的個別化原則。

下表為 A、B 兩位跑者分別依最大心率法和儲備心率法，所計算出來的目標心率比較表（跑者 A 的安靜心率為 50bpm，跑者 B 為 80bpm，他們的最大心率都是 200bpm）：

訓練強度	最大心率法	儲備心率法	
	%HRM 的心率區間	%HRR of A 的心率區間	%HRR of B 的心率區間
E	130~158	139~161	151~169
M	158~178	161~176	169~181
T	178~184	176~182	181~186
A	184~195	182~193	186~194
I	195~200	193~200	194~200

我們會發現強度愈低，用最大心率法的誤差愈大。尤其對安靜心率較低的跑者來說，使用最大心率法（%HRM）時，E ／ M 強度的心率區

間就會有較大的誤差。以安靜心率為 50bpm 的跑者 B 為例，他的最大心率為 200bpm，若使用最大心率法，E 心率區間是 130~158bpm，但儲備心率法的 E 心率區間是 151~169bpm，差距相當大。這就是為什麼要使用儲備心率法的緣故。但提高到了 T ／ I 強度時，兩種方式計算出來的心率區間的差別就不多了。無論如何，從以上 A、B 兩位跑者的比較表中可見，以 %HRR 為準的訓練強度確實會比 %HRM 更能夠「因人制宜」。

 為甚麼在練 LSD 時，心率會一直往上爬？

很多使用心率錶進行訓練的跑者都會發現，在進行 LSD 長跑時，明明都維持著同樣的配速，但在手錶上所顯示的心率卻總是會不斷地往上爬，到了訓練的後段為了不讓心率超出 E 強度的上限（79%），只好把配速放慢，讓心率回落到 E 強度區間之內，但心中不禁還是會產生疑問：在長跑訓練時如果心率快要超出區間上限時，到底是該放慢配速讓心率下降？還是要維持著原來的配速，讓心率超出區間呢？

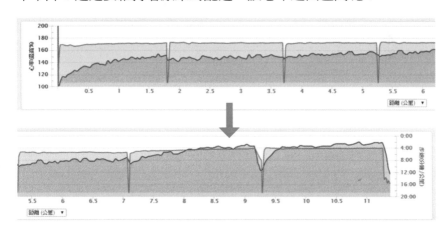

上圖截取自今年七月在 Garmin Connect 上的一段記錄，當時我正進行

11 公里的長跑訓練，前四段 E 強度慢跑的配速都落在 5'30"km/h 左右（藍線之間的凹槽為喝水時間），在最後進行了兩段 M 強度跑，配速都維持在 4'00"km/h 左右；藍色區域為跑者的配速，紅色區域為心率，可以看到藍線幾乎都處於同一個水平面上，而紅線卻呈現不斷上升的趨勢（不管是前四段的 E 強度還是後兩段的 M 強度），E 強度跑的心率從剛開始平均 140bpm，到 7 公里時已經到達 160bpm 附近，在這 7 公里之間心率增加了近 20bpm；而 M 強度跑則從剛開始的 160bpm，到結束時接近 190bpm，在短短 4 公里之間上升了接近 30bpm。

雖然跑者在訓練 E 強度或是 M 強度時跑步配速並沒有太大的變動，但心率卻隨著時間的拉長而不斷上升，這種現象稱為「心率飄移」（Cardiovascular drift）。「心率飄移」是指在用「定配速」的方式進行長時間耐力訓練時（跑步或騎車等長時間運動），雖然配速都維持在穩定的範圍之內，但心率卻會隨著時間而不斷上升，至於上升的幅度又會因為個別的體能狀況而產生差異，有氧能力愈差的人心率上升的幅度會較大，相反有氧能力越好的人上升的幅度會較小；但很多使用心率錶訓練的初學者會誤以為只要配速不變，心率應該也會處於穩定的狀態才對，特別是在進行長跑時這個現象會更為明顯。出現「心率飄移」的主要原因如下：

1. 長時間運動後心臟力量減弱，必須增加跳動次數。
2. 水份流失後，心臟負擔加大。
3. 體溫上升或處於高溫環境，必須把更多血液打到皮膚表面進行散熱。

這些因素造成每次心跳的心輸出量（Stroke Volume）下降，為了輸出同樣的血量，只好加快心跳率來達成，特別是在濕熱環境中進行耐力訓練時，此現象將會更加明顯。因此在電腦上面觀看訓練時的心率曲線時，就算全程以十分穩定的配速進行訓練，心率線依然會呈現一條向

左傾斜的斜線，而非水平線。

理論上跑力越高的選手，根據心率訓練長跑會越準確，因為優秀的耐力選手由於接受過長期的耐力訓練，心肺能力對於長時間運動具有較佳的適應；但對於剛入門的新手來說，即便是以同樣的配速前進，持續到 20~30 分鐘後心率就會持續攀升，經過一段時間的耐力訓練後，心肺系統才能獲得更好的能力，心率在長跑訓練將會趨向穩定；同理可得，假若日後在進行 LSD 長跑時發現心率數據跟之前比起來都更為穩定的時候，就代表你的體能已經提升到更高的層次了。

 訓練時要看心率？還是看配速？

·E 強度：

一般來說，在進行 LSD 訓練時定配速會比定心率更加嚴苛。因為定配速時不考慮心率飄移，就算心率飄高，你還是得強迫自己維持剛開始時的配速，因此對身體的壓力會愈來愈大。我們建議在訓練計畫剛開始頭幾個星期的 E 課表都以心率為主，先讓身體逐漸適應長時間跑步訓練，同時累積訓練量，到了接近比賽前再改成定配速的訓練。

對於新手跑者來說，建議採用跑走間歇的模式進行長跑訓練，因為對於初學者來說，在長跑時的心率持續攀升將會失去 E 強度的訓練效果，而且痛苦程度也將會大增，跑走間歇能讓跑者心率維持在適當的訓練區間，又能降低受傷的風險，同時亦能大幅延長初學者的訓練時間（[4 分鐘慢跑 +1 分鐘快走]x8 組，會比一次 30 分鐘慢跑來得簡單），達到更佳的有氧訓練效果。因此，在安排

訓練計畫時，本書提供的「18週初馬訓練計畫」中的LSD課表會以定心率方式進行，藉以減輕對身體的壓力。

如果當天的E強度跑是屬於輕鬆恢復課表（例如輕鬆的30分鐘E強度跑），那麼應該以心率為主，讓心率控制在E強度區間的範圍內即可，也就是說如果心率開始超出E區間，這時應該要把配速降下來，以達到「恢復」的目的。

· **M強度課表，是馬拉松訓練中最重要的強度，我們會刻意分為定配速和定心率的訓練方式，理由說明如下：**

M配速的訓練主要是讓身體習慣能夠以更快的配速（比E快）持續一段時間，雖然E與M的訓練目的與效果相同，但M的好處是可以提高比賽時的信心。

M心率的訓練是在訓練身體在該「壓力」下持續一段時間，至於這個「壓力」又會隨著身體的適應而逐漸變小，因此我們就能夠在同樣的壓力下跑出更快的配速，所以最終可能會變成M心率的速度比訓練初期檢測出來的M配速快；或是當壓力變小後，使得原始的配速能跑得更久。所以在全馬比賽的時候我們都會建議用M心率去跑，除了避免上下坡跟風向等問題之外，按心率跑更能夠跑出自己最好的成績。

對於全馬在4小時以內的跑者而言，M課表若在1小時以內，請以M心率的上限來跑（89%HRM或84%HRR）；若在1小時以上，請以M心率的中間值（84%~89%HRM或79%~84%HRR）跑前半段，後半段時間請以前半段的均速來跑（心跳一定會飆高，但不要管它），目的是為了強迫身體在定速下維持輸出一樣的動能。

由於到後來有氧系統的效能會變差，我們要強迫它在變差的情況下還要維持一樣的動能輸出。例如今天的主課表是 M 強度 100 分鐘，可以把課表拆成（M 心率 50 分鐘 + 前段平均配速跑 50 分鐘）。

· T 強度：依配速進行訓練，若前 5 分鐘無法達到 T 心率區間，即開始改以心率為依據。

· I 強度：依配速進行訓練，若前兩趟無法達到 A 心率（92%HRM 以上或 88%HRR 以上），下一趟開始改以心率為依據。

· R 強度，全都以配速為主。

如何得知自己的訓練是否有效？

 訓練量該如何算？距離？時間？
——認識「訓練點數」

許多人在訓練時都會用里程數來計算訓練量，例如：A 與 B 跑者兩位體能相近的跑者，跑者 A 說我上星期練跑 100 公里，跑者 B 說上星期的跑步訓練量是 80 公里，單純以里程數來看似乎是跑者 A 練得比較多，但如果實際觀察他們的訓練情況，每次跑者 A 都慢慢跑，不像跑者 B 每次訓練都在練節奏跑或間歇，那對 B 來說這一週所累積的訓練壓力就比較大。

用時數來計算訓練量也會碰到一樣的情況，純粹記錄一週練跑 10 小時

與一週練跑 15 小時，並無法判斷何者的訓練量比較大。所以了解訓練量的關鍵在於「量化強度」。前面我們已經定義了六種訓練強度與五種心率區間，接著我們要替這六種訓練強度設好特定的係數，強度愈高，係數也愈高：

強度	E	M	T	A	I	R
係數	0.2 點/分鐘	0.4 點/分鐘	0.6 點/分鐘	0.8 點/分鐘	1.0 點/分鐘	1.5 點/分鐘

耐力網可以更精確地量化你的訓練成效

你在每次訓練完可以依此乘上各強度的訓練時間來計算，例如課表是 30 分鐘 E 強度跑，那麼訓練量為 30×0.2=6 點。你可以在「耐力網」我的紀錄中採用手動輸入的方式，在 E 強度中輸入 30 分鐘，將會得出與預排課表相同的訓練量，因為兩者的計算方式是相同的。

以上的算法對於以往只能手動計算來說雖然方便，但其實並不夠精準，因為在《丹尼爾博士跑步方程式》一書中同時提供了一個全面的訓練點數表格，裡面提供了每一個強度之下訓練點數各為多少，見下表：

E zone（輕鬆跑）							
跑力值 %	最大心率 %	心率	1 分	5 分	10 分	20 分	30 分	60 分
59	65		.100	.500	1.00	2.00	3.00	6.0
60	66		.110	.550	1.10	2.20	3.30	6.6
61	67		.122	.610	1.22	2.44	3.66	7.3
62	68		.135	.675	1.35	2.70	4.05	8.1
63	69		.150	.750	1.50	3.00	4.50	9.0
64	70		.167	.835	1.67	3.34	5.00	10
65	71		.183	.915	1.83	3.66	5.50	11
66	72		.200	1.000	2.00	4.00	6.00	12
67	73		.217	1.085	2.17	4.34	6.50	13
68	74		.233	1.165	2.33	4.66	7.00	14
69	75		.250	1.250	2.50	5.00	7.50	15
70	75.5		.267	1.335	2.67	5.34	8.00	16
71	76		.283	1.415	2.83	5.66	8.50	17
72	77		.300	1.500	3.00	6.00	9.00	18
73	78		.317	1.585	3.17	6.34	9.50	19
74	79		.333	1.665	3.33	6.66	10.00	20

M zone（馬拉松配速跑）

跑力值 %*	最大心率 %	心率	1 分	5 分	10 分	20 分	30 分	60 分
75(5:00)	80		.350	1.750	3.5	7.0	10.5	21
76(4:40)	81		.367	1.835	3.7	7.4	11.1	22
77(4:20)	82		.392	1.960	3.9	7.8	11.7	23.5
78(4:00)	83		.417	2.090	4.2	8.4	12.6	25
79(3:40)	84		.442	2.210	4.4	8.8	13.2	26.5
80(3:20)	85		.467	2.340	4.7	9.4	14.1	28
81(3:00)	86		.492	2.460	4.9	9.8	14.7	29.5
82(2:50)	87		.517	2.590	5.2	10.4	15.6	31
83(2:20)	88		.550	2.75	5.5	11.0	16.5	33
84(2:05)	89		.583	2.92	5.8	11.6	17.4	35

T zone（閾值／tempo）

跑力值 %	最大心率 %	心率	1 分	5 分	10 分	20 分	30 分	60 分
83	88		.550	2.75	5.5	11.0	16.5	33
84	89		.583	2.92	5.8	11.6	17.4	35
85	89.5		.600	3.00	6.0	12.0	18.0	36
86	90		.617	3.09	6.2	12.4	18.6	37
87	91		.650	3.25	6.5	13.0	19.5	39
88	92		.683	3.42	6.8	13.6	20.4	41

10K zone

跑力值 %**	最大心率 %	心率	1 分	2 分	5 分	10 分	20 分	30 分
89(60:00)	92.5		.700	1.40	3.5	7.0	14.0	21.0
90(50:00)	93		.723	1.45	3.6	7.2	14.4	21.7
91(40:00)	94		.763	1.53	3.8	7.6	15.2	22.9
92(35:00)	95		.800	1.60	4.0	8.0	16.0	24.0
93(30:00)	96		.840	1.68	4.2	8.4	16.8	25.2
94(27:00)	97		.883	1.77	4.4	8.8	17.6	26.5

I zone（I 配速）

跑力值 %***	最大心率 %	心率	1 分	2 分	5 分	10 分	20 分	30 分
95(21:00)	97.5		.900	1.80	4.5	9.0	18.0	27.0
96(18:00)	98		.917	1.83	4.6	9.2	18.4	27.5
97(15:30)	98.5		.940	1.88	4.7	9.4	18.8	28.2
98(13:30)	99		.960	1.92	4.8	9.6	19.2	28.8
99(12:15)	99.5		.983	1.97	4.9	9.8	19.6	29.5
100(11:00)	100		1.000	2.00	5.0	10.0	20.0	30.0

R zone（R 配速）

跑力值 %****	最大心率 %	心率	1 分	2 分	5 分	10 分	20 分	30 分
105(7:02)			1.25	2.5	3.75	6.25	12.5	25
110(4:40)			1.50	3.0	4.50	7.50	15.0	30
115(3:00)			1.75	3.5	5.25	8.75	17.5	35
120(1:43)			2.10	4.2	6.301	10.50	21.0	42

從上表中可見丹尼爾博士把各級最大心率之百分比（%HRM）皆對應出每分鐘的訓練點數數值，例如今天跑了 30 分鐘 E 強度，心率有 10 分鐘落在 71%，10 分鐘落在 73%，最後 10 分鐘落在 75% 的話，計算出來的訓練量將會是 1.83+2.17+2.50=6.5 點（與前面算出來的 6 點相差 0.5 點），採用這種算法將會比預排課表的算法更為精準，因為它是根據每分鐘身體所處的強度區間作出計算，但缺點是難以用人力計算，而且一般也很難取得每分鐘心率所處的百分比為何，不過電腦卻可以輕鬆解決這個問題，經過我們與「耐力網」工程師團隊一番努力後，我們讓系統在接收到 GPX 檔後採用上表中每一分鐘所對應的訓練點數，再乘以各強度的訓練時間來計算出更準確的訓練量，也因此即使同樣是 30 分鐘 E 強度跑，上傳 GPX 檔後會與本書安排的「訓練計畫」所計算出來的訓練量略有不同，這也可以解釋為何「預排課表中的訓練量」與「訓練完上傳 GPX 檔的訓練量」會有些微落差。

 量化你的訓練成效！

E、M 強度訓練很容易得知訓練是否有效，只要看訓練時間是否達到課表所定的時間便可以了，例如當天課表是進行 60 分鐘的 E 強度長跑，只要在訓練時都把心率控制在 E 強度區間持續 60 分鐘，那麼這就算是一次很好的訓練；就算是 E、M 強度混合的課表，只要看這兩種強度區間是否都有合乎課表的訓練時間，便可得知當天的訓練效果如何，愈接近課表的時間代表該次的訓練愈具效率，但如果要檢視 T 與 I 強度的訓練效果就沒有那麼容易了。

實際進行過 T 或 I 強度訓練的跑者都有過這種經驗，就是課表上雖然是說要進行 5 趟 5 分鐘的 T 強度跑、或是 6 趟 3 分鐘的 I 強度間歇跑，

理論上在訓練結束後應該分別會完成了 25 分鐘的 T 強度或是 18 分鐘的 I 強度，即使在訓練時都完全按照課表進行，且心率都控制在 T 或 I 的區間，但回家上傳到耐力網後會發現上面所顯示的訓練時間總是不會跟課表的訓練時間一致，例如 T 強度只訓練到 20 分鐘，或是 I 強度只有 10 分鐘等。此時你心中不禁會產生些疑問，為甚麼總是無法達到課表上所要求的總訓練時間？難道在訓練時還不夠用力嗎？還是要超出預定的訓練時間才是好的訓練？

T 強度的有效訓練比值

我們在檢視 T 強度與 I 強度的訓練成效時常會遇到一個問題，就是這兩種強度的課表到底實際需要訓練到幾分鐘才算是有效率的練習？例如當天的課表是 T 強度跑 5 分鐘 ×4 趟，即這次 T 強度的理想訓練時間是 20 分鐘，但由於跑者從安靜心率爬升到 T 心率（或更高的 I 心率）需要 1.5~2 分鐘的時間，因此 T、I 的實際訓練時間通常會比理想訓練時間來得短，假設當天達到 T 強度區間的實際訓練時間共 15 分鐘，代表有 5 分鐘時間是處於爬升階段或是超出應有強度，但我們並不能說沒有達到理想的 20 分鐘就是一次不好的訓練，因為心率的爬升過程也算是 T 強度訓練的一部分。

但在扣除爬升時間的情況下，是絕對不會出現實際訓練時間為 20 分鐘的，那麼到底跑者要達到多大的比例才算是良好有效的訓練？實際訓練時間過低或過高又代表著甚麼意義？因此我們想要訂出一套標準，讓大家知道自己當天跑 T 或 I 強度課表時，其訓練效果為何；首先說明這個比值的計算方式，再說明到底要到達那一個比值才算是一次好的訓練。

我們訂出 T 強度之有效訓練比值的計算公式如下：

$$T 強度之有效訓練比值 = \frac{T 強度之實際訓練時間}{T 強度之理想訓練時間}$$

以上述為例，T 強度之實際訓練時間為 15 分鐘，理想訓練時間為 20 分鐘，那麼當天的訓練比值為 0.75（15 除以 20），如果實際訓練為 18 分鐘，則比值為 0.9（18 除以 20）；比值越高代表訓練效果越好。計算出「有效訓練比值」後，我們還需要一套標準來評估訓練的效果，例如計算出的 0.9 數值，到底訓練效果有多好？或是計算出 0.5 數值又代表甚麼意義？因此我們根據過去訓練的經驗，再加上分析不同程度跑者的數據，訂出了計算出來這些數值的意義。

T 強度之「有效訓練比值」的定義（包括巡航間歇跑與節奏跑）

比值	意義
> 0.95	過度訓練
0.86 - 0.95	良好訓練
0.76 - 0.85	有效訓練
0.56 - 0.75	有待改善
0.45 - 0.55	刺激不足
< 0.45	無效訓練

根據上表，假如當天計算出來的有效訓練比值是 0.7，代表當天的訓練效果屬於「有待改善」，所以請在下次訓練時注意心率處於 T 區間的時間。

雖然上面說過「比值越高代表訓練效果越好」，但也有一種情況，是當天的 T 強度理想訓練時間是 20 分鐘，而實際訓練時間卻高達 20 分

鐘甚至超出更多，這有兩種可能，第一是看錯課表內容了，把 20 分鐘看成 30 分鐘；第二是沒有遵照課表預定的時間，原本只需要跑 20 分鐘，但卻因為當天自我感覺非常良好，最後跑了 25 分鐘才停下來，最後得出實際訓練時間為 22 分鐘，有效訓練比值為 1.1，假若每次訓練都超出課表預定的訓練時間，那麼過度訓練將會離你越來越近。因此我們同時也訂出了過度訓練的比值，只要有效訓練比值超出 0.95，我們就將其定義為「過度訓練」。

I 強度的有效訓練比值

I 強度理應可以用以上同樣的計算方式，但有鑒於許多跑者在實際訓練 I 強度時，並不容易達到 I 心率區間，儘管跑者已經感覺用盡全力，但仍然無法達到該有的心率區間（%HRM 的 97-100% 或 %HRR 的 95-100%），特別是在冬天氣候溫度較低時，心率總是難以爬升到最高。此外對於初學者來說，要在訓練時達到如此高的心率確實十分困難、且有一定的風險。基於此，我們在計算 I 強度的實際訓練比值時，除了要看 I 心率的訓練時間外，同時亦需考慮 A 心率的訓練時間。

根據美國運動醫學學會（簡稱 ACSM）的教科書，雖然高強度（90-95% HRM）的訓練比起中強度（70-85% HRM）更能提升最大攝氧量，但其實對於新手或是剛接受耐力訓練的人（他們的最大攝氧量通常不到 40ml/kg/min）訓練時心率只要達到最大心率的 70-90% 便已經能有效刺激他們的最大攝氧量。

書中同時提到，提升有氧能力的最低訓練強度，需要隨著有氧體能水準的提升而增加，較高強度的有氧訓練才能使進步空間加大。因此，頂尖選手如果要對最大攝氧量作出有效的刺激，在 I 強度訓練時達到 I

心率是必須的。綜合以上，我們為了更準確地衡量 I 強度的訓練效果，在計算 I 強度的有效訓練比值時，同時會把 A 強度（%HRM 的 92-97%或 %HRR 的 88-95%）的訓練時間加入計算，計算公式如下：

$$\text{I 強度之有效訓練比值} = \frac{\text{I 強度之實際訓練時間} + （\text{A 強度訓練時間} \times 0.7）}{\text{I 強度之理想訓練時間}}$$

A 強度需要乘上 0.7 的原因，在於當我們跑完一趟 I 強度間歇時，每趟休息的心率下降都會經過 A 區間，但由於這段下降的時間實際上並沒有太大的刺激效果，所以我們把 70% 的 A 強度當作是有效刺激的部分，其餘的 30% 則不計算在內，因此真正在訓練時刺激最大攝氧量的時間＝ I 強度的實際訓練時間＋ A 強度訓練時間的 70%。

I 強度之「有效訓練比值」定義

比值	意義
> 0.85	過度訓練
0.66 - 0.85	良好訓練
0.46 - 0.65	有效訓練
0.41 - 0.45	有待改善
0.25 - 0.4	刺激不足
< 0.25	無效訓練

馬拉松的週期化體能訓練進程：
E → I → T → M

有計畫的訓練，進步才會扎實

如前所述，體能訓練就像建造金字塔，需要一定的施工進程，體能較能夠穩健地向上成長。若是隨性的訓練，體能當然也會進步，但就像沒有地基的土磚屋，蓋不高，若硬要往上加蓋，就有傾倒的危險。

我們把體能訓練的進程分為四個週期，分別是基礎期、進展期、巔峰期與競賽期，下面依序說明不同週期的目的與訓練重點。

週期一：基礎期

· **目的**：基礎期對於馬拉松選手來說十分重要。它是為了打造穩健的有氧基礎（達到 E 強度的各種訓練效果），強化身體組織以避免運動傷害，使身體能應付接下來的高強度訓練。

· **關鍵強度**：以長時間的 E 強度為訓練重點，簡稱為 LSD 訓練（Long Slow Distance）。如果可訓練的時間能夠超過三個星期，我們會在 E 強度之後增加幾趟 10-15 秒的快步跑（R 配速），快步跑的目的是在消除 LSD 的副作用。

· **訓練時間**：最好能維持 6-8 週。若在開始準備比賽之前已經以 E 強度規律練跑 6 週或更長的時間，那就可以跳過週期一，直接進入週期二。但如果是初馬或是已經中斷跑步訓練很長時間的跑者，可以把基礎期延長到二至三個月（8-12 週）。若是從來沒有在學校體育課以外的時間練過跑步，在準備初馬（第一場馬拉松）時，週期一的訓練至少需要花兩個月時間。除非你平常就已經在跑，或是甚至參加過一些 5K 或 10K 的路跑賽，訓練時程就可以縮短為六個星期，不然就會增加受傷的風險。

· **訓練量**：週期一的訓練都盡量以「時間」為當作訓練量的單位，不要想說今天要跑幾公里而是跑了幾分鐘。在練 E 強度時的跑步強度要夠低，不要超過 M 強度，別急，先用慢跑打好基礎。

週期二：進展期

· **目的**：這個週期將會在原有的有氧基礎下加入能夠刺激最大攝氧量的 I 強度訓練，以進一步提升身體跑步時的有氧代謝效能。此週期的訓練強度最高，而且比全馬當天的目標配速還要快，但持續時間相對比較短，目的在於刺激最大攝氧量，亦即身體攝取、運送與利用氧氣的能力，讓身體能夠更有效率地使用氧氣，當進入競賽期時，較慢的配

速會讓你感覺更輕鬆。把潛在的最大攝氧量拉到高點，也就是把有氧容量擴大，對於下一個週期再提高乳酸閾值時的幫助較大。這個時期，你可以參加練習賽來取代訓練，但前提是比賽前三天改以 E 課表代替，比賽結束後以 E 強度為主的恢復跑也至少要維持三天才開始其他強度的訓練。這個週期的比賽以兩場為限，不宜過多。

・**關鍵強度**：以 I 強度為訓練重點，其餘四成訓練量維持 E 強度。若你的目標賽事有坡道的話，可以在坡道上練 I 強度的間歇，改以 I 或 A 心率為強度的判別基準（對於入門與中階跑者而言，92%HRM 以上的 A 心率就能有效刺激最大攝氧量）。這兩種強度的訓練都能有效提高跑步時動能產生的比例。

・**訓練頻率**：I 強度訓練每週至少兩次，最多三次。

・**訓練量**：I 強度的訓練量應該為基礎期 E+R 總量的六成。

週期三：巔峰期

・**目的**：維持臨界速度的能力。菁英跑者能在身體乳酸閾值時忍耐 60 分鐘，這需要非常強大的排乳酸能力。因此這個週期的訓練目的就是為了讓身體能在極端情況下還能夠維持穩定的速度。

・**關鍵強度**：主要以 T 強度的巡航間歇（Cruise Interval）或節奏跑（Tempo run）為訓練重點，但仍應該持續此前期的 I 強度訓練，以維持最大攝氧量。

・**訓練頻率**：T 強度訓練每週至少兩次，最多三次。I 強度一次（或與 T 強度訓練混合進行）。

・**訓練量**：I 與 T 的訓練量應該為進展期的六成。

競賽期

· **目的**：此週期是為了讓體能達到巔峰狀態，訓練量開始減少，訓練內容以比賽時的強度與配速為主，讓身體逐漸適應比賽的強度，因此馬拉松選手此時應該以等於或略高於比賽配速的訓練為主。

· **關鍵強度**：以比賽主要配速M強度為主，T強度為輔。

· **訓練時間**：M強度每週二到四次，T強度兩次。

· **訓練量**：競賽期前段以「維持」巔峰體能為主，M強度的訓練量要佔巔峰期的六成。後段以「減量」為主，尤其是比賽前一到二週安排休息週。**減量的原則：練得多要減得多，練得少就減得少**（若之前訓練量很高，減量期可增加至三週）。

勤於紀錄訓練量，用以調整下一週期的訓練時數：六成原則

進行週期化訓練最常碰到的問題是：到了下一週期，關鍵強度改變了，我該如何確定訓練時數如何調整？我們以基礎期→進展期當作例子來說明。

週期一（基礎期） 因為強度低，比較不容易受傷，可以當作身體能耐的測試期。當你覺得一開始基礎期設定的課表很輕鬆，你可以增加每週 E 強度的訓練時數，去測試目前的體能每週能吃下多少分量的訓練菜單。用前面提出的強度係數，把訓練量（訓練強度 × 持續時間）記錄下來，再把一週的訓練量加總起來。當你調整 E 的訓練時數到了基礎期的最後幾週，應該就可以確認：沒錯，這個量就是我一週可以吃下來的。接著，你就可以依此來當作調整下一週期訓練時數的基準。

例如基礎期倒數第二週（因為最後一週通常要減量訓練，最好以倒數第二週為準），加總起來的「總體能訓練量」為 82.5 點（這裡先不考

慮肌力），如果你認為這已是當前自己能吃得下的最大訓練量，你就可以拿它來計算進展期的訓練量與I課表的間歇趟數。

星期一	星期二	星期三	星期四
E 30min	E 60min+ 6ST	E 30min	E 60min+ 6ST
0.2×30=6	0.2×60=12 1.5×1/6×6=1.5	0.2×30=6	0.2×60=12 1.5×1/6×6=1.5

星期五	星期六	星期日	訓練量總計
E 30min	E 150min + 6ST	E 30min	
0.2×30=6	0.2×150=30 1.5×1/6×6=1.5	0.2×30=6	82.5 點

* E 強度的係數為 0.2 點 / 分鐘
* R 強度的係數為 1.5 點 / 分鐘
* ST 此處以 10 秒的快步跑為例，10 秒 =1/6 分鐘，因此 6ST 的訓練量 =1.5×1/6×6=1.5

週期二（進展期）以 I 強度訓練為主，E 為輔。一開始因為強度提升了，你會不確定 I 強度的量要練多少比較適合。但因為你記錄了訓練量，此時就能依前一週期的量來設計 I 強度的訓練時數。在訓練馬拉松時，我們會建議到了進展期，可以撥出**基礎期訓練量的六成作為 I 強度的訓練量**，其餘四成保留為 E 強度，目的是為了維持有氧基礎能力。以上述課表為例，我們總體能訓練量的六成為：82.5×0.6=49.5。

我們把 I 強度課表拆成兩天，分別放在星期二、四，各安排 24 點與 25 點的量，I 的訓練量出來了，就能開始來設想要跑幾分鐘（I 強度的每趟建議時數是 3~5 分鐘，體能愈好，一開始每趟的訓練時間就可以拉長），決定好每趟的訓練時間後，趟數就出來了。

星期一	星期二	星期三	星期四
E 30min	I 4min×6 趟	E 30min	I 5min×5 趟
0.2×30=6	1.0×4×6=24	0.2×30=6	1.0×5×5=25

星期五	星期六	星期日	訓練量總計
E 30min	E 150min + 6ST	E 30min	
0.2×30=6	0.2×150=30 1.5×1/6×6=1.5	0.2×30=6	104.5 點

* I 強度的係數為 1.0 點 / 分鐘

到了**週期三（巔峰期）**，將以 T ／ I 強度為主，E 為輔。我們可以用一樣的方式進行評估，**T 與 I 強度的訓練量應為進展期的六成**。但要注意，每換到下一個週期，一定要接著練上一週期的強度，目的是為了維持，所以量不用多。以上述課表為例，我們總體能訓練量的六成為：104.5×0.6=62.7 點。因此我們把 T 強度課表拆成兩天，分別放在星期二、四，各安排 24 點與 24 點的量；週日安排 15 點的 I 強度，總共 63 點訓練量。

星期一	星期二	星期三	星期四
E 30min	T 10min×4 趟	E 30min	T 20min×2 趟
0.2×30=6	0.6×10×4=24	0.2×30=6	0.6×20×2=24

星期五	星期六	星期日	訓練量總計
E 30min	E 150min + 6ST	I 3min×5 趟	
0.2×30=6	0.2×150=30 1.5×1/6×6=1.5	1.0×3×5=15	112.5 點

* T 強度的係數為 0.6 點 / 分鐘

到了**週期四（競賽期）**，將以 M 強度為主，T 與 E 為輔。我們可以用一樣的方式進行評估 M 強度的訓練量，**應為巔峰期總量的六成**。以上述課表為例，前一期每週總體能訓練量的六成為：112.5×0.6=67.5 點。我們把 M 課表拆成三天，分別放在星期二：20 點，星期四：12 點、星期六：36 點，總共 68 點的 M 強度訓練量。

星期一	星期二	星期三	星期四
E 30min	M 50min	E 30min	M 15+T 20+M 15 min
0.2×30=6	0.4×50=20	0.2×30=6	0.4×15=6 0.6×20=12 0.4×15=6

星期五	星期六	星期日	訓練量總計
E 30min	E 20+M90min	E 30+T 20min	
0.2×30=6	0.2×20=4 0.4×90=36	0.2×30=6 0.6×20=12	120 點

* M 強度的係數為 0.4 點 / 分鐘

給定大方向再依需求微調

以上四週期馬拉松訓練要點，是想給各位讀者一個設計訓練計畫的大方向。依據不同的跑者情況略微調整，才能符合個人化需求。本書的第六章將依據跑者不同實力與目標，設計「初馬」、「破五」、「破四」、「破三」的訓練計畫，其中可以看到我們針對不同目標的馬拉松計畫做更細微的調整。例如我們設定巔峰期的 T+I 強度應該為前一週期每星期總訓練量的六成，但對於想破三的人來說，如果份量吃得下，可以直接把 T 的量提高。

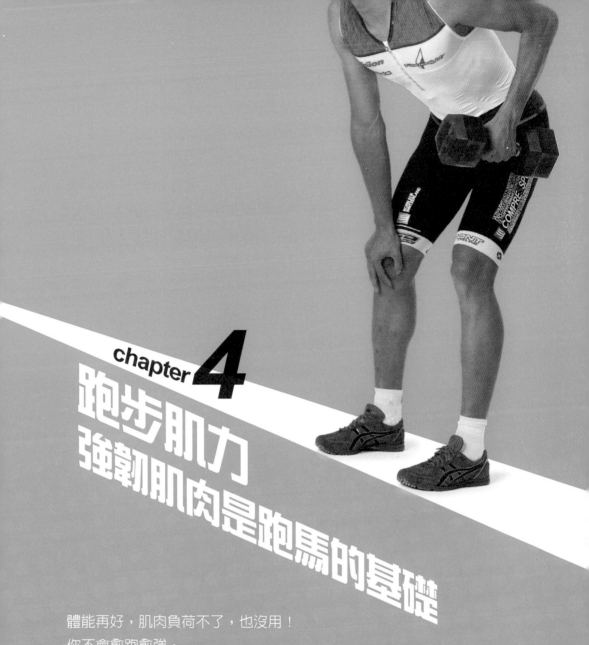

chapter 4

跑步肌力
強韌肌肉是跑馬的基礎

體能再好，肌肉負荷不了，也沒用！
你不會愈跑愈強，
你的身體必須夠強韌才能跑那麼久！

馬拉松不是屬於耐力運動嗎，為何要練肌力？重量訓練不是舉重、健美或球類選手在做的嗎？一般人會認為馬拉松是長距離耐力運動，不太需要做肌力訓練，但其實肌力訓練是避免受傷與提升技術的關鍵，沒有好的肌力就像車體鬆散的跑車一樣，既跑不快又危險。前面章節曾提及，不管是美國運動醫學學會（簡稱 ACSM）或是美國肌力與體能協會（簡稱 NSCA），都已證實耐力運動員也需要進行肌力訓練，才能避免肌肉流失、預防關節和骨頭受傷，對於馬拉松菁英跑者來說，也需要「有效的」肌力訓練才能使成績更上一層樓。

身體並不會愈跑愈強

馬拉松長跑雖然強度很低，但訓練或比賽時間都拉得很長，是具有相當危險性的運動項目。當你的肌肉功能不足，還要強迫它重複收縮數萬次（若步距為一公尺的話，每跑一場全馬要花 42,000 步），長期下來不受傷也難。

作為一位馬拉松跑者，相信你或多或少都聽過各種「跑量」的傳說，例如只要月跑量達到 200 公里，馬拉松的成績就能進入 4 小時內（破 4），或是週跑量達到 90 公里，就能達成全馬破 3 等等，這些說法主要是認為只要每週或每月的跑量愈大，馬拉松的成績應該會越好，當中或許有其道理，在前一章提到，一名初學者剛開始只要能夠持之以恆訓練，就算每天跑個幾公里還是會進步，在那個階段基本上練多少就會進步多少。但以里程數的觀念來達到成績進步，容易讓我們忽略了一件重要的事實，就是我們的身體絕對不會因為跑量一直增加而變得更強，相反，如果我們沒有足夠強韌的身體，增加跑量只是在增加受傷的風險。

因此，我們認為正確的訓練觀念應該是：跑者必須先打造出足夠強韌的身體，才能夠接受正式的馬拉松訓練。一個肌力不足的運動員（特別是初學者）如果一開始就過分強調體能訓練，即進行大量的長跑訓練，體能會因此而快速進步，從剛開始也許只能勉強跑完 3 公里，但經過一段時間的體能訓練後，10 公里已經變得不再困難，但這種情況就好像不斷替一台老舊的房車換上更強的賽車引擎，在慢慢開的時候也許還不會發生問題，但當試著要提高速度時，車子終究會抵受不住引擎所帶來的壓力，其他零組件將受到不同程度的損壞，換成我們的身體就等於得到各種運動傷害。

你可以看到儘管是經驗老到的選手，仍然會被肌腱炎、足底筋膜炎、或是各類關節疼痛等問題困擾，並不是因為他們跑得不夠多或是跑得不夠久，而是因為有氧引擎的能力已經遠高於自身的肌力水準，才會導致運動傷害的發生。因此，作為一位馬拉松跑者，請記住一句話：「我們需要有足夠強韌的身體才能夠練那麼久、跑那麼長。」否則你的全馬生涯將非常有限，所以，馬拉松選手為了擁有足以接受長距離挑戰的強韌身體，也紛紛拿起槓鈴與啞鈴。接下來我們從學理上來說明馬拉松跑者進行肌力訓練的理由何在。

馬拉松跑者也要進行 肌力訓練的七大理由

 理由一：預防訓練與比賽時的運動傷害

初馬跑者大多數會覺得最後 5 公里很痛苦，腳很重、膝蓋很痛。大部

分都是由於肌力不足所造成的，此時很容易因為下肢肌力不足而改用關節與骨頭去承擔落地衝擊。效率較高的跑姿是前腳掌著地，因為前腳掌著地時可以動用更多的肌肉協助緩衝落地衝擊，避免骨頭與關節受到傷害，但它也會增加肌肉的負擔，所以肌力不足的人很容易先用腳跟著地。雖然腳跟先著地的跑法比較輕鬆，但對骨頭和關節所形成的衝擊較大，肌力不足的跑者，很容易養成這種著地習慣。只要把肌力鍛鍊起來，肌肉就能在健康的情況下幫你支撐與移動身體，也能避免運動傷害的發生。

 ## 理由二：避免肌肉流失

耐力運動員經過長年來的訓練，身體彷彿變成一個大熔爐，所有能產生能量的東西都可以拿來燒，除了最容易燒的醣類（肝醣和血糖）、以及大家最想燒個乾淨的脂肪之外，還有乳酸和蛋白質，也包括肌肉。運動員變強的過程就像是在「整修」房子，不同類型的訓練整修出的房子也不同，訓練是整修中「拆」的步驟，休息與恢復則是重建變強的關鍵。

一定要先拆，才能重建出更強的身體，但不能亂拆。所以訓練強度與訓練量的控制很重要，如果籃球選手常常跑 10 公里以上的長跑，爆發力型的肌肉就會被拆掉拿來當作耐力型肌肉的能量來源。這是因為常做耐力型訓練，身體會認為爆發力型的肌肉不重要，在進行長時間耐力訓練時就拆掉它，恢復時也長不出來，因為沒有藉由爆發力與最大肌力的訓練去刺激它生長。

馬拉松跑者的身材會愈來愈纖細也是同一個道理，除了脂肪被燒個乾淨之外，爆發型的肥大肌肉也被拆來當能量，長時間下來身材自然變得纖瘦。對菁英馬拉松選手來說，在大量的訓練下，身體不只會拆掉

爆發力型肌肉，連耐力型肌肉都拆，就像耐受不住寒冷的冬日，不得不把支撐房子的棟樑都拆下來當材燒一樣。所以如果不輔以適度的肌力訓練，刺激肌肉生長回來，任由肌肉量不斷減少，受傷的風險就會提高。

理由三：提高肌耐力（endurance）——肌肉重複使用的能力

每一塊肌肉具有三種不同能力，哪一種能力較高，全看你給的訓練刺激是什麼。這三種能力分別是：肌耐力、最大肌力與爆發力。其中，肌耐力是馬拉松跑者最需要的能力。你可以想像肌肉像是一束束的橡皮筋，富有彈性因此能重複收縮，韌性愈好的橡皮筋能用愈大力量拉得愈長，而且還能重複很多次都不會受損或斷裂。所謂的肌耐力，就是肌肉在相同的力量下的反覆收縮能力，例如在操場以 1 公里 5 分鐘的速度前進，先不考慮心肺與能量代謝系統，你的肌肉能維持多久呢？可能 30 分鐘，也可能 1 小時，像日本超馬名將關家良一就可以維持同樣的速度連續 12 小時以上。如果超出肌肉的負荷太久，就會開始緊繃、僵硬、抽筋或嚴重時甚至會拉傷。

肌耐力其實就是肌肉承受一定負重、持續運動的能力，通常以低負荷反覆多次運動來訓練，每一組休息時間為 30 秒，做 3~5 組。休息這麼短的時間是為了讓身體的乳酸還沒代謝完全時，身體在微酸的情況下還能持續運動的能力。操作次數為 12~15RM（意即在某個重量下只能做 12~15 次）。但在進入最後一個週期的時候，會用更輕的負荷做 3~5 分鐘（將最大肌力轉換為專項肌耐力）。

用 1RM 的百分比來當作肌力的訓練強度

「1RM」（one-repetition maximum）是指某個動作只能完成一次的最大重量，進行第二次就會失敗，所以 5RM 即代表這個重量只能舉起 5 下，第 6 下就會舉不起來；你可以直接透過檢測取得 1RM（某個動作只能做一下的重量），或是透過公式推測，一般會建議非舉重選手或是自由負重的初學者以公式推測的方式來得出 1RM 值。目前「耐力網」得知這個需求，在肌力檢測頁面中只要輸入該動作的公斤數、重複次數以及你的體重就能檢測出你的 1RM 值，並同時計算出不同目的訓練該做多少重量以及使用者的能力等級。受測者並不需要真正舉起最大重量，就能得知 1RM 值是多少，降低受傷的風險。

例如：負重 80 公斤，你最多只能深蹲 6 下，因此你的 6RM 就是 80 公斤，依下面的表格我們可以知道 80 公斤是 1RM 的 85%，就能推算出你深蹲的 1RM 約為 94 公斤（80÷85%）。

	1 RM	2 RM	3 RM	4 RM	5 RM	6 RM	7 RM	8 RM	9 RM	10 RM	12 RM	15 RM
%1RM	100%	95%	93%	90%	87%	85%	83%	80%	77%	75%	67%	65%

運動生理學家找出 1RM 與其他負重間的關係，例如 6RM 的重量是 1RM 的 85%
摘自：Thomas R. Baechle, & Roger W. Earle（2008）. Essential of strength training and conditioning 3rd edition., 394. National Strength and Conditioning Association（U.S.）: Human Kinetics.

 理由四：提高最大肌力

既然最大肌力是衡量肌肉的最大力量，那麼它對馬拉松這種耐力運動而言應該沒有直接影響吧？直觀來看是如此，因為跑步時腳掌落地支撐與拉起所需的力量都非常小，都是肌肉能夠重複收縮幾百、幾千下的低負荷運動模式，但馬拉松跑者還是需要鍛鍊最大肌力，為什麼呢？

因為最大肌力是肌肉三種能力的源頭，最大肌力提升後，肌耐力與爆發力也會跟著提升。當你進入最大肌力訓練期的時候，每個星期至少訓練兩次，至多三次，每次至少間隔 48 小時，每個動作的強度是 1~6RM，做 3~5 組，每組之間休息時間 2~5 分鐘。訓練最大肌力時需要想像很快地把重量舉起來，不過實際上速度還是很慢，因為重量太重，但這樣足以刺激徵召更多肌纖維。

肌肉愈大，力量愈大嗎？

在長期觀察馬拉松跑者訓練與比賽的過程中，發現他們的肌肉都不壯碩，但他們的力量卻比練出大肌肉的人大很多。這個現象引起我的興趣？為什麼這些菁英選手身材瘦小又沒有肌肉曲線，但他們身體所輸出的功率卻能如此巨大呢？原來是因為他們每條神經能控制的肌纖維比較多，也就是他們能同時徵召比較多的肌肉。肌肉徵召能力較強的選手，就能在游泳、騎車、跑步等等耐力型運動中發揮更大的力量。

所以跑者們舉重的目的不在練得更壯，太大的肌肉反而有礙長跑的表現。在進行最大肌力訓練時，並不會把重點放在提高肌肉量，而是在提高神經徵召肌肉的能力。若只做跑步訓練而不進行負重式的肌力訓練，肌纖維的徵召能力就會安於現狀無法提升。這也是跑者需要進行肌力訓練的原因。

 理由五：加強肌肉快速且有力收縮的能力
　　　　——爆發力

爆發力（Power）是單位時間內的「輸出功率」，說白了說就是「能量輸出的速度」。同樣是 10 公斤的重量，向上舉起的時間愈短，爆發力愈強，就像是籃球選手能很快地跳起來蓋對手火鍋，跳得快的人也更

容易搶到籃板。爆發力好的馬拉松選手腳掌觸地的時間也能縮短，步頻和腳掌離地的高度也可以因而提升。

爆發力的訓練強度是最大肌力的 30%~50%，動作完成的時間愈快愈好，重量 4~8RM，休息時間 2~4 分鐘，一般需要 4~6 週的養成才會進步。基本上爆發力是全週期都可以做，只是頻率多少的問題，剛開始每週練一次，到後期才會增加到每週兩次。

 理由六：強化跑者所需的核心

核心肌群存在的主要目的是維持身體直立與保護內臟，對跑者來說，若能擁有強健的核心肌群，則可提高身體的穩定性，使身體維持在框框內（防止身體擺動幅度過大）。這是由於身體要先有**活動度（Mobility）**，才會有**平衡感與穩定性（Stability）**，之後才針對**移動能力（Movement）**來訓練。所以我們在訓練核心時應以負責穩定的深層肌群為主，先提高身體的穩定性（活動度需要靠伸展、按摩與物理治療師的協助），身體才不會在加速與提高步頻時到處亂晃，損失過多能量；而且穩定性是移動能力的基礎，練好核心後移動能力才能有所提升。

核心的訓練方式很多，但跑步時不會像做仰臥起坐那樣有屈體前彎的動作，不需要太強大的腹直肌（八塊肌太強大反而有害），也不需要像投手需要強大的腹內／外斜肌才能投出強勁的球速，所以本書所整理的動作是以跑者最需要的兩種核心能力為主：**抗伸展與抗旋轉**，動作的細節與訓練方式，在下面會詳細說明。

理由七：身體是一個完整的動力鍊，不能分開練

什麼是身體的動力鍊？請想像從天花板垂下一條鍊條，你握著最下端的一環，甩動一下，你會發現鍊條的其他部分也會跟著振動。**人的身體也是一樣，上半身與下半身的動作會互相影響，也會互相合作，而我們要的是讓影響降到最低，使各肌群間合作的效力達到最高。**動力鍊的概念是從某位物理治療師的談話中獲得的。許多人的身體，由於動力鍊的中間卡住了，所以無法發揮出應有的力道，也會使卡住的那個點累積過多的負荷。鍊條的強度，取決於最弱的那一環，卡住的那點通常就是最弱、活動度最差的點。

跑步看起來像是用下肢在移動身體，但其實臀部才是力量的關鍵點，學會啟動臀部才能減少落地時小腿與膝關節的負荷。當動力鍊中的臀部被打通後，上下半身的力量才串得起來，才不會腳跑腳的，手擺手的。這也是為什麼跑者也要練上半身的緣故，如果肩膀與手臂的肌力不足，就像是鍊條的上端生鏽了，那就算下端的每一個環扣都沒問題，它的擺動幅度還是會被鏽蝕的上端所限制。也就是說，當你的上半身沒力時，雙腿的活動度也會跟著下降。

另外，打通動力鍊與提升跑步技術兩者也具有相輔相成的效果，它們都能使你朝向優美流暢的跑姿邁進。國外菁英跑者大多能做到這一點，因此他們的身體外型看起來很勻稱，也沒有顯著的大塊肌肉，卻能輸出很高的功率，主要就是因為他們能徵召更多肌群來完成同一動作，像是跑步的支撐、提腳與跨步，都需要全身的肌肉與筋膜一起配合。動力鍊的流暢度跟核心穩定度息息相關，這也是為什麼我們在一再強調抗伸展與抗旋轉的原因。

爲何我們要特別訓練
跑者的臀部肌肉？

大部分的都市人都容易坐上數個小時，例如在辦公室或教室坐上數個小時，上下班在公車或是自己開車時是坐著、回到家看電視時也是坐著，我正在打這段文字時也是坐著……而這些間斷的時間加起來很容易就會超過八小時了。儘管你已經在一個星期當中安排規律的運動，甚至已經是一名馬拉松跑者，但長時間的坐式生活依舊會對你的身體帶來不良的影響，其中最直接的影響就是我們的臀部，長時間久坐將會導致臀部肌群退化，使它們變得虛弱無力，尤其是當我們跑步時，臀部肌群本身的作用是幫助我們吸收從地面傳遞上來的反作用力，如果因臀部肌肉久坐而喪失這個功能，這些衝擊力將會由腿部的其他肌肉或關節來承受。如果由大腿與小腿來承受的話，長跑時的續航力必定受到影響，原因很簡單，試想想現在有一根笨重的大木頭，需要三個工人才能搬運到三公里遠的地方，但其中一個工人當天卻生病了，沒辦法跟其他兩位一起工作，剩下兩位工人只好照樣運送木頭，想當然他們必定需要耗費更多的力氣才能成功運送這根木頭，原本三個人搬一根木頭一直走 3 公里都不用休息，但現在剩下兩個人可能走不到 2 公里就要停下來休息了。大腿跟小腿就好比這兩位工人，而無力的臀部就是那位生病的工人，原本是由三大肌群來支撐上半身的重量，但生病的臀部卻把工作都交給大腿跟小腿，自然跑步的續航力會因此而受到影響。

而如果衝擊力是由關節來吸收，那麼問題就更嚴重了，我們或多或少都有聽過或親身體驗過跑者最常遇到的運動傷害，如跑者膝、下背痛、脛前疼痛等等，其實這些傷害的起因很有可能正是來自於無力的臀部，

在長時間跑步下由於腿部肌肉逐漸疲乏，無法繼續承擔這些衝擊力，肌肉無力就只好交由關節來吸收。不同的跑姿會產生不同的結果，如果衝擊力集中在脛骨附近就會發生脛前疼痛，衝擊力集中在膝蓋附近就會發生各種膝蓋疼痛。

那麼要如何得知自己的臀部功能是不是正常呢？其實方法很簡單，要測試臀部肌肉在跑步時有沒有支撐力，在下次練跑時把手放在臀部，當腳落地支撐時感受一下臀部有沒有同時收縮「變硬」，如果每一步臀部都是「軟趴趴」的話，那就代表了你的臀部沒有辦法為你吸收跑步時所帶來的衝擊力。

既然我們知道臀部是如此的重要，那麼要解決臀部無力的問題，就必須針對臀部的肌群進行鍛鍊，像是深蹲（蹲舉，Squat）、硬舉（Deadlift）、弓步（Lunge）等等皆是活化臀部的模範動作，因為這些訓練動作都能有效刺激臀部，讓臀部重新學習正確的發力模式與時機，活化後的臀部就好比那位生病的工人康復後回到工作崗位，與另外兩位工人一起把木頭運到更遠的地方。

馬拉松的肌力該怎麼練？

許多跑者之所以排斥肌力訓練的原因是覺得它很浪費時間（其實是因為大多數人都做了很多無謂的動作，無法鍛鍊到跑者所需的肌群，所以效果不彰），而且大部分喜歡跑步的人會覺得肌力訓練很無趣，做完後常常要痠個兩三天，使得身體無法進行正常的跑步訓練。重點是，肌力訓練的效果不能馬上顯現，而且通常前幾個月還會讓你跑得更差，所以很少跑者會特別針對肌力做訓練。如果上網搜尋「肌力訓練」（或去健身房問教練），出現的訓練動作琳瑯滿目，更會讓你無所適從。

我們先來了解肌力訓練可以被歸納成哪三種類型：

類型一 徒手訓練（**Body Weight Exercises**）：對於剛從事運動訓練的人來說，徒手訓練可說是最好的肌力訓練方式，因為需要承受的負荷只有自己的體重，所以十分方便執行，在健身房、家裡、辦公室等處皆可以隨時進行，是許多入門跑者的選擇。但當跑者的肌力提升時，自身體重已經無法帶來刺激效果，繼續採用這種訓練方式將等於白練，身體不會再因為這種方式變強。

徒手訓練中最符合跑步功能性訓練的代表動作之一：

類型二 器械式訓練（**Machine Exercises**）：器械式訓練泛指所有配合器械來完成動作的訓練（如大腿推蹬機 Leg Press Machine、史密斯機器 Smith Machine 等），雖然同樣能訓練到肌肉的力量，甚至在相同的動作中能夠比自由負重的訓練強度更高，但器械式訓練的缺點是缺乏功能性（Functional），也就是說從機器所獲得的能力並無法有

效地轉換到實際的跑步表現中。例如馬拉松所需的肌肉功能有：單腳平衡、移動時的穩定度、下肢各肌群同步啟動（動力鍊）、高步頻所需的快速伸縮力，以及強大的肌耐力，所以功能性訓練就是希望把肌力訓練中所獲得的能力轉化成在馬拉松賽場上的運動表現。但器械式訓練大部分都以訓練單一肌群為目標，平衡、穩定度、動力鍊、快速伸縮力都練不到。這些機器對於健美選手來說十分有效，因為他們的目標就是要在身體上打造出一塊一塊的大肌肉，但跑者不是健美型選手，成塊的肌肉反而會限制跑步表現。以股四頭肌訓練機（Quadriceps Machine）為例，進行這個動作時往往是採坐姿，而且機器會限制住身體的其他部位，只有前大腿能夠移動，而且是跟隨著機器的軌道移動，純粹在訓練大腿的股四頭肌。但實際生活中或是運動中甚少動作是只「單獨」動用到單一肌群來完成動作的，試想想，投籃時手臂旁邊會有軌道幫助你修正方向嗎？又或者在跑步時身體會使用躺姿或是坐姿來讓雙腿出力嗎？在馬拉松比賽時會有人在旁邊扶著你跑嗎？思考一下這些問題，你就會開始遠離這些器械，並開始投入自由重量的訓練。

器械最具代表性的訓練：

前大腿（股四頭肌）訓練機

類型三 自由重量訓練（Free Weights Exercises）：自由負重訓練是指只使用槓鈴、啞鈴，並只單靠自身力量來完成訓練動作，沒有其他機械軌道輔助。由於沒有機械輔助，加上動作的技巧門檻高，因此這種訓練會比較困難，然而克服這個困難是非常有意義的，透過自由重量訓練將可以從中獲得更多好處（相較於其他兩種訓練）。由於自由重量訓練大多屬於全身性的動作，肌肉間的同步協調能力將會得到改善。以瞬發上膊（Power Clean）為例，進行這個動作時的主要作用肌群是臀大肌、大腿跟小腿的所有肌群，同時又需要核心肌群來維持整個軀幹的穩定，讓下肢所發出的力量能有效地傳遞到手臂再傳遞到槓鈴上，使槓鈴從低點（地面／膝蓋）透過下肢的力量而上升到高點（肩上），而在接槓的時候由於沒有任何東西支撐我們的身體，所以勢必要動用全身的肌群來維持身體穩定平衡，這樣才能確保身體不會被槓鈴的重量推倒，因此瞬發上膊這個動作除了能有效發展下肢爆發力以外，平衡能力、核心肌力、以及關節穩定度等皆能得到發展，而這些能力其實都十分貼近實際運動時的動作模式，因此瞬發上膊這個訓練動作能輕易地轉換到實際運動表現上。大家都知道跑步是一種雙腿不斷交替的重複動作，且同一時間只會由單腳來支撐整個身體，所以如果雙腿在支撐（單腳支撐）很短時間的情況下還能穩定身體把力量發揮出來，實際的運動表現自然會更好。

自由重量訓練中具代表性的關鍵動作：

瞬發上膊

綜合以上說明，運動員如果想要打造既強韌又實用的身體，自由重量訓練絕對是最好的選擇。接下來，我們整理出最適合跑者做的幾項肌力訓練動作。

本書把跑步的肌力動作分成「三大類別」，再從三大類別中各分成幾項「15 個關鍵動作」，其他動作都可以歸納其下，接著再分「難易度」。分法概述如下：

類別一：核心肌力動作。
類別二：肌力動作。
類別三：爆發力動作。

 ## 核心肌力訓練動作與其變化式

目的：強化跑者的核心肌群，避免能量因軀幹轉動而損失，同時串起身體的動力鍊，使身體各部肌肉能同步發揮力量，協力完成跑步動作。

以下所介紹的動作皆以抵抗伸展與旋轉的訓練為主，所謂「抗伸展」就是核心肌群抵抗上下、側向伸展的訓練；以棒式為例，當我們只以手肘與腳尖撐在地面上時，如果核心肌群（註：臀部肌群也是核心肌群的一部分）沒有發力收緊，腹部與臀部會因地心引力而往下掉，因此進行訓練時我們必須用力把軀幹鎖緊。這種「鎖緊」軀幹的能力正是核心抗伸展的表現，抗伸展的能力愈好，身體的姿勢愈不容易受疲勞的影響而變成く字型或駝著背跑步。

棒式是抵抗腹部向下伸展的動作

「核心抗旋轉」同樣是訓練身體核心肌群的穩定度，差別在於這一系列的動作是在訓練軀幹在四肢擺動的情況下還能保持穩定，不被四肢帶著轉動。對於跑者來說，在跨步時常常會帶動腰部旋轉，軀幹的轉動會消耗跑者更多能量，降低跑者的效率；加入核心抗旋轉的訓練可以減少不必要的旋轉動作。在馬拉松比賽接近終點處，我們可以看到很多左右晃動、東倒西歪的跑姿，這些跑者通常都是缺乏核心的訓練。

跪姿抗旋轉

以下 4 個動作，前三類分別是腹部、背部與臀部、側腹與側臀的抗伸展訓練，第四類是訓練腹部與臀部的抗旋轉能力，每一類的動作模式都相似，但隨著難度增加，身體與地面接觸的面積會愈來愈小，接觸面積愈小困難度愈高（例如跪姿抗旋轉動作，是雙膝以下撐地，到了

最高難度是只剩單腳掌撐地）。你可以先從第一級開始嘗試，如果覺得太輕而易舉，那麼可以往下一級挑戰。不要忘記本訓練的目的正是穩定性，所以切勿在不穩定的情況下就跳到下一級。

難度	腹部抗伸展	背部與臀部抗伸展
1	棒式／手肘撐	橋式／雙手置於臀側
2	棒式／手掌撐	超人式
3	棒式／單腳撐地	橋式／單腳離地
4	棒式／單手撐地	仰棒式／手掌撐地
5	棒式／單手單腳撐地	仰棒式／單腳離地

難度	側腹與側臀抗伸展	腹部與臀部抗旋轉
1	側棒式／手肘撐	抗旋轉／跪姿
2	側棒式／手掌撐	抗旋轉／站姿
3	側棒式／手掌撐＋上方手指向天空	抗旋轉／弓步＋後膝著地
4	側棒式／手掌撐＋轉體	抗旋轉／弓步＋後膝離地
5	側棒式／手掌撐＋上方腳抬起	抗旋轉／單腳離地

腹部抗伸展

1. 先採取伏地挺身姿勢，接著改成手肘撐地。
2. 收緊核心，讓肩膀、背部、臀部維持一直線，眼睛看地面。
3. 維持 30 秒。
註：若你覺得 30 秒太輕鬆，不用延長時間，而是進階到困難度更高的動作。

側腹與側臀抗伸展

1. 左手臂在肩膀下方伸直支撐軀幹，預備動作時臀部先放在地上。
2. 臀部向上抬高，直到與肩、踝同在一直線上。
3. 維持 30 秒。
4. 換邊支撐，再重複上述步驟
註：若你覺得 30 秒太輕鬆，不用延長時間，而是進階到困難度更高的動作。

背部與臀部抗伸展

◆ 橋式動作說明

1. 身體平躺在地面，雙腳彎曲併攏。
2. 臀大肌發力縮緊，將髖關節推離地面，再慢慢放下回到起始動作。
註：在做單腿橋式時要注意兩邊臀部不能上下傾斜。

● 超人式動作說明

1. 身體俯臥地面，雙手向前伸直，雙腿向後平伸。
2. 右手與左腳同時向上抬起，抬起時仍保持伸直。
3. 抬起時腹部與胸口緊貼地面，維持身體穩定。

腹部抗旋轉 (Pallof Press)

● 跪姿腹部抗旋轉動作說明

1. 把彈力繩固定在穩定的支點，雙手拉著繩子的另一頭，置於胸前。身體以跪姿方式站穩，此時彈力繩應該有一定的張力。
2. 雙手往前推直至手臂伸直，核心收緊穩定身體，抵抗彈力繩的阻力。然後慢慢將雙手拉回胸前，回到起始動作。

下肢肌力動作與其變化式

目的：鍛鍊跑步的功能性肌群。

先從雙腳開始，讓肌肉肌腱開始適應，之後必須轉向單腳的訓練動作。
負重則隨著不同週期的訓練目的來調整。

難度	硬舉	蹲舉	弓步
1	硬舉／彈力繩加負荷	徒手深蹲	弓步／垂直向下蹲
2	羅馬式硬舉／雙手持啞鈴	深蹲時手臂伸直，大拇指朝天	弓步／後跨步向下蹲
3	雙腿硬舉／雙手持啞鈴	蹲舉／背蹲舉	弓步／前跨步向下蹲
4	雙腿硬舉／雙手持槓鈴	蹲舉／前蹲舉	弓步／前跨步＋轉體＋吐氣
5	單腿硬舉／單手持啞鈴	蹲舉／過頭蹲	側弓步
6		蹲舉／單腿／後腿抬高蹲	

硬舉 (Deadlift)

硬舉對於發展身體的後側動力鍊（背部、臀部、大腿後側）是十分有
效的動作，強化後側動力鍊可改善跑者常常在疲勞時發生的腰下沉與
駝背問題，同時亦能教導身體啟動髖關節，善用臀部肌肉的力量，減
輕長跑時雙腿的負擔。而難度更高的單腿硬舉加入了髖關節抗旋轉的
元素，同時訓練到身體平衡與穩定的能力，為跑者帶來更佳的跑步經
濟性。單腿硬舉（Single-Leg Deadlifts）能有效刺激臀部肌肉，加強單腿
的力量與穩定。

◆ 硬舉動作說明

1. 雙腳打開與肩同寬。
   雙手自然下垂並握好槓
   鈴，臀部向後同時上半
   身挺直，直到槓鈴懸垂
   至膝蓋上緣處。
2. 臀部發力往前推，同
   時上半身保持挺直，槓
   鈴上升時愈貼近大腿愈
   好，臀部夾緊，直至身
   體完全站直後。
3. 慢慢放下槓鈴並回到起
   始動作。
註：關鍵是上身始終保持
   挺直，膝蓋可微彎，但
   彎曲幅度愈小愈好。

◆ 單腿硬舉動作說明

1. 雙腳打開與肩同寬，
   上半身挺直，雙手自然
   下垂並握好槓鈴。將一
   條腿抬離地面，臀部向
   後，槓鈴慢慢接近地
   面，直到槓鈴懸垂在膝
   蓋上緣處。
2. 然後將臀部向前推，自
   然向上抬起，直到身體
   完全打直。
3. 慢慢放回槓鈴回到起始
   動作。

蹲舉（Squat）

蹲舉是鍛鍊下肢最有效的訓練動作之一，其中背蹲舉更有「動作之王」（King Of Exercises）之美譽，可見其對運動員的重要性。發展跑者下肢的力量越大，跑步的速度自然會越快，所以蹲舉的動作對於跑者來說尤其重要。

◆ 背蹲舉動作說明

1. 雙腳打開與肩同寬，雙手握住槓鈴，將槓鈴架在肩膀後方。
2. 臀部往後坐，膝蓋彎曲，身體放低進入深蹲姿勢。蹲坐時大腿盡量與地面平行，活動度較佳的人可以讓大腿後側接觸到小腿肚後，再將臀部往上抬，回到起始動作。

◆ 前蹲舉動作說明

1. 雙腳打開與肩同寬，
   雙手握住槓鈴，將
   槓鈴架在肩膀前方，
   手肘盡量往上抬高。
2. 臀部往後坐，膝蓋
   彎曲，身體放低進
   入深蹲姿勢。蹲坐
   時大腿盡量與地面
   平行，活動度較佳
   的人可以讓大腿後
   側接觸到小腿肚後，
   再將臀部往上抬，
   回到起始動作。

◆ 後腿抬高分腿蹲動作說明

1. 雙手握住槓鈴，將
   槓鈴架在肩膀後方。
   後方腳放到與膝蓋
   同高的地方，前方
   腳在地面站穩。
2. 前方腿往下蹲，直
   到後方腿的膝蓋觸
   碰地面，或是前大
   腿與地面平行為止
   再回到起始動作。
註：後方腿只是輔助
   平衡，身體重心仍
   是放在前方。另外
   在後方腿的膝蓋下
   方可以放軟墊，減
   少不舒適感。

● 過頭深蹲動作說明

1. 雙腳打開與肩同寬，雙手握住槓鈴並舉高，槓鈴在頭部正上方。
2. 臀部往後坐，膝蓋彎曲，身體放低進入深蹲姿勢。蹲坐時大腿盡量與地面平行，保持槓鈴位置於頭部正上方；活動度較佳的人可以讓大腿後側接觸到小腿肚後，再將臀部往上抬，回到起始動作。

弓步（Lunge）

對於進階跑者來說，若訓練時間有限，我建議可以直接進行「弓步蹲」，因為採用單腿進行的方式與跑步時的動作更為類似，可以訓練到單腿穩定與同時發力的能力。對初級跑者來說弓步也很重要，先以徒手進行，它能有效擴展髖關節的「活動度」與「穩定度」，這對跑步技術的發展至關重要。

● 弓步蹲（垂直向下蹲）動作說明

1. 雙腳打開與肩同寬，雙手握住槓鈴，將槓鈴架在肩膀後方。
2. 單腿往前跨，臀部往下蹲，直到前腿與後腿彎曲呈 90 度角，再回到起始動作，並交替反覆進行。

註：注意進行動作時身體姿勢維持挺直。

上肢肌力動作與其變化式

難度	水平推	水平拉
1	伏地挺身 / 雙膝著地	划船 / 啞鈴雙手
2	伏地挺身	划船 / 槓鈴
3	伏地挺身 / 雙腳墊高	划船 / 啞鈴單手
4	臥推 / 槓鈴	划船 / 啞鈴交替
5	臥推 / 啞鈴單手	
6	划船 / 啞鈴交替	

難度	垂直推	垂直拉
1	推舉 / 雙手啞鈴	引體向上 / 彈力繩輔助減輕強度
2	推舉 / 槓鈴	引體向上
3	推舉 / 雙腿＋單手啞鈴	引體向上 / 槓鈴負重增加強度
4	推舉 / 單腿＋雙手啞鈴	
5	推舉 / 單腿＋槓鈴	
6	推舉 / 單腿＋單手啞鈴	

上肢水平推：
臥推（Bench Press）或伏地挺身（Push Up）

臥推與伏地挺身的動作，對於發展肩膀、手臂與身體前側（胸肌）的肌力十分有幫助。只以單手進行的臥推更能發展肩膀的穩定度以及核心的抗旋轉能力，穩定的肩膀可以讓跑者在擺臂時減少多餘的晃動，為身體節省更多能量。另外，常見的伏地挺身也是上肢水平推的動作，與臥推相比更能訓練身體的核心抗伸展能力，不過相對來說在進行伏地挺身時如果要加重負荷並不是那麼方便，特別臥推已經能做到 60 公斤以上的人，要把 60 公斤的重量壓在背上並進行伏地挺身會有一定的危險性。

● 伏地挺身動作說明

1. 先以四肢著地姿勢開始，雙手比肩膀略寬撐在地板上。身體從腳踝到肩膀應成一直線。
2. 手臂彎曲，身體往下壓，直到胸部離地面 5 公分處，雙手用力向上撐起，並回到起始動作。

註：若想要增
　加強度，可
　以使用固定
　良好的木箱
　把腳墊高，
　訓練強度與
　木箱的高度
　成正比。

● 臥推動作說明

1. 雙手拿著槓鈴，躺在臥推床上，並把槓鈴從架子移到胸部上方，手臂伸直。
2. 將槓鈴緩緩下降直至輕觸胸口為止，然後雙手同時發力將槓鈴往上推，直到手臂完全伸直回到起始動作。

註：進行動作期間，雙腳可踏穩在地面上，如果想要增加難度，可把雙腳放到臥推床上。

上肢水平拉：划船（Bend Over Row）

俯身划船是上肢水平拉的動作，主要訓練手臂與上背部的肌群，可平衡上肢的肌肉發展；如果只進行臥推，身體前側的肌肉將會過於強大，肌肉發展不平衡將會導致運動傷害發生。另外，有力的上背肌群可以讓跑者整體的姿勢更挺直，跑步時身體的重心會更集中在髖關節上，因此可以預防下背不適的情況發生。

● 槓鈴俯身划船動作說明

1. 雙腳打開與肩同寬，雙手握住槓鈴，掌心朝內。膝蓋微彎，將臀部向後推，軀幹放低，直到幾乎與地面平行。雙臂垂放在身體前方。
2. 軀幹保持穩定，把單邊上臂抬起，將槓鈴舉至胸部前方，夾緊肩胛骨，手肘貼近身體。然後慢慢將槓鈴放下，回到起始動作。

● 啞鈴單邊划船動作說明

1. 雙腳打開與肩同寬，單手握住啞鈴。膝蓋微彎，將臀部向後推。
2. 軀幹保持穩定，把單邊上臂抬起，將啞鈴舉至身體側邊，夾緊肩胛骨，抬起時手肘貼近身體，然後慢慢將啞鈴放下，回到起始動作，再交替重複進行。

上肢垂直推：推舉（Shoulder Press）

推舉屬於上肢垂直推的動作，主要訓練上肢往上推的力量，以及肩關節的穩定度；肩膀越穩定，跑步時擺臂的效率就會越好。

◆ 槓鈴推舉動作說明

1. 雙手張開比肩略寬，握住槓鈴，將槓鈴提舉至稍微高於肩膀的位置。
2. 將槓鈴推舉至頭部上方，直至手臂伸直，然後慢慢將槓鈴放下，回到起始動作。

◆ 啞鈴單邊推舉動作說明

1. 單手握住啞鈴，掌心朝內，將啞鈴提舉至稍微高於肩膀的位置。另一隻手維持身體平衡。
2. 單手將啞鈴推舉至頭部上方，直至手臂伸直，然後慢慢將啞鈴放下，回到起始動作。

上肢垂直拉：引體向上（Pull Up）

引體向上屬於上肢垂直拉的動作，對於整個背部、手臂皆是很好的訓練動作，有助於跑步時維持良好的身體姿勢。若無法徒手進行引體向上的話，可利用彈力帶來減輕負荷；若自體負重對你來說太輕鬆，可在腰間綁上槓片或其他重物來增加負荷。

● 引體向上動作說明

1. 雙手張開比肩略寬，手掌握緊單槓，確保手臂完全伸直，雙腳離地。
2. 用力收緊背部，手臂同時發力將身體往上拉，直到下巴超過單槓，再慢慢回到起始動作。
註：過程中保持身體穩定，不要前後晃動。

◆ 負重引體向上動作說明

1. 把槓片綁穩在腰上。雙手張開比肩略寬，手掌握緊單槓，確保手臂完全伸直，雙腳離地。
2. 用力收緊背部，手臂同時發力將身體往上拉，直到下巴超過單槓，再慢慢回到起始動作。

◆ 彈力繩引體向上動作說明

1. 將彈力繩繫好在槓上，並繞到膝蓋下方固定好。雙手張開比肩略寬，手掌握緊單槓，確保手臂完全伸直，雙腳離地。
2. 用力收緊背部，手臂同時發力將身體往上拉，直到下巴超過單槓，再慢慢回到起始動作。

爆發力動作與其變化式

目的：增進跑者的爆發力，讓速度進一步提升。

適當的爆發力訓練可以讓跑者同時提升動作的速度以及靈活性。耐力運動員的爆發力訓練與其他短距離衝刺項目不同，馬拉松跑者在進行爆發力訓練時更強調動作的流暢性，目的是訓練下肢三關節（踝、膝、髖關節）伸展的速度，因此訓練時負荷並不需要太重，以能夠快速完成標準動作為原則。

爆發力動作可分為蹲跳、上膊與抓舉三種，各種難易動作如下表：

難度	蹲跳	上膊	抓舉
1	深蹲跳／徒手	上膊／雙手啞鈴	抓舉／雙手啞鈴
2	弓步跳／徒手	上膊／槓鈴	抓舉／槓鈴
3	跳箱／徒手	上膊／雙腿＋單手啞鈴	抓舉／雙腿＋單手啞鈴
4	深蹲跳／雙手持啞鈴	上膊／單腿＋雙手啞鈴	抓舉／單腿＋雙手啞鈴
5	弓步跳／雙手持啞鈴	上膊／單腿＋槓鈴	抓舉／單腿＋槓鈴
6	跳箱／雙手持啞鈴	上膊／單腿＋單手啞鈴	抓舉／單腿＋單手啞鈴

蹲跳（Squat Jump）

◆ 蹲跳分解動作說明

1. 雙腳打開與肩同寬，採取深蹲姿勢。
2. 用臀部發力推蹬地面，同時髖、膝、踝三關節同時伸展，向上跳躍。不用跳很高，雙腳離地 5 到 10 公分即可。
3. 雙腳離地後腳踝放鬆，讓前腳掌自然下垂。
4. 落地時前腳掌先觸地，接著順勢回到深蹲姿勢，用臀部的肌肉接住身體。

上膊 (Power Clean)

● 上膊分解動作說明

1. 雙腳打開與肩同寬，身體挺直。雙手與肩同寬並握住槓鈴。
2. 快速把臀部往前推，上半身順勢把槓鈴拉到肩膀前方。
3. 此時雙腳彎曲，把槓鈴放到肩膀上，雙手輕扶槓鈴，身體維持穩定後再站直。最後慢慢把槓鈴放回到起始位置。

抓舉（Snatch）

◉ 抓舉分解動作說明

1. 雙腳打開與肩同寬，身體挺直。雙手與肩同寬並握住槓鈴。
2. 快速把臀部往前推，上半身順勢把槓鈴拉到頭部前方。
3. 此時雙腿彎曲，槓鈴拉到頭部正上方，身體維持穩定後再站直。最後把槓鈴放回到起始位置。

週期化的肌力訓練原則與安排方式

我們並不建議只進行非負重的徒手肌力訓練，主要是因為這種肌力訓練並不能為運動員帶來持續的進步，若你想要突破個人最佳成績，我們更強烈建議進行週期化的奧林匹克式舉重訓練，循序漸進地建構出馬拉松跑者所需要的肌力，才能在目標賽事中取得最佳表現。

 何謂「循序漸進訓練」？

然而，「循序漸進訓練」對不同的人有不同的定義，有些人認為每次只做一組，之後訓練都增加重量就是循序漸進；另外有些人則認為每個動作都多做一下或一組就是循序漸進，那到底怎樣做才是「循序漸進訓練」？

首先看看希臘神話中一則有趣的故事，故事中的主角米洛（Milo）是歷史上第一個採用「循序漸進」原則來訓練的人。他是來自克羅托內（Croton）的摔角運動員，曾獲得六次奧林匹克運動會冠軍，透過循序漸進式的訓

圖片出處：Milo and the Calf

練，他成為當時全世界最強壯的男人。米洛的訓練方式是找來一頭小牛，每天舉起牠當作訓練，這隻小牛逐漸長大，米洛也變得愈來愈強壯，而當這隻小牛長大成為公牛的時候，米洛也就成為全世界最強壯的男人了；然而，早在幾十年前科學家已經證實肌肉的力量並不會因

為訓練負荷一直增加而不斷進步，因為這並不符合人體的生理適應程序。

目前，已經找出一種更有效、更安全的肌力訓練方法，我們不需要再像以前一樣用抬公牛、扛沙包走 10 公里等土法煉鋼的方法來訓練。

 ## 變強是透過「超負荷」與「恢復」兩者交替循環所產生

我們先要知道「光是訓練並不會讓身體變強」。在每一次超出身體負荷的訓練過後（我們稱之為「超負荷」），由於超出當時身體能承受的壓力，體內各種細胞組織都會受到不同程度的損傷，此時身體會變得比正常狀態更虛弱，肌肉感到酸（痠）痛、疲倦，身體免疫力隨之下降，只有在睡覺休息時，身體才能夠修補受損的肌肉細胞，並且為了適應訓練的刺激而生長出新的組織，建造出比原先更高的肌力水準，這就是所謂的「超補償」理論。

只有「超負荷」才會帶來「超補償」。舉例來說：假設你的辦公室大樓某天電梯突然故障了，你只能爬樓梯到 20 樓，第一天爬完之後，由於過去甚少進行這種運動模式，雙腿肌肉的肌纖維受到極大的挑戰，大量肌纖維破損，造成隔天肌肉疼痛，但持續了三、四天以後，痠痛的程度卻會越來越低，到了週末不用上班時，雙腿得到兩天的休息，身體為了適應前幾天的負荷，在睡眠時把更多的養分注入到受損的肌纖維中，讓肌肉回復到比原來還要高的水準。來到下個星期，再爬 20 層樓梯對你來說已經不算是挑戰了（就訓練來說這代表無效的訓練），這種奇妙的變化正是身體的「超負荷」與「超補償」機制。

因此我們可以理解，不管是肌力或是體能，如果想要變得更強、更好，除了要讓身體得到適當的（訓練）刺激之外，更重要的是讓身體有時間恢復，才能達到「超補償」的效果。

 ## 超負荷是變強的源頭，也是過度訓練的主因

延續上面的例子，20 層樓梯對你來說已經不算「超負荷」了，但直到某天一位女同事看你一臉輕鬆，請你幫忙把一台桌上型電腦搬到 20 樓，你二話不說一口答應，但當你搬完以後，發現雙腿重拾了第一次爬 20 樓的痠痛感，原因在於桌上型電腦的重量為你帶來了額外的刺激，使肌纖維再度受損，身體又再度適應新的刺激，超越原來的肌力水準，於是兩天後以同樣的速度幫另一位女同事再搬一次，卻發現比之前都還要更輕鬆了。這正是肌力進步的機制，一步一步加大負荷，身體持續適應，藉此提升肌力；但當你發現增加負荷可以提升表現之後，為了能幫更多女同事搬東西上辦公室，你開始瘋狂的把各種重物搬上去又搬下來，一天搬個兩、三次，持續一個星期之後，開始感到疲憊不堪，恢復越來越慢，肌肉疼痛不消除，過去搬得動的重量也搬不動了，甚至在工作時無法集中精神，這正是在國內選手中十分常見的「過度訓練症候群」（Overtraining Syndrome），也是很多業餘選手常犯的錯誤，往往要等到身體出現狀況時才停止訓練。

雖然過度訓練通常在完全停止訓練幾個星期後就會自然恢復，但與此同時，你的運動表現也會打回原形，不斷增加訓練量的目的無非是為了讓自己跑得更快，但到最後卻得不償失。若訓練後的休息時間太短，會造成過度訓練的後果，但休息太長卻又會降低訓練的成效，耽誤選

手的進步。可見在訓練當中，必須要好好規劃休息時間。因此下面當我們在強調各週期的訓練目的時，也必然會把休息時間考慮進去。

 休息，是訓練的一部分

不少教練為了要讓選手在更短時間內取得更好的成績，往往忽略了休息恢復的重要性，盲目地讓選手吃下更高強度的訓練、更長的訓練時間、增加訓練頻率等手段，使得選手無法好好恢復，就像上述爬樓梯的例子，最終造成過度訓練，所以成績不進反退。為了避免這種情況，我們必須為肌力訓練當中不同的目的訂定不同的負荷，如肌耐力是 15RM，最大肌力是 4~6RM 等等。同時建議高品質訓練之間需要有24~72 小時的恢復期，這是因為**身體進行「超補償」一般都需要 24~48 小時。因此，一個良好的訓練計畫通常都會遵照「一天辛苦，一天輕鬆」這項原則來安排訓練**，也就是兩次高品質訓練之間需要間隔至少 24~48小時，例如在星期二進行一次肌力訓練，那麼下一次肌力訓練最好是安排在星期四或星期五。

當我們在規劃肌力訓練時不可隨性地安排菜單，休息太長、太短、強度太低或太高皆無法達到我們想要的訓練效果。在肌力訓練中需要安排那些動作？每一個動作的負荷是多少？重複次數與組數要怎麼安排？休息時間要多久？什麼時候要轉換不同的負荷？肌力訓練與馬拉松訓練要如何配合？……都必須明確且合理的安排與規劃，而這些問題都可以在週期化肌力訓練中得到解答，接下來我們將會介紹馬拉松肌力訓練的三大週期，以及針對每一個週期的各自目的、負荷、重複次數與組數等項目做出詳細的說明。

馬拉松跑者的週期化肌力訓練

週期化訓練最關鍵的地方在於「計畫」，一個有效的訓練必須是在訓練前經過良好的設計，計畫的背後必須具備豐富的科學知識理論作為基礎，而週期化訓練的最終目的是要讓選手在特定的比賽中獲得最佳的運動表現，為了達成這個目的，在年度訓練計畫中必須被正確地劃分出各個週期，並隨著不同週期的目的對訓練量作出調整。

一般的週期化肌力訓練在第一個階段都會包含比較多的訓練動作（9~12個動作），讓身體各個肌群皆獲得訓練，全面強化身體的基礎肌力，這個時期的負荷也相對較低，而隨著週期的推進，訓練動作將會逐漸減少（3~6個動作），動作會以專項需求為主要考量，為求在比賽中得到最好的表現。以馬拉松選手為例，在第一階段全身上下肢的肌群皆需要訓練，並加入一些核心抗旋轉、抗伸展的動作，到後面逐漸減少上肢的動作，並加強最大肌力與馬拉松跑者最需要的下肢長時間肌耐力。

根據圖多奧・邦帕博士（Tudor O. Bompa, PhD）的著作《運動員的週期化肌力訓練》（Priodization Training for Sports），所有的運動項目都可以把肌力訓練分為四大週期：

生理適應期（Anatomical Adaptation）

· 強化結締組織、強化穩定肌群、發展肌肉平衡。
· 訓練核心肌力：腹部、背部、髖關節、肩關節。
· 訓練強度：0~60%1RM（0% 是指徒手訓練）。

肌肉生長期（Hypertrophy）

· 建構肌肉尺寸，增加肌肉質與量。
· 此非跑者的訓練重點。
· 訓練強度：**65~85%1RM**。

最大肌力期（Maximum Strength）

· 徵召更多運動單位／肌纖維、加強爆發力。
· 提升肌肉的強韌度，改善跑步效能。
· 訓練強度：**85~100%1RM**

專項轉換期──肌耐力（Conversion to Muscular Endurance）

· 轉換成馬拉松項目需要的長時間肌耐力。
· 強化肌肉的抗疲勞性，有助長時間維持良好跑姿。
· 訓練強度：**30~40%1RM**

但由於馬拉松是一項長時間、高重複性的運動，而且身上帶著愈多的肌肉代表每一步的負擔更大，因此我們建議一般的馬拉松選手都不需要進行肌肉生長期，所以在實際安排肌力訓練時，可以把週期劃分為生理適應期、最大肌力期以及專項肌耐力期，以下將逐一介紹各週期的目的及其操作方式。

下圖為完整的 **24** 週馬拉松肌力訓練週期安排：

大週期	準備期			競賽期	過渡期
中週期	生理適應期	最大肌力期	專項肌力期	競賽期	過渡期
小週期					
	8 週	6 週	8 週	2 週	2 週

為期 24 週（半年）的訓練計畫固然能取得十分完整的訓練效果，但大多數跑者在目標比賽前並不一定能抽出 24 週的時間進行訓練，例如兩場馬拉松比賽之間只相隔 16 週（四個月）。因此我們根據週期化訓練的原則以及實際的訓練經驗，為馬拉松跑者設計出一套少於 24 週的安排方式，若距離比賽不到 24 週，可以使用下表來協助你規劃出肌力訓練各週期的長度。

生理適應期	最大肌力期	專項肌力期
1　　2　　3 4　　10　　18 20　　23	11　　12　　13 15　　16　　19	5　　6　　7 8　　9　　14 17　　21　　22 24

＊最少要安排 6 週

如果距離比賽還有 16 週的時間，則從數字 1 圈到 16，可以看到生理適應期中會有 5 個圈、最大肌力期 5 個圈、專項轉換期有 6 個圈，一個圈代表一週，這表示如果只有 16 週的時間進行訓練，生理適應期可安排 5 週、最大肌力期 5 週、專項轉換期 6 週。

使用此表時有兩點需要注意，首先，距離比賽不到 6 週時間這個表格就不適用，如果少於 6 週，請都安排為生理適應期；此外，在專項轉換期的最後兩週固定為「競賽期」，此時要為目標賽事進行減量訓練（強度維持，時數遞減，將於後面章節仔細說明），因此如果專項轉換期為 6 週的話，最後 2 週便是競賽期，而如果專項轉換期只圈到 2 週的話，那麼這 2 週都要安排為競賽期。

 生理適應期

目的一：鍛鍊肌腱與韌帶

肌肉的成長速度是肌腱、韌帶的數倍，肌肉力量要進步也許只需要好幾天的時間，但肌腱、韌帶卻需要花好幾個月，如果剛開始進行肌力訓練就把肌肉訓練得太強，附在肌肉上的肌腱會容易因為強度不足而被肌肉扯斷，但由於肌腱及韌帶的進步並不會直接反映在運動表現上，因此很多教練為了要取得更快的進步，都會選擇跳過這個階段。當我們在執行這個週期時必須要有耐心，確保肌鍵、韌帶以及關節變強後，才能進入下一個週期。

目的二：全方位的訓練

生理適應期的目的並不在於加強肌肉力量，而是在強化身體各方面的基礎能力，包括增加肌肉附近的肌腱、韌帶以及關節的強韌度。它能達到兩個目的：其一是為之後高負荷的肌力訓練作準備；其二是預防馬拉松這種高反覆性動作容易帶來的過勞性運動傷害。因此，在這個週期需要進行全面性的訓練動作，包括上肢與身體核心的穩定度，讓上下肢的力量能夠有效地傳遞。身體的核心愈是穩定，傳遞到下肢的

力量將愈強，同時穩定的核心亦能夠有效吸收跑步著地時所帶來的衝擊力。

目的三：改善不平衡的肌力

生理適應期的另一個目的在於改善身體左右兩側肌力的不平衡，以及作用肌與拮抗肌的不平衡，並改善「代償作用」。不平衡的肌力容易導致運動傷害，如馬拉松跑者常見的跑者膝、各種肌腱炎、關節炎、筋膜炎；長時間重複單一動作時，若作用肌過度發達，則會造成結締組織撕裂受傷，而引起各種發炎反應。

何謂「代償作用」？

當主要作用肌群或關節虛弱無力，沒辦法發揮正常功能時，原本不屬於這個動作且相鄰的肌群或關節將會代替它們來完成進行中的動作。代償一般都是暫時性的，當主要作用肌群或關節恢復正常功能後代償便會結束，但日常生活中一些不良習慣，如久坐、駝背等等，讓一些重要的關節無法恢復正常的功能，再加上長時間大量訓練，是馬拉松選手常常發生運動傷害的原因。

以常見的久坐為例，都市人每天很容易就坐超過 8 個小時，臀部肌肉長時間處於伸展拉長的狀態，讓臀肌變得越來越虛弱，而與臀肌屬拮抗關係的髖屈肌則因為長時間收縮而變得越來越緊繃，虛弱無力的臀肌加上被髖屈肌限制活動度的髖關節，容易造成對腰椎、膝蓋的代償作用，髖關節活動度下降，讓原本屬於穩定關節的腰椎被迫進行移動來代償，它原本負責的工作（穩定度）表現因而變差。當腰椎一直處於代償狀態，下背痛便會產生；同理，由於膝關節原本是屬於穩定關節，而髖關節屬於活動關節，當髖關節活動度受限，髖關節無法發揮活動的功能，因此強迫膝關節進行移動來代償，導致膝蓋內翻或內轉，大腿外側的髂脛束過於緊繃，造成跑者常見的髂脛束摩擦症候群（Iliotibial Band Syndrome）（俗稱「跑者膝」）。

馬拉松選手不需要練出王字肌、人魚線、子彈肌，更需要的是深層核心肌群的穩定能力

為了讓身體肌力在生理適應期得到全面性的發展，一次訓練需要多達9-15個訓練動作，除了要進行下肢跟上肢的訓練之外，核心肌群訓練也是這個週期的訓練重點，因為核心肌群決定了四肢的運動能力。

核心肌群可簡單分為兩大類：**動態核心肌群與靜態核心肌群**，這兩類肌群分別負責身體不同的功能，位於動態的核心肌群包括腹直肌、腹內外斜肌、腰方肌、闊背肌等，這些肌群主要的工作是控制脊椎／腹部的動作，如向前彎、往後仰、轉身等等；而屬於靜態的核心肌群包括腹橫肌、多裂肌、腰方肌等等，它們所負責的功能與跑者的「健康」可謂息息相關，這些肌群處於較深層的位置，且大多附著在脊椎上，主要是負責維持脊椎的穩定度，那麼脊椎的穩定度對運動員來說到底有多重要？

當我們在進行跑步、跳躍、或爆發力訓練時，位於深層核心肌群會先進行收縮來穩定脊椎以及吸收衝擊力，同時也擔當著身體上半身和下半身的力量傳遞鏈，若要順暢地執行這些工作，在運動時核心肌群都必須不斷地進行收縮，才能為四肢營造出一個穩固的基底，力量才能夠有效地傳遞出去；一個缺乏訓練的核心肌群將無法勝任這些工作，跑者的馬拉松成績也必定受到影響。

要有好的跑步表現，核心肌群就必須要夠穩定。因此，仰臥起坐（Sit-up）絕對不會是好的訓練動作，因為不管我們在進行任何一種運動，身體都不需要進行捲腹動作來提升表現（相信沒有人會認為駝背有助於跑步），所以我們應該把訓練的焦點集中在核心肌群的「穩定能力」而非「活動能力」（也就是前彎、往後仰與轉身動作），而核心肌群

的穩定能力又可簡單分為「抗伸展」（Anti-Extension）與「抗旋轉」（Anti-Rotation）兩種。「抗伸展」是指核心抵抗軀幹前後、左右彎曲的能力，而「抗旋轉」是指核心抵抗軀幹左右水平旋轉的能力，這兩種能力結合起來才能打造出穩固的核心，達到提升運動表現的效果。如前面所列的各種核心肌群的訓練動作，在生理適應期，我們建議你每次肌力訓練都要安排 3-4 個核心訓練動作。

馬拉松生理適應期的 10 大訓練動作！

由於在生理適應期需要讓身體獲得全面的發展，需要比較多的訓練動作，而且動作都應該能兼顧到作用肌（Agonist Muscle）與拮抗肌（Antagonistic Muscle）的訓練，建議在一次訓練中安排 9~12 個訓練動作，但強度不宜太高，要記得這個週期的主要目的：先強化肌腱、韌帶及關節，別急於加重，力量一下子進步太快反而容易造成這些結諦組織受傷。總結以上，我們認為在生理適應期應該都要包含以下訓練動作：

1. 上肢水平推（例如：臥推／伏地挺身）

2. 上肢水平拉（例如：槓鈴／啞鈴划船）

3. 上肢垂直推（例如：槓鈴／啞鈴推舉）

4. 上肢垂直拉（例如：引體向上）

5. 下肢垂直推（例如：背蹲舉）

6. 下肢垂直拉（例如：硬舉）

7. 前核心抗伸展（例如：棒式）

8. 左右側核心抗伸展（例如：側棒式）

9. 背核心抗伸展（例如：橋式）

10. 核心抗旋轉（例如：**Pallof Press**）

另外，已經有肌力訓練背景的跑者，或是初學肌力訓練者在經過四週的生理適應期之後，都可以加入一些爆發性的訓練動作，幫助發展身體整體的協調性，如瞬發上膊（Power Clean）、深蹲跳躍（Jump Squat）等。

改善身體兩側肌力不平衡的訓練動作

前面提及，生理適應期另一個目的是要改善身體左右兩側肌力不平衡的情況，針對這個目的，**單邊訓練（Unilateral Training）**是個非常適合的訓練方式；大部分人在進行側棒式訓練時，會發現左側或是右側會比另一邊「舒適」（當然也有可能是兩側都不「舒適」），或是進行單腿硬舉時，左腿比右腿更容易穩定與更有力量，這正是身體兩側肌力不平衡的表現，很多人會因為較弱的那側動作都做不好而失去信心，並逐漸忽略身體較弱的部分或動作，久而久之，弱者（弱的肌群）愈弱，強者愈強，造成不平衡的情況更嚴重。

因此，每當我們在進行任何單邊性的訓練動作時，必須確保兩側的動作平衡，特別要專注在較弱的一側；此外，以啞鈴取代槓鈴也是改善雙臂肌力不平衡的好方法，當我們在使用槓鈴進行臥推時，力量較強的手臂會不自覺地幫助較弱的一邊執行平衡穩定的工作，因此較弱的手臂將難以獲得完整的訓練效果；但當我們把槓鈴換成啞鈴之後，由於兩個啞鈴之間沒有連接，兩隻手臂都需要各自把啞鈴穩定住，對於雙臂肌力不平衡的人來說，在生理適應期中以啞鈴來執行臥推是比較合適的做法。

生理適應期之實際操作提點

生理適應期的長度視不同選手的程度而定，若是剛接觸自由負重肌力訓練的選手，其生理適應期應該需要維持較多的週數（6~8 週），才能有效強化結締組織，選手若具有較長的肌力訓練背景（建議 3~4 年以

上），其生理適應期週數應該減少（3~4週）；而針對馬拉松選手，由於長跑這種長時間高重複性的動作模式有極高的受傷風險，因此建議最好能進行（至少）6週的生理適應期，並且在一週當中安排三次訓練，確保結締組織有足夠的強度承受日後更高的訓練量，但最長不要連續進行超過10週（超過10週將不會帶來明顯的訓練效果）。

訓練強度（即重量）最好由低負荷（30%1RM）開始，每兩個星期再增加10%，在生理適應期內最多不要超過60%，而已經有3~4年以上肌力訓練經驗的選手可以直接從60%開始，在發展結締組織強度的同時也能發展基礎肌耐力，由於在這週期的訓練負荷並不高（30~60%1RM），在訓練時應不會感到太多的痛苦或不適，若覺得太吃力，請不要勉強，減輕重量或是組數吧。對於剛接觸肌力訓練的選手在生理適應期的訓練模式可以先以**循環訓練（Circuit Training）**的形式進行，動作與動作之間休息45~90秒，組間（所有動作都做完算一組）可休息1~3分鐘，視每個人的體適能而定，原則是每一組都能達到同樣的強度（負荷、重複次數、執行速度），而且都要能達到標準動作，這種訓練方式在訓練肌力的同時又能鍛鍊基礎的心肺耐力，十分適合強調有氧能力的馬拉松跑者。

生理適應期訓練課表： 範例一（初階）

項目	負荷（%1RM）	重複次數 / 持續時間	重複組數	休息時間
背蹲舉	40%	15 次		
臥推	30%	15 次		
硬舉	40%	15 次	3 組	組間休 1-3 分鐘 動作間休 45-90 秒
槓鈴划船	30%	15 次		
引體向上	30%（彈力繩輔助）	10 次		
棒式	自身體重	30 秒	3 組	30 秒
側棒式	自身體重	30 秒	3 組	30 秒
橋式	自身體重	30 秒	3 組	30 秒

生理適應期訓練課表：範例二（進階）

項目	負荷（%1RM）	重複次數／持續時間	重複組數	休息時間
背蹲舉	50%	20 次		
臥推	40%	20 次		組間休 1-2 分鐘
硬舉	50%	20 次	3 組	動作間休 30-60 秒
槓鈴划船	40%	20 次		
引體向上	40%（彈力繩輔助）	20 次		
單腿棒式	自身體重	45 秒	3 組	15 秒
側棒式	自身體重	45 秒	3 組	15 秒
橋式	自身體重	45 秒	3 組	15 秒
超人式	自身體重	45 秒	3 組	15 秒
核心抗旋轉	彈力繩	45 秒	3 組	15 秒

1RM 肌力檢測流程

1. 進行動態伸展約 5~10 分鐘。
2. 以較輕負荷反覆進行 5~10 次，休息 1 分鐘。
3. 再根據暖身的負荷來推估自己只能反覆 3~5 次的重量，若估算的重量在實際操作時重複次數不超過 6 下，則可直接從上表或耐力網中推算出 1RM。
4. 若估算的重量在實際操作時重複超過 8 下以上，請先休息 2~4 分鐘，再重複步驟二、三。

注意事項：

1. 請確保是以適當的姿勢進行檢測，建議有專業的體能與肌力教練在旁監察。
2. 請在適當的場地以及使用適當的器材進行檢測。
3. 反覆測試時上肢肌群建議增加 4~9 公斤或 5~10%，下肢肌群建議增加 4~18 公斤或 10~20%。

4. 最好能在五次嘗試內完成檢測，否則疲勞的因素會影響檢測的結果，如果超過五次仍未能測出 1RM，請擇日再測。
5. 若對檢測或動作有任何問題請找專業的體能與肌力教練進行指導。

 最大肌力期

為什麼馬拉松跑者要進行最大肌力訓練？

有一定經驗的馬拉松跑者都知道，在傳統的耐力選手肌力訓練當中，很少會看到高負荷低重複次數的訓練（高負荷是指該重量你最多只能做 6 下以內），原因在於當時科學家還沒有釐清肌肉變強變壯的機制，因此很多教練跟選手都會認為高負荷的肌力訓練會導致過多的肌肉增生，因此低負荷的肌耐力訓練一直是耐力運動員的主流訓練方式。但是，在過去幾十年，經過國外一眾運動科學家的實驗證明以及教練與

運動員的實務操作，高負荷的肌力訓練已被多次證實對運動表現有正面的影響，不管是爆發力項目的選手或是耐力選手皆能從中受益。直到今日，完整的週期化肌力訓練已經成為世界頂尖選手必備的訓練項目，最大肌力訓練可以說是週期化肌力訓練的核心，沒有良好規劃肌力訓練的運動員已經難以在世界級的競賽中獲勝。

到底高負荷的肌力訓練會為耐力選手帶來什麼樣的影響？馬拉松選手又該如何進行最大肌力訓練？以下將逐一揭曉。

肌力訓練中的「最大肌力」，是指某一特定動作（如背蹲舉）只能進行一下的最大重量，亦即「1RM」，進行第二次將會失敗，可想而知強度是非常高的；而最大肌力可以說是肌力訓練中的根本，只要最大肌力提升了，肌耐力、爆發力也會跟著提升；因此，週期化肌力訓練的其中一個最重要的目的就是要不斷提升最大肌力（1RM），並透過專項轉換訓練將能夠舉很重的能力轉移到實際的運動表現上（例如跳得更高、更遠、跑得更久、更快等等）。

最大肌力進步的機制──神經適應

有些跑者可能會問，為什麼我在健身房能舉起很大的重量，這會對馬拉松的表現有正面影響？試想想，現在有兩根同樣是 20 公斤重的木頭，分別交由兩名身材相當的工人搬運到 5 公里遠的地方，工人甲最多只能抱起 30 公斤的木頭，而工人乙能夠一次抱起 50 公斤的木頭。如果這是一場比賽，最快把木頭搬到 5 公里遠的終點就是贏家，相信大家都會認為工人乙能夠用比較短的時間把 20 公斤的木頭搬到終點，同樣是 20 公斤，但由於工人乙比工人甲的力量大，因此 20 公斤對工人乙來說是相對比較輕鬆的。又例如，同樣是要搬運 20 公斤的木頭到 5 公

里遠的地方，但這一次工人甲多找來兩位力量相同的好朋友來一起搬運，而工人乙則依舊是一個人搬一根木頭，那麼現在相信大家都會認為工人甲這一組會比工人乙更快地到達目的地，由於 20 公斤的重量被三個人的力量所分擔，大家都只需要付出更少的力量就能夠比工人乙更快的運送這根木頭。

以上兩個例子其實正是最大肌力訓練對運動表現的影響，當我們進行高負荷的肌力訓練時，肌肉組織會發生兩種生理機制：
1. 運動單位徵召更多肌纖維／更多運動單位被徵召。
2. 肌纖維變粗。

身體的所有肌肉中包覆著數十條至數百條不等的肌纖維，每一條肌纖維就好比一位搬木頭的工人，它們都各自有一個接收指令的窗口，稱為神經接合處（neuromuscular junction），用來接收來自中樞神經系統所發出的訊號，而負責傳遞訊號的是被稱為運動神經元（motor neurone）的神經細胞，肌肉中的肌纖維都會受到運動神經元的控制，而一個運動神經元以及它所控制的肌纖維，我們稱為一個運動單位（motor unit）。

一個運動單位若小，則只會控制一條肌纖維，若多，則可控制達數百條，端視該肌群負責執行的工作以及訓練內容而定。而一個運動單位以及它所控制肌纖維的比值，稱為神經支配比，如果一個運動神經元能控制 50 條肌纖維，可表示為 1：50，一個運動神經元能控制 300 條肌纖維，即 1：300，而一個運動單位內所能控制的肌纖維愈多，收縮時所產生的力量將會愈大。

一個未曾訓練過肌力的人，假設其大腿股四頭肌總計有 400 條肌纖維，但由於平常甚少受到刺激，其運動單位也許只需要控制 100 條肌纖維

就足以應付日常生活所需，但當他開始進行肌力訓練後，原本 100 條肌纖維的力量已經不勝負荷，運動單位必須控制更多肌纖維才能產生更大的力量，這個機制在運動生理學中稱為徵召（recruitment），讓股四頭肌從原本只能動用 100 條肌纖維變成能動用 150 條甚至更多。除了單一運動單位徵召更多肌纖維之外，也有可能是徵召更多的運動單位來參與動作，在同一個動作中如果有愈多的運動單位參與，被徵召的肌纖維也會增加，所以產生出來的力量也會愈大，就如同搬運木頭的例子中，工人甲多找來兩位朋友幫忙一樣，三個人加總起來的力量一定比一個人的力量來得大，負荷變輕，自然能移動得更快，這就是身體經過最大肌力訓練後的適應方式，它與肌肥大訓練只會增粗固有的肌纖維導致肌肉外觀變大有所不同。

最大肌力訓練是透過徵召更多沒被使用的肌纖維，讓肌肉變得更有力量。

當你的親人被壓在汽車底下時

最大肌力訓練之所以能夠徵召更多肌纖維，是因為它能改善中樞神經系統（central nervous system）對肌肉力量的抑制。當我們在進行高負荷訓練（1-6RM）時，情況就好比你的親人或朋友被壓在車底，再過幾分鐘他可能將窒息致死，你必須要用盡全力把車子抬起來讓他／她脫離危險，在這個危急關頭中樞神經系統為了讓你能發揮百分百力量，會徵召平常被抑制住的肌纖維來使用，因此你才有辦法把一輛汽車抬起來。最大肌力訓練採用同樣的原理，透過高負荷的訓練方式，讓中樞神經系統把更多原本被抑制住的肌纖維連接起來，使各個運動單位有更多肌纖維可以使用，進而產生肌力變大的效果。

想提升馬拉松成績，就要把最大肌力訓練納入訓練計畫中

經過上述例子，大家應該都了解最大肌力訓練對於馬拉松跑者的重要性，雖然在 42.195 公里的比賽中幾乎不會用到最大肌力，但若最大肌力提升了，每跑出一步所承擔的負荷將會變得更少，這些多出來的力量將有助於長時間維持良好的跑姿，讓每一步變得更有效率，換句話說，在同樣的配速下可減少氧氣的消耗量，不再因為多餘的動作而降低續航力。因此也有研究指出，**最大肌力訓練同時有助於跑步經濟性（running economy）的提升**。有項研究找來 17 名訓練有素的長距離跑者進行最大肌力訓練，每次訓練進行半蹲舉（half squat）重複 4 次，共執行 4 組，每星期進行 3 次，共持續 8 星期，其間運動員繼續進行原有的體能訓練，結果發現這些接受最大肌力訓練的運動員在最大攝氧量和體重不變的情況下，他們半蹲舉的 1RM 平均值從剛開始的 73.4 公斤，8 個星期後平均進步到 97.8 公斤，跑步經濟性在 70% 最大攝氧強度下則提高了 5%，而最大有氧速度（maximal aerobic speed）的衰竭時間更比受訓前延長了 21.3%，以上數據足以證明最大肌力對於長距離跑者的助益。

最大肌力訓練不會增大肌肉

另外值得注意的是，最大肌力訓練並不會增大肌肉。馬拉松跑者對高負荷肌力訓練其中一個最大的迷思，就是認為會增大肌肉，隨肌肉增大而增加的體重導致跑馬拉松時的負擔變重。在另一項研究中，找來16 名至少已有 5 年訓練經驗的馬拉松跑者，分成三組並同時進行 6 星期的訓練，一組進行最大肌力訓練（85~90% 1RM），一組進行肌耐力訓練（70% 1RM），最後一組不進行肌力訓練，研究者最後會測量受測者的 1RM、體重、體脂肪、跑步經濟性等等，研究結果顯示進行**最大肌力訓練的跑者，其 1RM 進步了 16.34%，而在馬拉松配速下的跑**

步經濟性則提高了 **6.17%**，而且這個組別的體脂肪更下降了 **6%**。進行肌耐力訓練或是沒有進行肌力訓練的組別，對於上述的檢測則沒有明顯改善。

重要的是，上述兩個研究皆發現因最大肌力訓練而使 1RM 與跑步經濟性得到改善，但並沒有因此而影響這些跑者的體重，也就是說，**進行高負荷肌力訓練並不會增加肌肉尺寸。其實最大肌力訓練所帶來的肌力改善主要是來自神經適應（neural adaptation）**，把沒有使用到的肌纖維重新徵召來而已，所以肌肉本身並沒有額外增生肌纖維，自然就不必擔心體重上升。

這也是我們在本書中使用「強韌」這個詞彙而不用「強壯」的原因，馬拉松跑者不想變壯，我們需要的肌肉是既有韌性又有力量。最大肌力的訓練正好能達到這個目的。

而且根據前面的研究結果，最大肌力訓練反而是減少體脂肪的好方法，因為在進行最大肌力訓練時身體必須讓更多肌群參與才有辦法把那麼重的重量舉起來，這些肌群受到活化後，基礎代謝率自然會有所提升，即使在休息時身體仍然不斷消耗熱量，自然就能有效控制體脂肪了。

最大肌力訓練要如何進行？

經過生理適應期之後，身體已經擁有基礎的肌力，但如果想要追求更好的馬拉松成績，這種肌耐力是不足夠的，若要有效地提升跑步速度與經濟性，就必須在下一個階段進行最大肌力訓練，讓肌力提升到更高的層次。

對於馬拉松選手來說，最大肌力訓練建議持續進行 4-6 週，每週進行兩次訓練（菁英選手可增加至三次）；為了達到徵召更多肌纖維的效果，訓練負荷必須達到 1RM 的 85%-100%，可想而知強度是非常高的，為了確保身體能夠從組與組之間獲得充足的恢復，並且讓訓練強度保持在同樣的水平，建議組間的休息時間最好是在 2-5 分鐘之間，肌力訓練經驗越淺的跑者應盡量休息超過 3 分鐘，已經接受 3-4 年肌力訓練的選手由於身體恢復速度較快，所以 2 分鐘的休息時間已經足夠。

很多人會缺乏耐性，以為肌肉不酸痛就可以進行下一組，或是認為一定要趁身體還是很累的狀態下進行訓練才會見效，不讓身體休息超過 2 分鐘。但需要注意的是，要發揮出最大肌力時，主要是磷酸—肌酸系統（ATP-PCr）為主導，還記得磷酸—肌酸系統最多只能維持 4-12 秒嗎？當完成一組 4-6 下的訓練後，幾乎就已經完全耗盡 ATP-PCr 的能量，而 ATP-PCr 要完全恢復的話需要 2-5 分鐘的時間。此外負責傳送神經衝動（nerve impulses，用來刺激肌肉作功的訊號）到作用肌群的中樞神經系統若沒有在一次高強度運動後獲得充分休息，在之後傳送出去的神經衝動將會愈來愈弱，因此肌肉將無法發揮出應有的最大肌力。磷酸—肌酸以及中樞神經這兩個系統在恢復不足的情況下，將導致力量表現大打折扣，造成下一組無法達成同樣的強度。例如第一組是做 80 公斤重複 6 下，但由於休息時間不足，磷酸—肌酸系統還沒有恢復，只好交由下一級的乳酸系統接手，但乳酸系統並無法像磷酸系統能發出最強大的能量，所以在進行下一組時 80 公斤只能重複 3 下，組間的休息時間持續不足勢必造成訓練品質下降，或甚至可能因力量不足以應付原先的重量而發生危險。

此外，過短的休息時間還有一個對馬拉松選手不利的地方，就是會促進肌肥大。進行最大肌力訓練又沒有足夠的組間休息時間就如同肌肥

大訓練，肌肥大訓練是透過中高強度的負荷（70-80% 1RM）進行至力竭，並配合短暫的休息時間，導致作用肌的肌纖維受到嚴重破壞，以引起身體「超補償」的機制讓受損的肌纖維變得更粗大，使肌肉體積增加，在最大肌力訓練時採取過短的休息時間就是類似的效果。

過多的肌肉量只會為長跑選手帶來更大的負擔，因此請即將要進行或是已經在進行最大肌力訓練的跑者留意，最大肌力訓練是一種強度非常高的訓練，組間充足的休息時間是十分重要，忽略這個原則對訓練不會帶來任何好處。

而由於最大肌力的強度非常高，進行過多的訓練動作將會導致肌肉與神經系統過於疲勞，因此在一次訓練中最大肌力的訓練動作建議控制在 3 到 5 個之間，而且動作最好是以專項的需求為主，例如跑者應該以下肢的訓練動作為主，投手則應著重於上肢的動作，而像籃球運動員上下肢的動作皆需要進行最大肌力，但每次訓練仍不應超過 5 個訓練動作。

根據《運動員的週期化肌力訓練》一書中的建議，為了讓專項的主要肌群得到足夠的刺激，比較推薦進行更多的重複組數，而非更多的重複次數或動作（下面將進行解釋），此外單次訓練的總計組數最好不要超過 12 組，而總計重複次數（即單次訓練中所有訓練動作 × 重複次數 × 組數）則可根據下表的建議：

負荷（%1RM）	總計重複次數（單次訓練）
75-80%	70-100 次
80-90%	35-85 次
90-95%	20-40 次
95-100%	15-25 次

舉個例子：下面有兩份最大肌力訓練課表，每個動作的負荷皆為 85% 1RM，兩個課表的總計重複次數同樣為 72 次，皆合乎建議的 35-85 次，但如果執行課表的是一位馬拉松跑者，【課表一】會更適合他。

仔細比較這兩份課表，雖然【課表二】的訓練動作包含了【課表一】的所有動作，且多加了兩個上肢的動作，但【課表一】由於訓練動作較少，因此每個動作能在建議的重複次數範圍內（35-80 次）進行較多的組數，而【課表二】為了不超出建議的範圍，所以減少了各動作的重複組數，雖然可以訓練到更多的部位，但對於馬拉松跑者來說，【課表一】會更為適合。

首先是專項的特性，馬拉松對下肢肌力的要求絕對會比上肢來得高，因此最大肌力訓練應更專注對下肢的訓練，而且對於針對跑者的最大肌力訓練來說，比起進行較多的重複次數或訓練動作，對同一動作進行較多的重複組數將會為肌力帶來更大幅度的改善。

課表一

項目	負荷（%1RM）	重複次數	休息時間	重複組數
背蹲舉	85%	6 次	3 分鐘	4 組
硬舉	85%	6 次	3 分鐘	4 組
弓步蹲	85%	6 次	3 分鐘	4 組
總計重複次數：72 次				

課表二

項目	負荷（%1RM）	重複次數	休息時間	重複組數
槓鈴臥推	85%	6 次	3 分鐘	2 組
槓鈴俯身划船	85%	6 次	3 分鐘	2 組
背蹲舉	85%	6 次	3 分鐘	2 組
硬舉	85%	6 次	3 分鐘	2 組
前蹲舉	85%	6 次	3 分鐘	2 組
弓步蹲	85%	6 次	3 分鐘	2 組
總計重複次數：72 次				

另外，關於總計重複次數的建議，經驗較淺的跑者，總計重複次數只要接近下限範圍就可以了，即如果進行 85% 的負荷，總計重複次數落在 35-50 次便已足夠，而肌力訓練背景越長（3-5 年經驗），總計重複次數則應越接近上限，才能獲得足夠的刺激。所以下次在安排最大肌力訓練時，除了根據專項需求來安排訓練動作外，不妨再參考各負荷的總計重複次數來安排訓練動作的數量與重複組數，適當地搭配重複次數與組數才能發揮出最大的訓練效益。

「儲備力量」（Strength reserve）

所謂「儲備力量」，簡單來說是指某動作的「最大肌力」減去「特定負荷」，亦即進行該動作時肌肉所能發出力量的「上限值」與「下限值」之差。儲備力量越大的運動員代表有更多的潛力達到更高的運動水準。以騎自行車為例，假設所有外在環境相同，如果要維持時速 40km/h 所要踩踏輸出的力量等同於背蹲舉舉起 20 公斤的重量，那麼這 20 公斤就是「特定負荷」。

舉例說明，若有 A、B 兩位體重相同、體能相當的自行車選手要進行個人計時賽，而這兩位選手背蹲舉的最大肌力分別為 60 公斤與 100 公斤。有了這些資訊之後，相信大家都會認為最大肌力為 100 公斤的 B 選手會勝出這場比賽，因為 B 選手的儲備力量為 80 公斤（100-20=80），比 A 選手的 40 公斤（60-20=40）高出一倍，這代表如果他們同樣要維持時速 40km/h（假設相當於背蹲舉 20 公斤），B 選手相對地會比 A 選手輕鬆很多，但如果速度提升到時速 50km/h 的話（假設相當於背蹲舉 40 公斤），A 選手也許已經進入無氧強度區間了，但 B 選手可能只會感到一點喘而已。

可見儲備力量對於耐力選手來說非常關鍵，儲備力量越高的選手，理論上其有氧範圍將會越廣，因為在同等的負荷或配速下會變得更加輕鬆；而如果我們想要提高儲備力量的範圍，進行最大肌力訓練可說是唯一途

徑，因為只要最大肌力提高了，儲備力量自然也會跟著提升。至於特定負荷卻難以不斷降低，例如在自行車上以低風阻姿勢騎乘、或是從公路車改成計時車，皆有助於降低特定負荷，但相比起提升最大肌力，這種方式的效益極低。

力量會帶來加速度，因此從「儲備力量」又可以衍生出「儲備速度」的觀念。我們把跑者移動的「下限值」定為 42.195 公里的平均走路速度，把「上限值」定為 1 公里的最快速度。假設 A、B 兩位跑者在同一場全馬比賽中的速度都是 4 小時（每公里 5 分 41 秒），跑者 A 的 1 公里最快能跑 2 分 50 秒，但跑者 B 只能跑 3 分 30 秒。在下限值相等的情況下（走路速度相同），A 選手的儲備速度就比 B 選手高出了 40 秒。這個差距的意義在於，如果比賽是 5 公里，跑者 A 勢必比跑者 B 具更具競爭力；從另一個角度來說，跑者 A 的全馬成績，更容易突破 3 小時大關（全馬 3 小時的配速是 4:15/ km）。原因是 2:50/ km 到 4:15/ km 的儲備速度比較大（原因是 4:15/km 這個配速對 A 選手來說比 B 選手更輕鬆達成，自然也能維持得更久），這也是為什麼我們在最後的「全馬破 3 計畫中」要加入 R 強度訓練的原因。

 專項轉換期──肌耐力

本書把耐力訓練劃分為體能、肌力、技術三大面向，訓練計畫裡必須要同時把這三大塊兼顧好才能把運動表現達到極致，三者缺一不可，如果再以賽車來比喻，體能就好比一台賽車的引擎，肌力就是賽車的車架與輪軸，技術就是開這台賽車的車手，跑者的肌力固然是在肌力訓練中鍛鍊，而對於馬拉松跑者的週期化肌力訓練來說，生理適應期跟最大肌力期其實都是在強化賽車的車架（即跑者的肌肉），雖然引擎（體能）可以同時透過週期化的體能訓練獲得改善，但一台車換上好的車架、好的引擎，其實還需要專業技師提供一些技術性的調整與

配合，才能讓賽車的性能發揮到極致。到了週期化肌力訓練的最後一個週期——專項轉換期，就好比請來一位專業的技師為賽車作出最佳化的調整，讓賽車手能夠隨心所欲地在賽場上奔馳。

將最大肌力轉換成跑馬需要的超長時間肌耐力

直至今日，大多數運動員，特別是耐力運動員，仍然會認為肌力訓練是屬於爆發力項目的專利，如 100 公尺短跑、投擲項目、籃球等等，這些項目對於力量的要求十分高，通常力量或爆發力愈大的選手其競爭力也越高，因此毫無疑問，肌力訓練對於這些運動項目確實非常重要，不管是對於肌肉力量的訓練，或是訓練到的能量系統，皆具有十分正面的幫助（這些運動項目與肌力訓練時所動用的都是以無氧系統為主）。

但對於耐力運動來說，運動強度相對沒那麼高，但經過前面的解釋之後，相信大家都已經知道「最大肌力期」對耐力運動有哪些好處，但畢竟我們不可能以這種強度跑完一場馬拉松，在各種耐力競賽當中，肌肉的有氧能力才是勝負的關鍵，因此，在週期化肌力訓練的最後，肌力訓練必須能夠搭上有氧系統的訓練，才能讓跑者發揮出最佳的體能表現。

一個完整的週期化肌力訓練裡，目標賽事前通常都會安排「專項轉換期」，這個週期的主要目的是要把在最大肌力期中所鍛鍊出來的最大肌力轉換成專項需要的能力。以速度或爆發力為主的項目（如 100 公尺短跑、籃球等），爆發力訓練無疑是最好的專項轉換訓練，而對於以絕對肌力為主的項目（如投擲項目），最大肌力以及爆發力訓練皆是十分適合的專項轉換訓練。但不管是奧林匹克式的爆發力訓練、高

強度的最大肌力訓練、或是反覆 15-20 下的肌耐力訓練，皆無法針對像馬拉松耐力項目提供適當的刺激，因為這些訓練方式頂多只刺激到身體的磷酸—肌酸系統與乳酸系統，儘管是重複次數較多的傳統肌耐力訓練，其操作時持續時間也不會超過 1 分鐘，同樣無法有效刺激到對耐力選手最重要的有氧系統，因此耐力選手在專項轉換期中不管進行以上三種訓練的任何一項，雖然可以獲得力量或爆發力的改善，但同樣無法提升對馬拉松運動表現最關鍵的元素——耐力。

本書第三章中談到磷酸—肌酸系統（ATP-PCr System）、乳酸系統（Lactic Acid System）與有氧系統（Aerobic System）這三大能量系統各有不同的運作時間，運動時間越長則有氧系統的比例愈高，馬拉松賽事的持續時間至少需要 2 小時以上，必定屬於有氧運動。馬拉松選手如果要利用肌力訓練來提升運動表現，在訓練週期的最後要動用到有氧系統來進行訓練為最佳。在訓練有氧系統時，訓練時間必須要持續超過 3 分鐘，而且訓練強度不能太高（強度過高會造成肌肉提早衰竭）。因此，肌力訓練中便出現了超高重複次數、低負荷的訓練方式，讓耐力選手在專項轉換期中獲得更好的適應，最大程度地改善有氧力量（aerobic power），我們把這種訓練方式稱為「專項肌耐力」。

專項肌耐力的訓練目的在於加強運動員抵抗長時間運動疲勞的能力、加強肌肉運用氧氣的能力、鍛鍊有氧系統、並讓肌肉（肌纖維）變成超高效率的有氧動力引擎。

專項肌耐力該如何進行？

由於專項肌耐力所需要重複的次數實在太多了，單是一個動作可能就需要重複一百多次甚至幾百次以上，為了方便選手計算，專項肌耐力最好

都以持續時間來表示，例如弓步蹲持續進行 4 分鐘，槓鈴推舉持續進行 2 分鐘等等，以持續時間來表示的優點，在於選手不用去計算進行中的動作重複了幾下，只要看時間或是用手錶計時提醒便可以了。至於訓練負荷方面，為了能長時間地反覆同一動作，負荷只要在 30-40% 1RM 即可，重點在於讓心率維持在有氧區間（%HRM 的 60-80%），這樣才能有效地刺激有氧系統，在訓練時處於有氧區間的時間愈長，其訓練效果會越好。此外，如果重量太重，就算每一下都放慢速度進行，但只要當慢縮肌無法負荷該重量時，便會轉而動用較有力量的快縮肌來繼續進行下去，這樣將會失去訓練慢縮肌的效果。

為了訓練跑者抵抗疲勞的能力，動作與動作之間的休息時間不宜過長，剛開始的前兩個星期每個動作之間可以休息 30-60 秒，而隨著肌肉逐步適應，休息時間與次數應該要愈來愈少，連續訓練的時間亦要愈來愈長，例如一開始每個動作之間都需要休息，兩個星期後變成兩個動作才休息一次，到最後可以一次連續執行所有動作，而連續進行動作的時間越長（中間不休息），訓練肌耐力與心肺能力的效果將會愈好。

來到目標賽事前的最後一個週期，專項肌耐力的訓練動作將會更為**專項化（sport-specific）**，馬拉松跑者在這個週期應該選擇以單腿的訓練動作為主，例如單腿硬舉、弓步蹲、單腿深蹲便是很好的專項性訓練動作，進行這些功能性的訓練動作將能夠更輕易地把鍛鍊出來的肌力轉移到跑步上。

我們建議專項轉換期需要持續進行 8 週的完整訓練，一週進行兩次便已相當足夠，每隔兩個星期再增加訓練量（減少休息時間或增加訓練時間），因為這種長時間的肌耐力訓練身體需要較長的時間來作出適應。還沒有接受過類似訓練的跑者，在前面 2~3 個星期應該都會感到

非常痠痛且十分疲累，到週期的中段身體才會產生適應，一直到最後 3-4 個星期肌肉的長時間耐力才會獲得大幅度的提升，此時迎接目標賽事將會得到最好的表現！在這個週期還有一點需要注意，如果專項肌耐力訓練與長跑訓練安排在同一天進行的話，最好的方式是早上先進行長跑訓練，在下午或傍晚再進行專項肌耐力訓練，這樣長跑時的跑步技術就不會受肌力訓練帶來的疲勞所影響。

另外，如果你已經是屬於較為進階的馬拉松跑者，可以在專項肌耐力訓練結束後進行幾趟 R 強度的快跑，這是由於當我們在進行肌耐力訓練時容易導致肌肉收縮的速度變慢，使得你原有的跑步速度變慢，而 R 強度跑有助於跑者維持肌肉快速收縮的能力，讓身體得到長時間肌耐力的同時又能維持良好的速度。

單邊訓練（Unilateral Training）

單邊訓練（Unilateral Training）是指只用單手或單腿來進行肌力訓練，例如傳統硬舉（Deadlift）改成單腿硬舉（Single-leg Deadlift）、俯身划船（Bent Over Row）改成啞鈴交替划船（Bent Over Alternate Dumbbell Row），**這種訓練方式其中一個最大的好處是能夠讓跑者知道身體左右兩側有哪些肌肉是處於不平衡的狀態，找出單邊的缺點，訓練四肢力量的同時亦能有效訓練核心肌力，特別是專門負責穩定平衡的核心肌群**。這些肌肉在日常生活中很少機會動用到，雖然在傳統雙邊訓練上也能對這些肌群產生一定的刺激，但當我們進行負重式的單邊訓練時（同時要維持良好的姿態，身體不能扭動），這些穩定平衡肌群將會受到更大的刺激，因而獲得進一步強化。對於跑者來說，單腿硬舉與弓步蹲同時能強化下肢肌力以及髖關節的穩定度，讓我們在單腿支撐時不容易產生骨盆傾斜的情況，穩定的骨盆會讓下肢力量傳遞得更好，

而且當單腿的平衡感愈好，每一步的效率也必定愈好，同時也能減少受傷的機會。此外，動用身體更多肌群來進行訓練，也就代表能消耗更多的熱量，燃燒掉多餘的脂肪，對於馬拉松跑者來說，更多的熱量消耗將有助於控制體重，以更精瘦的身體迎接最重要的比賽。

進行單邊訓練要注意的是，在剛開始進行時通常都會不太習慣，例如以右手進行訓練時可以很流暢地完成，但換成左手的時候卻變得難以控制，甚至無法完成跟右邊一樣的次數，但請不要氣餒，只要持續進行幾個星期，較弱的一側將會逐漸獲得改善，而且你的身體也將會變得更「完整」。

當一趟肌力訓練當中如果同時要進行單邊與雙邊訓練，我們建議先進行單邊訓練，再進行雙邊訓練；因為進行單邊訓練時需要高度的專注來平衡與穩定身體，先進行雙邊訓練的話容易讓身體處於疲勞狀態，造成後面進行單邊訓練時姿勢不良。
以下提供一些適合跑者的單邊訓練動作：

單腿硬舉

後腳抬高蹲

單腿深蹲

啞鈴交替划船

馬拉松跑者的專項肌耐力訓練課表

以下提供兩份專項肌耐力的訓練課表，分為初階與進階兩種等級，但這裡並不是以馬拉松的成績來區分，而是以選手的自由重量肌力訓練背景為準，已經持續進行超過三年自由重量肌力訓練的馬拉松跑者可以直接選擇進階課表進行訓練，少於三年經驗的馬拉松跑者則先從初階課表開始。

初階馬拉松跑者的專項肌耐力訓練課表範例：

項目	訓練 2 週		訓練 2 週	訓練 2 週	訓練 2 週
上膊蹲推舉	2 分鐘	2 組	反覆執行 2 個 動作共 8 分鐘	反覆執行 2 個 動作共 8 分鐘	反覆執行 2 個 動作共 8 分鐘
直立高拉／上膊	2 分鐘				
槓鈴推舉／划船	2 分鐘	2 組	反覆執行 2 個 動作共 12 分鐘	反覆執行 2 個 動作共 18 分鐘	反覆執行 4 個 動作共 36 分鐘
單腿硬舉	4 分鐘				
腳跟上拉	2 分鐘	2 組	反覆執行 2 個 動作共 12 分鐘	反覆執行 2 個 動作共 18 分鐘	
弓步蹲	4 分鐘				
組間休息	1-2 分鐘		2-3 分鐘	2-3 分鐘	1-2 分鐘
訓練時數	32 分鐘		32 分鐘	44 分鐘	48 分鐘

＊反覆執行代表中間不休息

進階馬拉松跑者的專項肌耐力訓練課表範例：

項目	訓練 2 週		訓練 3 週	訓練 3 週
上膊蹲推舉	2 分鐘	2 組	反覆執行 2 個 動作共 12 分鐘	反覆執行 6 個 動作共 60 分鐘
直立高拉／上膊	4 分鐘			
槓鈴推舉／划船	3 分鐘	3 組	反覆執行 2 個 動作共 24 分鐘	
單腿硬舉	5 分鐘			
腳跟上拉	2 分鐘	3 組	反覆執行 2 個 動作共 24 分鐘	
弓步蹲	6 分鐘			
組間休息	1-2 分鐘		2-3 分鐘	—
訓練時數	60 分鐘		60 分鐘	60 分鐘

＊反覆執行代表中間不休息

從專項轉換期到競賽期

經過長達 6~8 週的專項轉換期之後，距離目標賽事愈來愈接近，這時候最重要的事情就是要讓身體好好恢復，讓跑者以最佳的身體狀態參加比賽，因此競賽期的目的並不在於要加強那些能力，雖然這個週期取名競賽期，但若果想要在重點比賽中發揮出高競爭力，就應該把重點放在休息與恢復上面。這個週期的訓練形式其實跟專項轉換期十分類似，同樣是以長時間的肌耐力為主，只不過需要對訓練組數與持續時間做調整，才能一步一步到達體能的巔峰。

我們建議競賽期的長度需要 2~3 個星期，雖然對於一位優秀的耐力運動從事者來說，肌肉達到完全恢復也許只需要幾天的時間，但不管是菁英選手還是接觸跑步不到一年的新手，都需要較長的時間才能讓身體的神經系統獲得充分的恢復，特別是已經進行長達半年的規律訓練的跑者，身體不管是生理還是心理也都累積一定程度的疲累，因此必須要有 2~3 個星期的時間才能讓體能達到最佳水平。在競賽期中，專項肌耐力訓練的組數或訓練時間應該逐漸減少，原則上是將上週的組數減少一組。例如離目標比賽只剩下三個星期，第一週可直接把上週的組數減少一組，第二週再減少一組，而最後一週（比賽週）則不進行肌力訓練，把肌力訓練的時間改成 20-30 分鐘的 E 強度跑，讓肌肉得到最完整的恢復。

 爆發力訓練

爆發力訓練的目的

雖然跑馬拉松是一項非常極端的有氧運動，運用有氧系統的比例高達 95%，但並不代表馬拉松選手就不需要加入爆發力訓練；對耐力型選手來說，爆發力訓練的目的在於改善肌肉的發力率（Rate of Force Development）以及動作的經濟性。「爆發力」（power）等於「力量」（force）與「速率」（velocity）的乘積，亦即加大力量或是發力的速率皆能夠提高爆發力，因此爆發力其實就是「能在短時間內發揮出來的最大肌力」。最大肌力訓練雖然能有效改善肌肉力量來達到提高爆發力的效果，但在進行這種高負荷訓練時有一個缺點，就是發力的時間太長了（2-4 秒之間），而實際在競技運動當中，例如投一次球、跳躍上籃、跑步時的觸地時間都會希望是愈快愈好（0.1-0.3 秒之間），誰

也不想在比賽中用 2-4 秒的時間投球，或是讓跑步時的步伐變得遲緩，因此爆發力訓練在於改善肌肉的發力速率，發力速率愈高代表能夠在愈短的時間內發出更大的力量。就是在跑步時可以用同樣的觸地時間瞬發出更多的力量，讓你移動得更快且更具效率。所以當我們在進行爆發力訓練時，動作必須要進行得十分迅速，藉此有效改善發力速率。

在何時安排爆發力訓練？

爆發力訓練建議安排在「最大肌力期」與「專項轉換期」當中，先進行爆發力訓練，再進行當日的主菜單（最大肌力或專項肌耐力訓練），讓肌肉力量與耐力得到提升的同時又不會讓肌肉發力的速度變慢；對於大部分的馬拉松跑者來說，為了提升動作的速度與流暢度，爆發力訓練的負荷並不需要太高，建議在 30-60% 的 1RM 便足夠了，每個動作進行 6-8 下，組與組之間也要確保有足夠的休息時間（2-3 分鐘），才能讓每一組的訓練都能夠快速地進行動作。不把爆發力訓練安排在生理適應期的理由，在於希望先讓跑者建立起強韌的肌肉組織系統、良好的動作品質與姿勢後，再進行爆發力訓練將會更為安全與更有效率。

爆發力訓練需要注意的地方

在進行下肢的爆發力訓練時，需注意「三關節伸展」（Triple Extension）有沒有做到確實，所謂三關節伸展是指：髖關節、膝關節、踝關節這三大關節在伸展成一直線時將會產生最大的力量。想像一下進行雙腳垂直跳時，我們會先蹲低，然後雙腳快速用力往上跳，此時雙腿會處於垂直狀態，這個動作正是三關節伸展的最好示範，當這三大關節同時伸展發力時，其所產生出來的爆發力相較於身體其他部位都還要大，是人體最具爆發力的動作。因此當我們進行上膊、抓舉或

是其他增強式訓練時，其實就是在訓練三關節伸展所能發揮出來的爆發力。三關節的爆發力越大，以下肢為主的運動表現也會變得越好。

以下列出幾個常見的下肢爆發力訓練動作，可見所有動作都是以訓練三關節伸展為主。由於負重式的爆發力訓練有較高的受傷風險，因此建議在擁有良好的舉重技術下才可進行負重式的爆發力訓練，還沒有熟練的選手可以先以徒手式的爆發力訓練為主：

負重式爆發力訓練
單手單腿抓舉

徒手式爆發力訓練

左右跳步

弓步彈跳

按摩與伸展是為了
讓跑步的肌肉維持長度與彈性

每次訓練結束之後，肌肉都會因為過度使用而自主縮短，變短的肌肉就像失去彈力的橡皮筋，會失去原有的力量。這也是為什麼幾乎所有的教練都會要求選手在練跑完後做伸展，主要目的正是使肌肉恢復到原始的長度。按摩的目的則不同，它是為了讓肌肉恢復彈性，有彈性的肌肉才是優質的肌肉。許多人都有按摩之後全身舒暢的經驗，這種暢快感正是身體從緊繃通往柔軟有彈性的過程。

人死而僵（故有僵屍之名）。人的一生當中肌肉最柔軟的時刻是剛出生時，去壓小嬰兒的小腿時，按到小腿骨時，他彷彿沒什麼感覺，但請你身邊的人往你的小腿肚壓壓看，稍微用力按就會有一股痠痛感，再用力往小腿骨壓下去，此時你可能就會開始哇哇大叫。逐漸「變老」、身體也愈趨僵硬，但肌肉變硬後就沒有力量了，就像失去彈性的橡皮筋。橡皮筋當然要愈有彈性才可以彈得愈遠，所以保持彈性很重要。我們甚至認為，人的老化程度並非由臉部的皺紋多寡而決定，而是取決於肌肉的彈性。

適度運用肌肉能讓它保有彈性。但對馬拉松跑者而言，時常不是「適度」而是故意「超負荷」鍛鍊它，過度鍛鍊的肌肉當然會使它逐漸變硬。那麼要如何在訓練體能與肌力之後還能保有肌肉的彈性呢？按摩就是解決方法！

我們都知道按摩與伸展很重要，但很少馬拉松跑者把它當成跟 LSD 或間歇訓練一樣重要的等級來對待。「花時間在保養肌肉」的重要性，

就跟一個武士花時間擦拭他的刀，一個車手花時間保養他的愛車一樣。你可不希望你比賽到一半車子鏈條或輪胎發生問題吧，身體也是需要保養的。

「按」與「摩」所代表的功能又不同了。**「按」的目的是為了暢通肌肉中的「阻塞」點**，它的手法如同字面上的意義，是在整條肌肉中特定的區塊按壓，那個特定的區塊通常也就是你覺得壓了以後會很痛的點，物理治療上稱為「激痛點（trigger point）」。激痛點形成的主因是肌纖維受損後，沒有經過適當恢復而形成較無伸縮能力的結諦組織，因此你按壓它時就會出現酸、痛的現象。尤其是「痛」（表示極為阻塞），當身體經過「暢通」的階段後氣血就會開始活絡，體內壓力（血壓／氣壓）重新適應。透過按壓使原本「阻塞」的區塊「逐漸暢通」，到最後「完全暢通」。

另外，按摩中的**「摩」這個動作，則是為了「鬆弛肌筋膜（myofascial release）」**。什麼是肌筋膜呢？它是一種結諦組織，位於皮膚和肌肉中間，也存在於各條肌肉束之間，如果我們沒有時常去「摩」它的話，它就會像是在皮膚與肌肉中間塗上一層又一層的白膠一樣，就算你的肌肉很有彈性，當它沾黏到厚厚的白膠時，也會變得難以收縮。因此「摩」的動作就非常重要，它是為了擴大皮膚與肌肉束間的空隙。可想而知，要把已經沾黏的組織「摩」出空隙來，勢必還是會帶來許多不適。全身的肌筋膜可分為七大系統，按摩時可針對專項運動所需的特定系統來按摩。例如「背部肌筋膜群」是從頭頂、後頸、豎脊肌、臀、後大腿、小腿一直到足底筋膜，整個成一個系統，知道它是一個系統後，就可以把它當成一整個單位來按壓。

按摩的作用

按與摩的過程都會「痛」，但每次按摩完全身都感覺很暢「快」，這種痛快的保養過程，也是馬拉松訓練中必經的步驟，而且只要有耐心每天固定花時間按摩與伸展的話，痛感就會逐漸減輕，肌肉也因此會愈來愈有彈性。痛則不通，通則……絕對不痛！所以痛感的程度也可以當作你評斷身體肌肉與肌筋膜狀態的一種指標。

按摩實際上也是在刺激和擠壓淋巴液的回流。淋巴系統就好比一張網，對人體的血液進行有效的過濾。它最主要的功能是過濾人體血液中的垃圾，這些垃圾主要是人體的代謝物質。就好比生產任何產品都會產生垃圾的道理一樣，我們知道，細胞通過攝取營養及氧氣來製造能量時，也會產生廢棄物。淋巴系統的主要功能就在濾掉這些廢棄物。

中國穴位與經絡跟西方醫學理論中肌筋膜的系統有很多相同之處。人體的經絡很像自來水管路，五臟像是馬達，穴位則是管路中氣血的轉運站。

避免肌肉纖維化

肌肉是體內的穩定細胞，受傷後不會再分裂新的細胞，而是由纖維母細胞來修復，修復完畢的組織就是所謂的纖維組織，就像是肌肉上面有個疤痕存在。肌肉纖維化後會影響肌肉的收縮與彈性，肌肉除了變僵硬外，肌力也會變弱。對跑者來說，若不是重大拉傷，肌肉纖維化只會發生在一塊肌肉中的一小塊區域，並非整塊肌肉都纖維化了。但是纖維化的肌肉組織，會和鄰近的肌肉組織發生沾黏，進而影響到整塊肌肉的作用。透過熱敷、按摩等治療手段，可以將纖維化的肌肉組

織和被沾黏的正常肌肉組織分開，使正常的肌肉組織重新發揮正常的作用。纖維化的區域如果夠小，在經過治療將沾黏剝離後，營養就可以重新供應給它，也能重新排出壞死物質，那麼纖維化的肌肉，就有可能逐漸被正常的肌肉組織取代。

 伸展的作用

那麼我們又為何要伸展呢？它有許多好處，首要功能是要讓肌肉恢復長度。多數人在運動過程中都有抽筋的經驗，抽筋是因為肌肉瞬間強制收縮造成的，它一直縮著不能再伸長放鬆，因此抽筋後的肌肉就無法再運動了（因為肌肉的運動方式即是收縮再伸長）。抽筋時讓肌肉恢復的方式是用外力再拉長它。其實，長時間運動完的肌肉也是處於縮短的狀態，若長期訓練結束後放任它縮著不理，久而久之就會糾成一塊，成塊的肌肉是沒有力量的，肌肉要像彈性極佳的橡皮筋一樣，拉得愈長彈得愈遠，因此伸展的最主要目的就是維持肌肉伸縮的幅度。除此之外，伸展還能解除肌肉緊張，也能增加肢體的活動範圍與協調性，讓身體更靈活。

如果跑步是在「動」的狀態下與身體對話的過程，按摩與伸展就是在「靜」的狀態下和自己的身體溝通，兩者一樣重要，但跑者通常太重視前者，以致肌肉朝失衡的方向發展。《伸展聖經》的作者包柏·安德森（Bob Anderson）在書中說道：「伸展是靜態生活和動態生活中的橋梁。」它讓我們能站得挺、坐得直與睡得更安穩，也能使肢體在運動時更靈活。

該如何按摩與伸展訓練後的肌肉？
進行的順序為何？

按摩要從遠離心臟的地方開始，所以一開始建議從腳底開始，再慢慢往背部的關節和肌筋膜按下去。在按壓這些不同部位時的手法順序，建議可以先摩後按，接著伸展，若時間較多，可以做兩組以上。如果今天是我的休息日，我會花兩個小時來做主動恢復，每個部位做三組，依順序從肩胛骨開始，先伸展後再用滾筒緩慢地來回滾動 30 秒，滾動的過程中尋找痛點，30 秒後就特別按壓在剛發現的痛點上以同樣的壓力「按」到痛感逐漸消失為止，接著伸展，這樣算一組，再重複兩次。若時間比較少，或是平常的訓練日時，我只會進行一組，或是只選特定比較緊繃的地方進行（例如我的肩胛骨與股內側肌）。「按法」與「摩法」只是中醫推拿中常用 17 種手法中的兩種，其他還有：推法、擦法、揉法、揉捏法、搓法、拍擊法、抖法、運拉法、拿法、滾法、刮法、掐法、彈筋法（提彈法）、拔法（分筋法）、理筋法（順筋法）。雖然有些手法類似，但在中醫上它們各有不同的功能，我們無法自己用手掌每天都如此細緻地處理身體，所以下面跟大家分享如何用滾筒（Foam Roller）與按摩球自主按摩與伸展各部位的方法。

 按摩示範動作

所需器材：滾筒、按摩球與伸展帶

按摩每一條肌肉時，先從肌肉前端開始，再逐漸往上。動作的次序則先由腳底板開始，再逐漸向上到小腿、大腿與臀部，分別針對它來「按」（靜止 10 秒不動）「摩」（前後滾動 3 次）。「按」完與「摩」完後，

最僵硬的部位／激痛點可能會改變，針對特別僵硬的部位再按摩一次，
接著伸展。

按摩腳底板

● 腳底板按摩動作

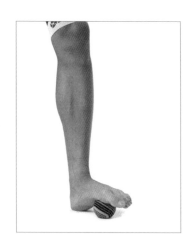

按摩前脛肌

● 前脛按摩動作

如果練跑會有前脛痛的問題，
可以多做前脛肌的伸展與按
摩動作。

按摩小腿

◆ 小腿肌按摩動作

可以使用按摩球增加按壓
的力道，可以放鬆到更深
層的肌肉。

按摩大腿後側

◆ 後大腿按摩動作

按摩大腿外側的髂脛束（IT Band）

◆ 大腿外側髂脛束按摩動作

按摩大腿內側

◆ 大腿內側鼠蹊部按摩動作

按摩大腿股四頭肌

◆ 股四頭肌按摩動作

按摩臀部

◆ 臀大肌按摩動作

有關按摩的原理與細節，可參考蘇·希茲曼（Sue Hitzmann）著：《MELT
零疼痛自療法》（原書名：The MELT Method，林淑鈴譯，臉譜出版），
她深刻影響我對按摩與主動恢復的理解。

 伸展示範動作

伸展時並不用拉到極限，無須去探測自己可以拉到什麼程度，只要有
伸展到即可。記住，伸展並不是在比賽，不用去比誰可以拉得比較遠，
誰可以趴得比較下去之類無意義的比較。柔軟度並不是伸展的主要目
的，恢復肌肉本來的長度才是跑者要進行伸展的主因。

伸展：小腿

◗ 小腿肌伸展動作

伸展：大腿後側

◆ 後大腿伸展動作

伸展：大腿外側的髂脛束（IT Band）

◆ 大腿外側髂脛束伸展動作

若跑步過量，很容易使髂脛束過於緊繃而造成「跑者膝」。此時若能多增加大腿外側髂脛束的伸展與按摩動作，就能有效舒緩膝蓋外側疼痛的問題。

伸展：大腿內側

● 大腿內側鼠蹊部伸展動作

伸展：大腿正面股四頭肌

● 股四頭肌伸展動作

抬腿所動用到的髂腰肌是被包在股四頭肌裡面，若要伸展到它，要先伸展到股四頭肌。也就是說股四頭肌的柔軟度要夠，才能再進一步發展髂腰肌的柔軟度。

伸展：臀部

● 臀大肌伸展動作

伸展：髂腰肌

● 髂腰肌伸展動作

187

chapter **5**

跑步技術
學習不易受傷、
效率與速度兼備的跑法

擁有最強大的引擎與車體，
並不能保證在 F1 賽車場上贏得冠軍，
還要看駕駛的技術！

跑步技術可用一句話概括：利用地心引力把體重轉化成前進的動力，而不是用肌肉對抗與克服地心引力。

如果沒有重力，你就沒辦法支撐在地面上；沒有支撐，就不可能前進。就像電影《地心引力》中女太空人珊卓布拉克在失去重力的外太空中，若沒有外力幫助就沒有辦法移動身體，不管怎麼揮舞四肢都無法移動，只能繞著質心旋轉或翻滾。

優秀的跑者除了體能比你好之外，跑姿也比你流暢優美的原因，就是他／她們能很有效率地把地心引力轉變成水平前進的動力。

目前國外比較知名的跑步技術理論主要有四種，分別是：體態跑法（Good Form Running）、進化跑法（Evolution Running）、氣功跑法（Chi Running）、姿勢跑法（Pose Method of Running）。經過我們的爬梳與歸納後，發現這四種跑步技術理論，主要是為了解決下面三種問題：

1. 怎麼跑比較不容易受傷？
2. 怎麼跑比較省力？
3. 怎麼跑比較快？

接下來，在這一章裡頭我們將針對這三種問題來討論。

怎麼跑比較不容易受傷？

在回答「怎麼跑比較不容易受傷？」之前，我們先來思考另一個問題：「用腳掌哪個部位『先』著地，跑起來比較費力？」各位可以先站起來試著跑跑看，分別用前腳掌、中足與腳跟「先著地」的跑法各跑個

幾百公尺，實際體會一下，哪一種著地跑法對腳的負擔比較大？哪一種對肌肉比較費力？是前腳掌先著地比較費力，還是腳跟先著地比較費力呢？

我們可以利用哈佛大學人類演化生物學教授丹尼爾‧李柏曼博士（Daniel Lieberman, PhD）針對赤足跑所做研究成果展示網站中的影片來說明。（http://barefootrunning.fas.harvard.edu/4BiomechanicsofFootStrike.html）

這個研究是在一個附有壓力板的跑步機上進行，由同一位跑者在相同的速度下，用不同的跑法來測試。透過壓力板傳回電腦的數據，我們可以看出跑者在不同跑姿時，著地時衝擊力道的變化情形。

打赤腳以腳跟先著地時，衝擊力道上升的速度會非常快，接著會下降，再爬升到最高點，也就是有兩個波峰；但改成前足先著地之後，衝擊力道上升的速度變緩和了，波峰也變成只有一個。

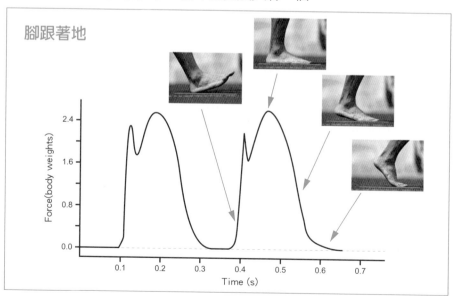

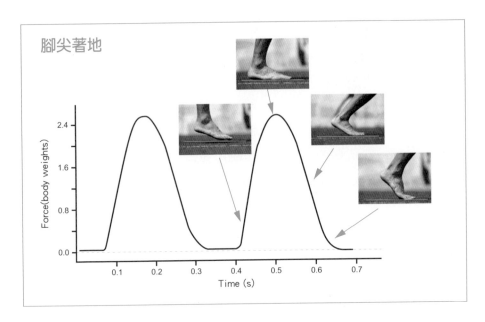

圖 片 摘 自：Daniel E. Lieberman, Madhusudhan Venkadesan, William A. Werbel, Adam I. Daoud, Susan D'Andrea, Irene S. Davis, Robert Ojiambo Mang'Eni & Yannis Pitsiladis Nature 463, 531-535（28 January 2010）

我們可以用兩張圖來做一些簡單的分析。首先，很明顯可以看出：腳跟先著地時每一步落地都會有兩次衝擊（兩個波峰），第一次衝擊是腳跟落地時，第二次衝擊是體重完全轉移到腳掌上時。第一道衝擊的力道比較猛烈，從圖中可以看出在極短的時間內（20 毫秒），衝擊力道就從 0 上升到 2.3 倍的體重。但轉成前腳掌先著地時，衝擊力道上升的時間變得更長，比較緩和。衝擊力道從腳掌落地到最高 2.4 倍體重，總共花了 120 毫秒的時間。也就是說，「前腳掌先落地」的方式比「腳跟先著地」多花了 100 毫秒才達到衝擊力的最高點。

所以各位應該知道「用腳掌哪個部位『先』著地跑起來比較費力」的答案了：前腳掌。因為前足先著地時，肌肉多了緩衝的工作。

我們接下來舉例來詳細說明這兩種跑法對身體負擔的不同之處。

試想像某人在路上開著車以時速 60 公里前進，不小心撞上電線桿時，車速在很短時間內由於電線桿的阻礙瞬間轉為零，所以產生「瞬間衝擊」，若這台車具備安全氣囊，衝擊產生時氣囊可以把這段作用力的「瞬間」再延長，進而減少傷害發生。也就是說穿薄底鞋或赤腳跑時，若腳跟先著地，跑者的跟腱、踝關節、小腿骨、膝關節、大腿骨與髖關節的衝擊力道也會相當猛烈，就會像開著一台沒有安全氣囊的汽車撞到電線桿，因為沒有緩衝，所以駕駛人的胸骨很可能就此碎裂。然而，前足先著地時可以利用前腳掌、跟腱與小腿的肌肉協助你緩和落地時的衝擊，雖然「跑起來比較費力」（沒錯，這就是本節開始所提出的問題的答案），練跑過程與結束之後的肌肉也比較容易痠，但那對預防下肢骨骼與關節的運動傷害來說反而是好事一件。由於肌肉的適應能力是骨骼和關節的好幾倍，他們能在更短的時間內藉由壓力而變強，但骨骼和關節卻辦不到，很容易因為過度的壓力而受傷。

前足著地可以充份利用到跟腱

「那一種跑法比較好？」這是我們在教授跑步技術時最常被問到的問題。其實沒有標準答案，不同程度的跑者需要的跑法不同。

 費力是好事

前腳掌先著地對肌肉的負擔比較大，尤其是小腿和腳掌。較費力的確不太好，但優點是：

1. 肌肉出力緩和落地衝擊，能夠減少關節與骨骼發生運動傷害的風險。
2. 肌肉用力的同時，你是在鍛鍊它的耐力。
3. 觸地時間短，力學上的效益較高（關於這點，在後面〈怎麼跑比較輕鬆省力？〉中會詳細說明）。

腳跟先著地，雖然比較輕鬆，對肌肉負擔小，但同時代表你「沒練到」某些跑步的重要肌群，特別是小腿和腳掌的肌肉。從下圖可知以前腳掌先落地時，腳踝就像槓杆，小腿與腳掌的肌肉必須花費力量（E）支撐住身體的重量（R）才能移到下一步，就如同圖中的手推車般，要推動它得先花力氣撐住負重才行，而且當 E 向上用力時支點處（F）的壓力也很大。腳跟先著地練不到小腿和腳掌，所以當你上場比賽時一加速，反而就很容易發生肌肉的運動傷害。

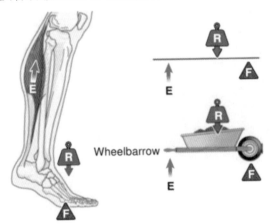

F 指「支點」；R 指「體重」；E 指「肌肉花費的力氣」。（摘自 Nicholas Ratamess 著；林嘉志等翻譯：《ACSM 基礎肌力與體能訓練》，新北市：藝軒，2014.12 出版，頁 28，圖 2.7）

改變跑法要循序漸進

因此，我們會建議進階的馬拉松跑者，能夠在訓練時多採用前腳掌先著地的跑法，藉此鍛鍊最先面對衝擊的兩個部位：小腿和腳掌。我的跑步技術啟蒙是尼可拉斯博士的「姿勢跑法」，後來又找了國外許多研究資料，發現前足先著地的好處，馬上練了起來。記憶很鮮明，那時在當兵，早點名前凌晨四點偷爬起來繞著 250 公尺長的營區練習，跑不到 3 公里小腿就痠到受不了，那時我已經比過數十場鐵人三項和全馬競賽，怎麼可能連 3 公里都不行！？趕快停下來回過頭去翻書，看自己是不是哪裡練錯了。後來才知道是自己的肌肉太虛弱，過去不曾刺激過這些肌肉，所以還無法承擔落地的衝擊。在轉換跑法的過程中，只要感覺痠痛我就休息，痠痛好了才繼續訓練，跑的過程中無法負荷前足跑法時，就改成全腳掌著地，逐漸增加前足跑法的里程數，一個月後就能跑上 20 公里都不感覺痠了。

改變跑法後，5 公里成績也從 17 分 30 秒進步到 16 分 45 秒。雖然不是多了不起的成績，但我原本已經在 17 分半附近停滯了有三年，不管怎麼練都不會進步，但姿勢一改正後就進步了。但我發現好多的臺灣跑者還不知道，很可惜，這也是我寫作梳理這些資料的動力之一。

前足跑法絕不是踮腳跑，只是前腳掌先著地

踮腳跑是指腳跟永不落地，但前腳掌「先」著地，是指腳掌前緣先落地，接著是中足，再來是腳掌後緣。身體天生就有讓腳掌慢慢放下（其實是在 100 毫秒內發生的事）的本能，藉此來緩和落地衝擊。所以前足先著地並非踮著腳尖跑，那樣誰都做不到。外觀看起來像踮腳，其實是因為步頻或速度提高後，腳掌一點地就離開了。你可以用每分鐘 180 步的原地跑試試看，是否腳跟都還來不及落地，就被拉起來了！

不要追求前足、全足還是腳跟先著地，而是要像
原地跑一樣向前跑

接著來看下一個實驗結果：赤足跑用腳跟先著地 V.S. 穿跑鞋用腳跟先
著地。

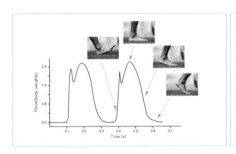 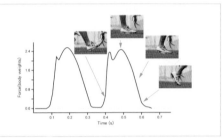

圖 片 摘 自：Daniel E. Lieberman, Madhusudhan Venkadesan, William A. Werbel, Adam I.
Daoud, Susan D' Andrea, Irene S. Davis, Robert Ojiambo Mang' Eni & Yannis Pitsiladis
Nature 463, 531-535（28 January 2010）

穿上鞋子跑步時落地衝擊的力道與竄升的速度跟赤足跑相比的確緩和
許多，不少鞋商就此聲稱跑鞋緩震的功效，但事實上鞋子只能使腳掌
的衝擊感變得較為緩和，並無法改變小腿、膝蓋、大腿、下背與軀幹
所承受的衝擊力大小。也就是說，落地時身體所承受的壓力是一樣的，
若姿勢不對，就算穿上緩震的跑鞋，還是會受傷。況且，跑步運動傷
害大都不是因為更重或更多的衝擊造成的，而是因為：「用錯誤的姿
勢支撐體重。」在運動科學裡衝擊力的術語是「地面反作用力」（上圖
曲線在縱軸上所對應的數值），地面反作用力是什麼呢？它是「體重的
變化量」。速度愈快，體重的變化量就會愈大（衝擊力愈大），我們要
做的不是去減少衝擊，而是學習用正確的姿勢去面對衝擊。換句話說：
如果用正確的姿勢著地，只要地面安全的話，就算赤腳跑也不會受傷。

有不少跑者學了姿勢跑法之後都會擔心前足著地對肌肉的負擔太大，

是否剛開始跑時要先從腳跟著地開始，再慢慢改成前足？其實「該用腳掌的哪個部位先著地？」是個錯誤的問題，這個問題會引發錯的技術知覺：在空中時想著用腳掌特定部位著地會導致「主動落地」(active landing)，這會在肌肉、結締組織與關節造成多餘的衝擊力。落地應該是像自由落體一樣，完全被動、什麼都不做讓它自由落下。「腳跟先著地」或「全腳掌著地」都並非「自然」的跑步方式。這個「自然」不是任何人的定義，而是自然的原理。

你馬上就可以體會到，請站起來，試著原地跑 30 秒。請問剛才原地跑時，腳掌的哪邊先著地呢？你是否很自然地以前腳掌先著地，而且腳踝放鬆，前足觸地後腳跟接著下降輕觸地面。如果我要你在原地跑時刻意改成「全腳掌著地」(也就是前足和腳跟一起著地)，覺得很怪是吧；若改成「腳跟先著地」就會覺得更怪。

我們都知道腳掌的落地位置要盡量接近臀部下方才不會剎車與形成受傷的剪應力。原地跑時，腳掌必然只會落在臀部下方。原地跑再久，腳掌拉得再高你也不會受傷，只會覺得累。關鍵來了，只要腳掌落地位置接近在臀部的正下方，你就會自然以前足先著地。所以，前足先著地只是腳掌落在臀部下方的結果，並非刻意追求的著地方式。所謂的優美的跑姿，正是應該「像原地跑一樣向前跑」，沒有任何其他多餘的動作。

 跑步運動傷害的主因：過度跨步

雖然初學者適合腳跟先著地的跑法，但使用此跑法的跑者常會犯一個嚴重的錯誤：過度跨步。

這是由於當腳掌跨到膝蓋之前落地，就會形成剪應力（Shear Stress），而剪應力是造成膝關節受傷的主因。試想一根筷子垂直於桌面撐著，手掌用力從頂端往下施壓，由於沒有水平分力，所以不會形成剪應力，因此筷子不易折斷。但是當竹筷子斜撐在桌面，你的手掌仍由上向下逐漸加壓，它就會從中折斷。同樣的道理也發生在跑步落地時，當你的腳掌落在臀部的正下方，就像一根筷子直立在桌面上，垂直向下的衝擊力與腿部的力學結構平行，因此不會有剪應力產生，但當你的腳跨出去的幅度加大，落地點跑到臀部（質心）前方，向前跨得愈遠，剪應力就愈大，傷害發生的機率也就愈高。

剪應力所造成的運動傷害最常發生在膝蓋，由於膝蓋剛好位在大腿與小腿的接合處，當剪應力發生時就會造成不當滑動，滑動引起摩擦和拉扯，久而久之傷害就產生了。

質心
剪應力
跨得越多
剪應力越大
落地點

【錯誤示範】過度跨步時必然會造成腳跟著地，此時因為身體重心在落地點的後面，會產生頓點阻力與剎車效應，這就是造成膝蓋受傷的主因。

腳跟先著地雖然感覺起來比較輕鬆，但輕鬆並不是一件好事。由於腳跟先著地時衝擊力道直接由骨骼與關節承擔，久而久之會造成關節傷害。而且輕鬆的同時便代表沒有鍛鍊到肌力，當你在比賽現場想加速時，很自然地會改以前腳掌先著地，沒有受過鍛鍊的肌群（尤其是腳掌和小腿）不用多久就會撐不住，若是勉強自己繼續跑很可能因此受傷。況且，若能好好鍛鍊前一章所談的的肌力訓練，不久後肌肉會適應，身體也將學會用臀部抵消落地時的衝擊，進而減少膝蓋和大小腿的負擔。

腳掌落地的真實情況：前足著地 V.S. 腳跟著地

腳跟先著地 起始的接觸點在腳跟，接著是腳掌外緣，經過前腳掌、腳尖後才離地，腳掌與地面接觸的時間較長，而且落地時的衝擊力有兩道，主要用關節吸收。落地時會產生剎車效應。

腳跟先著地的真實情況。

	剛落地	衝擊力最高峰	準備離地
正面			
側面			

腳跟先著地的壓力軌跡

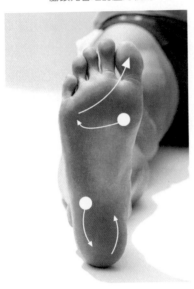

前足先著地 腳掌落地時是自然地由外向內轉（因為一般正常人的腳掌自然下垂時，外側會略微垂下），腳掌與地面接觸的時間較短，落地衝擊主要由肌肉與肌腱吸收，對關節的壓力較小。

前腳掌先著地的真實情況。

	剛落地	衝擊力最高峰	準備離地
正面			
側面			

前足先著地的壓力軌跡

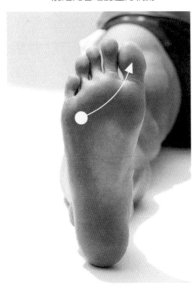

有關前足著地與腳跟著地兩者間的優缺點，整理如下。

前足先著地的跑法		腳跟先著地的跑法	
優點	缺點	優點	缺點
對關節和骨骼的衝擊比較小	比較費力，對肌肉負擔大	比較省力，對肌肉負擔小	關節和骨骼比較容易受傷
可以訓練到跑步的肌肉	訓練不足，易造成肌肉與筋膜受傷	肌肉比較不容易受傷	無法鍛鍊到小腿和腳掌
觸地時間短，力學上效益較高		適合入門跑者	觸地時間長，力學上效益較低，會造成剎車效應
可以有效利用到腳掌和阿基里斯腱的彈力			無法利用到腳掌和阿基里斯腱的彈力

中足著地 中足著地的定義是前腳掌的蹠球部與腳跟同時接觸地面。雖然許多人以為自己是中足著地的跑者，但這種情況很少發生。每一步都剛好前足和腳跟先著地，並不容易，而且中足跑法無法有效利用腳掌與阿斯里斯腱的彈力（之後會詳細說明），並不是最有效率的跑法。

中足著地的壓力軌跡

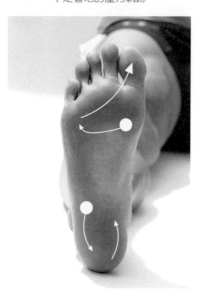

 厚底鞋的負面效果

但還有一點相當重要，就是反面思考。每件事都存在另一面，「厚底鞋的設計也是」。從吸收落地衝擊的觀點來看，厚底鞋的確是好設計（對比賽來說可以減少受傷與減少肌肉負擔）；但是從訓練的角度來看，厚底鞋讓肌肉少了鍛鍊的機會，肌肉少了刺激就不會變強。此外，厚底鞋雖然可以吸收緩衝，但它同時會讓腳掌停留在地面的時間拉長（例如從 200 毫秒變成 250 毫秒），因而拖慢速度，這也是為什麼菁英馬

拉松選手的鞋底都很薄。薄底鞋可以讓觸地時間縮短，使落地的作用力可以應用在腳掌向上彈起與前進的動力上，而不會被鞋底的厚墊吸收掉。你可以想像高爾夫球和網球從相同高度落下時的差別，來了解厚底鞋和薄底鞋之間的差別，高爾夫球會彈得比較高，但網球比較軟所以著地瞬間的動能被球體本身的彈性位能吸收，所以彈起的高度相對較低。

★見隨書附贈 DVD 影片：著地位置與著地時間

從正反面「客觀」來思考之後，就比較不會「主觀」認為前足著地好還是腳跟著地好，赤足好還是穿鞋好。他們各有優缺點，並沒有標準答案。

此外，在馬拉松比賽中，很多菁英跑者在起跑時用前腳掌著地，快到終點卻反而腳跟先著地，原因可能就是「肌肉沒力了」，雖然速度會變慢，但在那種情況下也只好用對肌肉負擔較小的方式來跑。赤足與穿鞋之間也是這樣，赤足可以鍛鍊腳掌的肌肉與知覺（Perception），但它對肌肉負擔大，要小心，比賽如果想跑出好成績當然要穿鞋來減輕肌肉的負擔，但如果只是想用赤足來訓練知覺，那就把鞋子脫掉吧，好好享受赤足跑步所帶來的快感，不用在意其他人的眼光。仔細去思考許多現象背後的原因，就不會只認為某種方式是對的，某些一定是錯的了。

預防跑步運動傷害的關鍵

前面針對跑步動作的力學做了一些解釋，在此我們再整理一下預防跑步運動傷害的幾項關鍵：

・ **不要一開始練跑就用前腳掌著地**。雖然前足先著地的確能緩和落地的衝擊，也能縮短觸地時間，但是一開始就過度使用前足跑法的結果反而會造成肌肉的運動傷害。建議在練跑半年後，再慢慢從腳跟先著地的跑法轉成前足，循序漸進讓肌肉適應。

・ **對剛開始練跑的人來說，先選厚底鞋，用腳跟先著地的跑法，可以**避免許多跑步的運動傷害，但前提是不要過度跨步，跨得愈多（腳掌觸地時離臀部愈遠），膝蓋受傷的風險就愈大。

・ **著地時膝蓋保持彎曲是避免運動傷害的關鍵之一**，因為當膝蓋彎曲時才能有效利用肌肉來緩衝落地的衝擊。前面所提到的過度跨步，也會造成在落地時膝蓋打直，此時不但腿部形成剪應力，也會使落地衝擊力直接移轉到骨骼與關節上。

・ **避免運動傷害的另一個要領是先提高步頻**。高步頻最主要的理由在於減小落地的衝擊，雙腳交替的速度愈慢，停留在空中的時間愈久，在空中停留的時間愈久，身體質心離地的距離愈高（垂直振幅愈大），落地時衝擊也會愈大。因此，只要能讓步頻維持在每分鐘 180 步，不用刻意強調用腳掌的哪個部位先著地，自然都能變成輕巧的跑法。

步頻 180 spm（stride per minute，每分鐘步頻數）是由丹尼爾博士所提出，著作中提到他於 1984 年的洛杉磯奧運會期間，每天都在跑步比賽的會場觀看不同跑者的賽況，並計算他們的步頻，當時共記錄了 50 多位男女跑者的步頻，距離從 800 公尺到馬拉松都有，他發現在所有跑者當中只有一位的步頻是低於 180 spm。除此之外，他認為步頻 180 spm 能有效減少落地時的衝擊，因此丹尼爾博士在書中不斷強調跑步時步頻一定要落在每分鐘 180 步，但我們認為這種說法卻很容易誤導一些跑者，讓他們以為步頻一定要剛好處於 180 spm 才是最好的。從力學的角度來看，跑步的步頻愈高，在力學上的效率愈高，因此 200 spm 的效益比 180 spm 好，180 spm 又比 160 spm 的效益高。輪子能不間斷地轉換支撐點，所以是力學上效益最高的移動工具，由於支撐點的轉換連續不間斷，所以不易產生阻力，讓你能在自行車上利用「慣性」滑行。若人的腳步也能趨於如此密集的頻率，你就可以利用慣性來跑。因此，站得上世界舞台的菁英跑者幾乎沒有人低於 180 步／分。

試著想像球體是如何滾動的。拿一顆籃球放在桌面上，它的重心剛好落在它與桌面的接觸點上。只要稍微抬高桌子的一邊，球的重心一旦超過那原始的接觸點，就會失去平衡而移動。球移動的原因，是為了尋找新的平衡而不斷地改變支撐點。從物理的角度來看，由於球面是由連續不斷的支撐點所組成的，也就是說當球面上的每一個點與地面接觸時都會剛好落在球體重心的鉛垂線上。如果是立方體，就沒辦法流暢地往前滾動，因為立方體的每一個面上只有一個點的鉛垂線會通過它的重心。但球體與地面的接觸點都只有一個，而且都剛好落在它本身重心的鉛垂線上。所以，只要重心稍微前傾以致超過接觸點，失去平衡後，它就會開始移動。

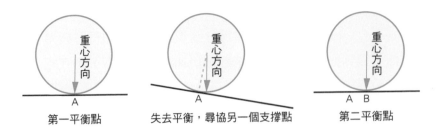

球之所以能流暢地滾動是因為它有連續平滑的支撐點

第一平衡點　　　　失去平衡，尋協另一個支撐點　　　　第二平衡點

球本身並沒有做任何事，它只是順著重力轉換支撐點而已。跑步也是如此，當重心落在支撐腿的前方，身體就會自然地為了尋求新的平衡而前進。身體只是為了尋求新的平衡，不斷換腳以改變支撐點。人類的跑步動作，就是靠著雙腿不斷地轉換支撐點來前進，轉換支撐的步率愈高（步頻愈高），就愈接近球的滾動方式，也愈能有效利用重力。所以高步頻的跑法才是效率的關鍵。

知名菁英跑者海勒・格布列塞拉希（Haile Gebrselassie）在 2008 年的柏林馬拉松跑出當時的世界紀錄 2 小時 03 分 59 秒，平均下來步頻達197spm。阿貝貝・比基拉（Abebe Bikila）在 1964 年的東京奧運馬拉松項目中以 2 小時 12 分 13 秒的成績拿下冠軍，並成為首位在 2 小時 13 分內完成全程馬拉松的人，這場比賽中他的平均步頻高達 217spm。看完上述兩個例子後，關於步頻是否要落在 180 spm 的說法，更正確地說，應該是「至少 180 spm」，而不是「剛好落在 180 spm」，對於不同的速度、距離、坡度、以及個別運動員的生理結構等，每個人所習慣的步頻皆不相同，因此並沒有最好的步頻，只有最適合自己的步頻。高步頻雖然效益高，但對一般人來說，心率會跟著步頻飆高，不太可能像阿貝貝一樣全程都用 217 spm 來跑。

但經過實驗證明，大部分的跑者（就算是剛開始跑步的素人），大都能達到 180 spm，這是所有健康的身體都能習慣的步頻。建議先從小步伐開始，只要習慣高步頻後，也能同時解決跨步、蹬地與垂直振幅過大的問題。因為步頻愈高，你愈沒時間蹬地，自然能把體重分擔到更多的步伐中，使得每一步都變得更輕巧，腿部的負擔變小，運動傷害發生的機會也會降低。

跑步的力學：觸地角度（Contact Angle）

支撐初期跑者角度示意圖

它的定義是落地瞬間腳踝與髖骨的連線對地面所形成的角度，此角度愈小代表腳掌觸地時離身體重心愈遠，此時不只會形成剪應力，提高受傷的風險提高，也會形成剎車效應。最佳的觸地角度是介於 80~90 度之間。觸地角度愈往 90 度靠近的話，臀部通過腳掌的速度愈快，阻力形成的時間愈短，因此跑步的經濟性也愈高。

改正動作：

小馬踮步訓練、單腳原地跑（請參考本章後面的示範動作）。

★見隨書附贈 DVD 影片：步頻與垂直振幅。希望大家看了這部影片後「都用開始用每分鐘 180~190 的步頻來訓練」。

怎麼跑比較輕鬆省力？

跑步技術的核心概念是建構在人體移動的基本物理上面：「當身體的某部分正在移動，另一部分則必定處於靜止狀態；而那個移動的部分必先將『支撐』它自身之後才能開始移動。」（希臘哲人亞里斯多德）

這句話是每次在課堂上分享我都會引用的話，聽起來像是繞口令，卻是移動的真理。跑步這種運動，說穿了就是用身體移動身體，若要移動左腳，右腳「必先將『支撐』它自身」，左腳和身體才能向前移動，等右腳支撐完之後才能離地向前。因為支撐時，腳掌撐在地面上是無法移動的，只有離開支撐才能移動。跑步就是輪流讓左腳與右腳支撐於地面上才能前進。

 省力的關鍵心法：只拉，不推蹬

保持身體的重心（臀部）前傾，利用地心引力，讓它自由往前落下。

向前落下

平衡→失衡→向前進

從物理上來說：移動的原因是「失去平衡」！

任何物體在平衡狀態下是不會移動的，人體也是，而平衡的物理定律是：重心在支撐點的正上方，只要重心的鉛垂線離開支撐點，就會失衡，位移也因此產生。最直觀的就是籃球向斜坡下滾動的例子，球的重心剛好正是球心，當球的重心一離開支撐點，就會開始滾動。

試著單腳站立保持平衡後你會發現，之所以可以保持平衡的原因是：你的重心剛好在你的支撐腳正上方，那麼人體的重心在哪裡呢？在臀部。只要臀部保持落在支撐腳的正上方，就能保持平衡。

接下來，試著把臀部往前傾，你會不自覺地把騰空的腳向前跨，這就是失衡。失衡才能移動，向前失衡就是向前移動。下一節會介紹重心前傾的角度（也就是失衡的程度）跟加速度之間的關係。省力的關鍵就在利用失衡來移動。但大部分的跑者，都會在加速時直覺地推蹬地面，把身體往前推，但如此做其實效益不大，反而有損於跑步效率。因為當你身體的重心向前移動時，腳掌向後是推不到東西的，所以向後推蹬只是浪費力氣還會延緩把腳拉回來的時間。

跑步省力的要領是：當你的腳掌離開地面（離開支撐）後，不推蹬，而是立即把腳跟往臀部的方向拉。腳掌落地之後，重心在某一瞬間向前移到支撐點上方，但因為慣性，重心會持續往前，此時你根本就不用推蹬，只需盡快讓腳掌離地，讓腳掌重新回到臀部正下方，避免拖到慣性即可節省力氣。這是由於雙腳都在空中時，是最省力的時候。

只拉不蹬的確比較省力，但怎麼拉？何時拉？

不要跨步，也不要用腳掌或腳尖蹬地，只是「拉起（PULL）」腳掌，在轉換支撐點時，直接把腳踝朝臀部拉起。

腳掌一離地就立刻朝臀部方向拉

臀部前傾失衡之後，接著體重就會逐漸從支撐腳消失，當體重離地消失的那一刻就是你開始把腳掌往回拉向臀部之時。此時有個關鍵的細節：腳跟需要「拉向」臀部，但卻不用太過刻意向上拉，腳掌上升的動作是由於腳落地的衝擊反彈力所造成的，前傾愈多，腳落得愈重，反彈向上的力道也愈大（前提是穿馬拉松鞋或薄底鞋才不會被鞋墊的彈性位能吸收掉落地時的作用力）。也就是說，腳掌上升的高度其實是一種「半被動」的反應，雖然還是有部分的力量是由跑者的後大腿肌作「功」的結果，但如果太過刻意上拉腳掌，在速度不快的情況下跑起來反而既彆扭又費力。

速度愈快，拉得愈高，技術頂尖的世界級跑者在十公里時還能把腳跟拉到臀部的高度。

上拉時盡量不要抬膝，因為抬膝就是抬大腿。我們在意腳掌上拉的高度，最省力的拉法是只拉小腿和腳掌。有些人因為天生小腿較粗，在只拉腳掌的情況下，小腿和大腿會「卡」住，使得腳掌拉不高，他們又為了向前落得更遠（取得較大的步距），會不自主地抬膝，如此雖然一樣可以把腳掌抬高，但這種跑法等於每一步都要再多負擔大腿和膝蓋的重量，相對耗體力。

拉的方式：只動用後大腿肌群把腳掌和小腿朝臀部的方向拉，目標是讓腳掌快速抵達臀部正下方，愈快愈好。

拉的時機：當**擺盪腿通過支撐腿**的那一刻就是拉起支撐腿腳掌的時機。

但這樣跑得快嗎？絕對可以，下一節我們將仔細討論怎麼跑比較快。

提升跑步效率的關鍵點

達到這項技術的另一項要點，是要拿捏拉回腳掌的力道。實際上拉回腳掌的過程中的確會超過臀部，但超過之後，臀部同時也在前傾與向前移動，腳掌著地的落點應該愈接近臀部愈好。

在拉回時還要特別注意「髂腰肌」不能使力過度，否則腳掌就會跑過頭，使腳掌落到臀部或甚至膝蓋前方，如此腳掌落地時就會產生前一節提到的剎車效應，還會增加膝蓋與前脛受傷的風險。落地點離臀部愈遠，膝蓋伸得愈直，剎車效應愈明顯。為了避免這種情況發生，盡量不要跨大步是主要的解決方式，讓腳掌落在臀部正下方附近，重心在支撐點的正上方，就不會一直邊跑邊踩剎車了。

垂直彈跳最小化

只拉腳掌不推蹬會得到「垂直彈跳最小化」的結果：彈高的是腳掌而非頭頂，也非臀部與膝蓋。如此一來，身體在向前跑的過程中可以節省相當多的能量。舉例來說，許多初中階跑者每跑一步的振幅高度是 12~14 公分，菁英跑者可以只有 6~8 公分。每步的垂直振幅最大可差「6 公分」（0.06 公尺）。在國中時我們學過：當力的方向與物體運動的方向一致時（施力的方向等於物體移動的方向），**力對物體做的「功」=「力」×「位移」**

- 額外向上騰躍所做的「功」（焦耳）= F × S
- F × S = 重力 × 往上騰躍的距離
- 由於 F = ma，也就是重力 = 體重 × 重力加速度

・ 無助於前進的垂直振幅所做的「功」= m × a × S = 體重 ×9.8×
向上額外騰躍的距離

假設這位跑者的體重為 60 公斤，全馬跑 3 小時 20 分（200 分鐘），每
分鐘步頻 180 步，因此在這 42.195 公里期間總共跑了 36,000 步。那麼
他跑一個全馬下來，就得多付出「303 大卡」的能量來向上用力克服地
心。為了避免此點，練體能或肌力都沒用，重點是要知道「不蹬只拉」
這項跑步技術的要訣。

・ 只要每步多往上騰躍 6 公分，他就得比同樣是 60 公斤、垂直振幅為
6 公分的菁英選手多付出 35.28 焦耳 / 步。

- ■ 每步多消耗 60 × 9.8 × 0.06 = 35.28 焦耳
- ■ 1 焦耳 = 0.239 卡路里
- ■ 每一步要多消耗：35.28 × 0.239 = 8.43 卡
- ■ 全馬總共跑 36,000 步
- ■ 共消耗了 8.43 × 36000 = 303549 卡 = 303.459 仟卡（又稱大卡）

簡單地說，如果 A、B 兩位跑者體能與肌力皆相同，但其跑者 B 的技術
不佳，垂直振幅比跑者 A 高出 6 公分，那跑一場全馬下來跑者 B 要多
消耗 303 大卡的能量。

怎麼跑比較快？加速的關鍵何在？

 利用地心引力向前跑

第一次在尼可拉斯博士的著作中看到「利用地心引力向前跑」這種說法時，讓我有點半信半疑，因為「地心引力不是鉛垂力嗎？」、「這對前進有什麼幫助？」，每次練跑都無法體會，所以當我 2010 年在讀羅曼諾夫博士《跑步，該怎麼跑？》（Pose Method of Running）這本書的原文版時，雖然覺得很興奮，但這個問題一直擱在心裡無法解決，直到後來再讀了他的另一本著作《鐵人姿勢法》（Pose Method of Triathlon）之後才茅塞頓開，「原來就只是物理上最基本的分力原理而已」，當前傾角度出現時，原本垂直向下的力會產生水平分力，此分力自然會形成加速度（F=ma，作用力 = 質量 × 加速度）。

前傾角愈大，加速度愈大

跑速愈快，腳掌自然需要拉得愈高，「拉得愈高，落得愈遠」。但此時膝蓋和大腿要盡量避免拉抬，拉高的只是腳掌。這種跑步方式只是像提起小腿然後順著重力把腳放下而已，直觀看來是很省力沒錯。但這樣跑得出速度嗎？你可以立即在原地試試看，交替把左右腳的腳後跟往後向臀部拉起、放下，的確輕鬆省力，但不太容易前進。此時只要你稍稍地把臀部（身體的質心）往前傾，就會發現身體自然地往前移動。沒錯，這就是自然邁步的跑法。你會發現當你愈往前傾時，因為重心往前移，腳步會自然加快，每一步之間的距離也會自動加長。

假設 a 為水平加速度，你的體重為 m，前傾角度為 α，重力常數為 g，因此「mg × sin α」即為你前傾時所造成的「力量 F」

F=mg × sin α ,
F=ma
ma=mg × sin α ,
消去 m
a=g × sin α

也就是說，水平加速度跟前傾角度成正比，前傾角度愈大，加速度愈大。

角度決定加速度的物理解說圖

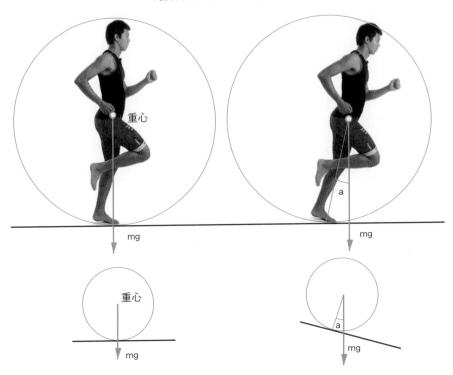

利用地心引力的重點在於：先讓身體做穩定且平衡的支撐之後，再讓地心引力幫我們一把——讓部分的身體自然向前落下。落下的角度愈大，前進的加速度愈快。

跑步的力學：前傾角度（Falling Angle）

支撐才有加速度

離開支撐→沒有加速度

它的定義是離地前腳掌與髖關節連線，再從髖關節對地面作一條鉛垂線，兩直線的夾角。前傾角愈大，往前跑的加速度愈大，因此它是決定你跑步速度的關鍵數據。支撐後期是提高跑速的關鍵時刻，加速的要領在於加大前傾角度，**前傾角度愈大，步距愈大，水平加速度也愈大。加速時需要加大角度且延長支撐。有支撐才存在角度，有角度才有加速度。**

前傾並非彎腰，仍要保持跑者應有的抬頭挺胸姿態，不要彎腰或看地板，前傾的是臀部而非上半身，當你把上半身往前傾時臀部會向後，重心反而會跑到後面去。此外，跑得愈快，角度也愈大。以 50 分鐘跑 10 公里的速度來說，大約前傾 10 度。世界知名的短距離跑者尤塞恩‧波特（Usain Bolt）在百米衝刺時的最大前傾角度為 21.4 度，人體力學構造的前傾角極限是 22.5 度，超過這個角度後身體就會跌倒。

跑步的力學：彎腰角度（Waist Angle）

支撐初期跑者角度示意圖

落地瞬間，肩膀與髖關節的連線與
水平線的夾角，愈接近九十度愈好

它的定義是當腳掌剛落地時，肩膀到髖關節之間的連線與水平線間的夾角。彎腰角度愈接近九十度愈好，太小代表臀部愈往後縮，此時上半身太向前彎，重心會跑到後面，剎車效應也會愈明顯。若上身前傾太嚴重，會變成注意符號的「く」字型，這是最容易發生運動傷害的跑姿。く字跑姿發生的原因有三，其一是肩膀習慣性往前傾；其二是腳掌過度跨步；其三是背部或臀部無力。

【錯誤示範】「く字跑姿」是很容易發生運動傷害的跑姿

彎腰角度過大，建議的改正動作請參考第 4 章肌力訓練中的背部與臀部抗伸展動作，例如橋式和超人式。

落下與上拉的關鍵在「阿基里斯腱」

人跟其他絕大部分的哺乳類動物相比，最大的差異是只有兩條腿。其他也是兩足移動的哺乳類動物並不多，比較常見的是澳洲的袋鼠（kangaroots）、非洲的跳兔（Springhares）、北美洲的跳鼠（jumping mice）、與亞洲的沙鼠（gerbils）……有趣的是除了人類以外牠們在快速移動時都是「用跳的」。

這些兩足動物不論是用跑的還是用跳的，在長途的移動時都會比四足動物消耗更多能量，主因是兩足動物「需要把腳掌拉得更高」才能加速，加速時不但要花力氣讓身體的某個部分向上移動，還要花力氣接住自己的身體。離地愈高，落得也愈重。不像四足動物，多了兩條腿後，跑步時身體的上下起伏就小很多，加速時也不用刻意提高腳掌。然而，在演化的過程中，兩足動物還是發展出某些機制讓身體能有效利用上下起伏的動作，而非單純消耗能量，數百萬年來演化的成品就是「阿基里斯腱」以及足弓。以哺乳類動物來說，快速移動時上下起伏愈小的物種，「腳掌愈短、跟腱也愈纖細」，像我們常見的貓狗，因為起伏小所以不需要長腳掌與粗壯的跟腱。反觀來看，人類的腳掌算很長的。

回想一下牛頓第三定律：作用力等於反作用力。因此落地的力道愈大，地面反作用力就愈大，本來你要花力氣去承擔落地的衝擊，但有了阿基里斯腱之後，在前足落地時，你的足弓、阿基里斯腱和其他附近的肌群會像是拉開的弓弦一樣伸長，藉此「吸收」地面反作用力的衝擊，伸長之後，緊接著就如同拉弓放箭的那一刻，它們一起收縮，把吸收的能量釋放到前進的腳步中。在這個類似弓絃的彈力系統中，它的根基是阿基里斯腱，其他的肌肉和韌帶只是輔助性的附件（主要是足弓和小腿）。

阿基里斯腱是全身上下最大最強韌的肌腱，它的主要功能是用來吸收著地的衝擊力以及把能量釋放到向前的動作中。它是一種長而有彈性的組織，連接著小腿肌和腳跟的骨頭，可以儲存和釋放能量到每一步當中。如果你不把它誤用在推蹬上，它將能夠輕易支撐你整個跑步生涯。附帶一提，若是用腳跟先著地的話，這項經過數百萬年演化而來的精巧設計，就無法用在你的跑步動作中。

之前一再強調前足著地的其中一項最主要的原因是：**當前足先著地時，我們才能像拉弓一樣，把能量裝進肌肉與肌腱裡。**

肌肉與肌腱能用來處理跑步的衝擊力，並把它轉成有利於跑步的正向力。當你的腳與地面接觸時，你的肌肉與肌腱同時伸長來吸收衝擊力，接著快速收縮，把吸收的動能釋回到跑步的動作中，此時體重從支撐腳離開。弓箭的運作模式是最簡單的範例，向後拉弓弦的動作就像是透過伸長肌腱把落地的動能裝進肌肉裡，釋放弓弦（讓箭飛出去）就像是透過收縮肌腱把能量釋放回到步伐中。但如果肌肉與肌腱不夠強，意志力太強，能量又不小心裝太多，受傷也就因此產生，許多人都誤會是技術不良，但這種情況是「技術很好，肌力與肌腱的功能或力量不足」。

扁平足的跑者，一定要使用好的鞋墊嗎？

要先確定扁平足是天生還是後天的。大多數是因為長久穿鞋，又沒有好好運用足弓，造成它退化，趨於扁平。只有極少數人是天生沒有足弓，只要去給醫生看都可以檢查出來是天生還是後天。如果是後天的話，不建議使用矯正鞋墊，下面摘用尼可拉斯博士在《The Running Revolution》中的一段話：

當你跌斷你的腿時，你會一輩子都包著石膏過生活嗎？顯然你的回答是不會。使用矯正鞋墊也是一樣。理論上，矯正鞋墊被設計用來改善腳掌

功能的異常，例如扁平足、高足弓，也可用來治療髂脛束症候群和膝蓋疼痛。事實上，矯正鞋墊只是利用人造外在支撐物來讓你比較舒服，並無法治本。使用矯正鞋墊的人忽略了解決問題的關鍵在於：使身體原本虛弱的部分強壯起來並且改善跑步技術。使用矯正鞋墊會讓肌肉無力的情況更加惡化，也會使你修正跑步技術的自覺能力變差，選擇矯正鞋墊，就是選擇在生活中使用拐杖。（The Running Revolution, P59）

但若是天生扁平足的話，因為本來就沒有足弓，所以就要考慮使用矯正鞋墊了！

 ## 步距長短的成因為何？

到此，我們可以開始來談談各位都關心的步距（也有人稱之為「步幅」）！有些人每跨一步就長達 1.5 公尺，怎麼我的步伐那麼小？要怎麼做才能加大步距呢？

只要我們知道步距長短的三種成因，就可以了解該怎麼練才能加大步距，又不致於過度跨步造成剎車效應了，分別是：

1. 前傾角度：角度愈大，向前落地的距離愈遠。
2. 腳掌拉起後離地的高度：腳掌離地愈高，落地的空間變大，自然能飛騰出較遠的距離。
3. 慣性：雙腳皆離地後，失去支撐，此時沒有任何加速度，除了空氣阻力之外，身體前進保持慣性速度，此慣性速度是由支撐期前傾時的加速度所「加」出來的。

比如某位跑者前傾 15 度，加速到每公里 3 分半速，此時腳掌離地的高度自然就相當高，每步才有辦法飛躍出 1.59 公尺。想像一下：若這位

跑者的腳掌最高只拉高到腳踝的話，有可能每步飛躍出 1.59 公尺嗎？
（步速每公里 3 分 30 秒 = 285.71 公尺／分鐘，假設此跑者的步頻是每分鐘 180 步→ 每步 1.59 公尺）。

為何菁英跑者的腳跟都拉得靠臀部那麼近！

我們前面已一再強調，步頻很重要，但如何加快步頻呢？除了縮短落地時間外，我們在跑步的過程中最常做的就是加快雙腳的擺盪速度。但腳掌上拉的高度只有到支撐腳的腳踝，加快步頻本就不難，但若要提升高度，又不想步頻變慢，腳跟的位置將決定你的擺盪速度。假若你只是把腳踝往上拉，形成腿尾巴，此時腳掌離臀部較遠，擺盪的速度就比較慢。因為腳掌就像是鐘擺的擺垂，當擺垂（腳掌）到支點（臀部）的擺盪半徑縮短，擺動的速率就會加快，這也是為什麼菁英選手要把腳掌縮得如此靠近臀部的原因。這也讓他／她們在加大步距的同時，還能維持高步頻。

腳跟愈接近臀部，擺盪半徑愈短，擺盪速度愈快。腳掌拉得愈高，落得愈遠，步距愈長。若腳跟離臀部太遠形成腿尾巴後，會造成重心後移，以致重心超過支撐點，造成剎車效應

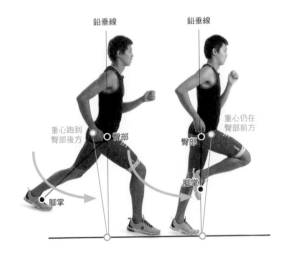

- 腿尾巴消失的時間（Disappear of Foot Tail）
- 它的定義是後腳腳跟從最遠端拉回到最靠近臀部的時間。這段時間愈短，代表腿尾巴消失愈快、重心轉移速度愈快、剎車負面效應愈小與跑步效率愈高。

腳掌拉到靠近臀部的時間愈快愈好

2 小時馬拉松跑者平均每步距離 1.8 公尺

再舉一個實際的例子，曾是馬拉松世界紀錄保持人的派翠克（Patrick Makau），當時在柏林馬拉松以 02:03:38 的時間完成 42.195 公里，在這段時間內的平均步頻是每分鐘 190 步，我們依此來計算一下他每步的步距是多少。

- 平均步頻：**190 步 / 分鐘**
- 花費時間：**2 小時 3 分（123 分鐘）跑完 42.195 公里**
- 總共步數：**190 × 123 = 23,370 步**
- 每步距離：**42,195（公尺）÷ 23,370=1.80 公尺**

步距 1.8 公尺是指左腳離地點到下一步右腳落地點的距離，不少人單腳做「一次」立定跳遠都達不到這樣的距離，但派翠克可是連續 22,140 步都是如此。派翠克並不是像立定跳遠般用推蹬地面的方式來達到這樣的成績，因為世界上沒有人可以連續單腳跳 22,140 步，而且每步還長達 1.8 公尺。他是利用地心引力產生加速度，創造前進的慣性速度，同時腳掌拉得很高（最高點很接近臀部），腳掌在慣性的幫助下，離地飛躍出完美的弧線，因而形成極長的步距。

下方的交通桿大約 1.8 公尺，其中一步的右腳剛好落在左端起點，騰空後，左腳落地。

跑步技術的原則統整

1. 前足先著地才能有效利用人體天生的跑步肌群。
2. 堅守「拉起」的概念，而非蹬地。
3. 利用地心引力，讓身體自由向前落下。
4. 拉得愈高，落得愈遠。
5. 腳掌上拉的時機在擺盪腿通過支撐腿時。
6. 上拉的動作只限腳掌與小腿，盡量不抬膝，直接把腳掌朝臀部下方拉。
7. 拉起支撐腿的動作是由後大腿肌群來完成。
8. 前傾角度愈大，加速度愈大，因此加速的油門在臀部（向前傾），而非推蹬地面。
9. 腿部肌肉功能只是「幫忙」把垂直的重力轉換成水平前進動力。

跑步技術訓練動作

 ## 跑技 1：關鍵跑姿

關鍵跑姿是不管任何跑者（各種跑法）都會經歷的動作，愈優秀的跑步技術，從落地到抵達關鍵跑姿的速度愈快，而且在關鍵跑姿的穩定度也愈高，因此下面我們特別把它拆出來訓練。

跑技 1a：關鍵跑姿

【動作說明】先以右腳支撐維持關鍵跑姿，60 秒後換腳。進階動作是閉上眼睛，去除視覺平衡後訓練身體只靠腳掌肌肉來保持平衡。目的是訓練腳掌肌肉的穩定能力。

跑技 1b：關鍵跑姿 + 上拉腳掌

【動作說明】在維持身體穩定的情況下，左腳掌輕放點地之後再緩慢把腳跟朝臀部拉起，上拉的關鍵是腳掌而非膝蓋，應該在膝蓋盡量不上抬的情況下把腳掌拉到最高（愈靠近臀部愈好），再輕放點地，重複 30 秒，再換腳。目的是訓練後大腿肌的徵召能力。

起始動作 　　　　　　　　　　　　　結束動作

跑技 1c：關鍵跑姿 + 臀部前傾落下

【動作說明】在穩定平衡的情況下，臀部向前傾直到失去平衡，此時騰空腳就會自動向前落，回到關鍵跑姿後再重複動作，持續 30 秒，再換腳。目的是學習利用身體失衡來前進。

起始動作 　　　　　　　　　　　　　結束動作

跑技 1d：關鍵跑姿 + 快速上拉踢臀

【動作說明】騰空腳點地後朝臀部迅速拉起，最好每一次上拉時都能使腳跟打到臀部，持續 30 秒，再換腳。熟練後就能學會利用腳掌著地時的反作用力讓腳掌自動上彈，以節省上拉的力道。

起始動作　　　　　　　　　　　　結束動作

跑技 1e：單腳跑

【動作說明】在 1d 的基礎上利用前傾來練習單腳向前跑。這個動作可以整合上述跑步技術 1 中的所有訓練元素。熟練利用前傾來前進後，可增加前傾角度來提高速度，有點像是只用單腳衝刺快跑，因為是練技術，快跑的距離不要超過 50 公尺。

跑技 2：轉換支撐

這一系列動作的注意力要放在「拉起支撐腳，讓騰空腳自由落下」，
腳踝在臀部下方直接從地面向上拉，腳掌是垂直向上拉，注意不要讓
腳掌跑到肩膀與臀部的鉛垂線之後。上拉時只用後大腿肌，前大腿保
持放鬆，所以膝蓋上升高度愈少愈好（有些人前大腿太緊會很難做到
這點，可參考第 4 章伸展按摩那部分來放鬆前大腿）。

轉換支撐訓練

技術 2a：原地轉換支撐

【動作說明】目的在學習用「拉起支撐腳」的動作來開啟轉換動作。
前面兩組每隔 3 秒再轉換一次，後面兩組可以每隔 1 秒轉換一次，每
組皆持續 30 秒。進階動作是閉上眼睛，只靠腳掌肌肉來保持平衡。

技術 2b：轉換支撐同時前進

【動作說明】透過臀部前傾時的失衡來向前移動，注意腳掌落地點在臀部正下方。一開始一樣每隔 3 秒轉換一次，腳掌落地後就恢復到關鍵跑姿，保持平衡，時間到了再往前傾進行另一次轉換。熟練後轉換時間可縮短為 2 秒或 1 秒。

 ## 跑技 3：小馬踮步

雙腳快速以極小的幅度不斷反覆向上拉起，腳掌拉起的幅度盡量小，離地不要超過 5 公分。腳掌幾乎是一離地就放鬆回到地面，只利用前腳掌的蹠球部像蜻蜓點水般一點地就拉起來。這個動作除了快之外，要專心使上半身與股四頭肌保持放鬆，只動用後大腿肌。

技術 3a：步頻 180

【動作說明】第一組先以每分鐘 180 的步頻開始。每一組維持 30 秒。（利用節拍器可以自由調整要練的步頻）。熟悉動作後再微傾臀部，就會自然前進。

小馬踮步

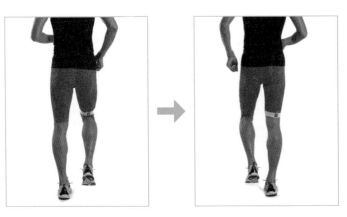

技術 3b：高速步頻

【動作說明】跟上每分鐘 180 步之後，可以再逐漸增加到每分鐘 190、200、210 與 220 步，皆維持 30 秒，過程中若上半身開始覺得緊繃就重新回到較低的步頻。

技術 3c：轉移重心

【動作說明】在原地小馬蹄步過程中向前／後／左／右移動，訓練方式先原地以每分鐘 180 步／分鐘跑 10 秒，接著臀部前傾 5 秒，此時身體會自動向前移動；5 秒後臀部向後傾，此時身體會向後跑；5 秒後再把身體與臀部向右倒，5 秒後再向左倒。目的是學習利用臀部重心的轉移來移動身體。

跑技 4：弓步上拉

弓步最能啟動跑步相關肌群的動作，所以我們利用各種弓步的變化式來徵召跑步所需動用的肌群，當你更會做用跑步相關的肌群之後，技術才能相應提升。

跑技 4a：原地弓步上拉

【動作說明】先跨出右腳成弓箭步，剛開始時不用跨太大步，接著把右腳掌向臀部拉，隨後放鬆讓它自由落回原地，重複 30 秒後再換腳。原地弓步上拉。

跑技 4b：弓步前行

【動作說明】若你在全身鏡前面做跑技 4a 訓練，你會發現在原地做時，臀部會前後移動，那是因為為了讓身體停在原地，當你拉起右腳後「臀部勢必要往後退」，若「臀部保持在原始」的位置（保持在前腳掌的正上方），身體就會自然前進。

跑技 4c：弓步上拉換腳

【動作說明】弓步上拉後加轉換支撐腳。右腳上拉 5 次，接著把後腳往前拉到前方形成弓步，上拉 5 次後再換腳，重複 30 秒。進階動作，改成重複 3 次就換腳。接著改重複 2 次（最難）。最後一組改成重複 1 次，其實重複 1 次換腳的動作即是正常的跑步動作。

【名稱】跑技 4d：弓步雙腳上拉

【動作說明】在跑技 4a 的動作基礎下，右腳落地的同時把左腳腳掌拉向臀部，但左膝不要向前拉，也就是仍維持右腳在前左腳在後的弓步。等熟悉後再加上前進動作。

跑技 4e：弓步雙腳上拉 + 換腳

【動作說明】在跑技 4d 的動作基礎下，先從重複 5 次換腳，再依次進階到 3 次、2 次換腳，最終一次換腳時就可體會到利用臀部前傾與上拉腳掌所帶來的跑步速度。

弓步雙腳上拉 + 換腳

訓練技術時若加入「移動」的元素，皆是由臀部的前傾來帶動，就像是獨輪車騎士藉由前傾帶動車子前進一樣。請專注在拉起的動作上。教會身體快速拉起腳踝，支撐腿要盡量放鬆，只是跟著身體移動即可。在進行上述的技術訓練時若已具有赤足跑的能力，就能改以赤足來練這些跑步技術，如此也能同時鍛鍊腳掌肌群的穩定能力。

chapter **6**
馬拉松訓練計畫

根據前面技術、體能、肌力的訓練原則，
我們為不同目標的馬拉松跑者分別開出四份不同的訓練計畫，
跑者可以再根據本書的原則以及自身的情況進行調整

課表內名詞與符號說明

配速	訓練時以跑力所對應出的配速為主，不用在意心率。 例：「M 配速 60 分鐘」，即以自己的 M 配速持續跑 60 分鐘。
心率	訓練時以心率區間為主，控制在區間範圍內即可。若你沒有心率的監控裝備，則全部都以跑力所對應出的配速為準即可。 例：「E 心率 30 分鐘」，即把心率控制在 E 心率區間持續跑 30 分鐘。
強度	依配速或依心率，可自行決定。對 E/M 強度的 LSD 訓練來說，依配速跑比較辛苦，因為後半段體能已經衰退，勢必需要付出更大的精神和能量才能維持一樣的配速；相對來說 T/I 強度的訓練依心率來跑比較辛苦，而且只有較進階的跑者才做得到（建議大部份的跑者在練 T/I 強度時都先以配速為準），因為在訓練中要達到最大心率的 89%（T）與 97%（I）可是需要相當豐富的經驗與身體自覺才能辦到，大多數剛開始練 T/I 強度的跑者是做不到的。 例：「T 強度 20 分鐘」，代表你可以用 T 配速跑，也可以看 T 心率練。
間休	指組與組之間的休息時間。T 訓練的間休建議採用輕鬆跑的方式，而 I、R 訓練則建議採用原地休息。 例：「間休 90 秒」，即在組間進行 90 秒的休息。
ST	即「快步跑」，指用一英里（1.6 公里）比賽時的配速跑 15~20 秒，每趟間休息 1 至 2 分鐘，目的在消除慢跑的副作用。 例：「E 心率 1 小時 + 6ST」，意思是以 E 心率練完 1 小時的 LSD 之後，隨即進行 6 趟 10~15 秒的快步跑。
+	代表項目與項目之間接著進行。 例：「跑 E 強度 5 分鐘 + 走 1 分鐘」，是指跑完 E 強度 5 分鐘後馬上走 1 分鐘，中間不停止。
×	代表該訓練的重覆次數。 例：「I 配速 5 分鐘 ×4」是指以 I 配速跑 5 分鐘，重覆進行 4 次。
各肌力訓練課表內容放置在最後，可翻到本章最後查看 例一：「肌耐力課表：30%/15 次 /3 組 /45 秒」，是指依本章的循肌耐力課表，強度為 30%1RM，每個動重複 15 次，重複 3 組，每組之間休息 45 秒。 例二：「核心肌力課表：體重 /30 秒 /3 組 /15 秒」，是指依循本章的核心肌力課表，徒手進行，持續 30 秒，重複 3 組，每組之間休息 15 秒。	

18 週初馬完賽計畫

· 適合對象：

剛接觸跑步，沒有任何路跑經驗，想要完成第一場全程馬拉松的人。
大部分訓練都控制在一小時之內結束（除了週末的 LSD 長跑），適
合平日工作繁忙又想要挑戰全馬的在職人士。

· 週期設計：

8 週基礎期、4 週巔峰期、6 週競賽期，總計 18 週訓練。
由於新手的訓練量很低，而且需要在 18 週內累積出應有的訓練量，
所以在這 18 週當中的減量週總共只有 3 週。

· 訓練重點：

為了讓新手的身體素質足以應付全馬的挑戰，每週會安排兩次肌耐
力訓練與兩次核心訓練。主要是為了避免跑步的運動傷害，先讓身
體變得更強韌。

訓練計畫初期的重點以「跑／走」的 E 強度間歇訓練為主，目的是
為了循序漸進地發展長跑能力，切勿一開始訓練都全程都用跑的，
對於剛接觸跑步的人來說，跑／走是最安全又穩當的訓練方式。

初馬跑者的重點訓練強度在 E 與 M。如果課表上是寫「E 心率」而
不是「E 配速」，那麼請都以心率區間為主，讓心率全程都維持在
E 區間即可，「E 配速」則代表要以跑力所對應出的 E 配速跑完全程；
「M 配速」訓練也希望以穩定的配速進行，讓身體適應跑馬拉松的
配速。

由於初馬跑者的臨界速度（乳酸閾值）跟最大攝氧速度相距甚遠，

提升最大攝氧量意義不大且容易受傷，因此在訓練計畫中去除掉訓練強度最高的 I 課表（進展期），在中後期的重點以 T 與 M 強度為主。

· 每週課表安排原則：

星期一：核心肌力或休息日
星期二：質量課表
星期三：肌耐力訓練
星期四：核心肌力與體能，若太累可以停練跑步。
星期五：肌耐力訓練
星期六：質量課表
星期日：長跑日，可隨個人生活作息自行移動到當週的其他日子，但要注意最好不要連續安排兩天質量課表。

週期 （週數）	星期	主課表	訓練 時數 （分鐘）	每 週 總時數 （分鐘）	耐力網 體 能 訓練量	每 週 總體能 訓練量
基礎期 （1）	星期一	核心肌力課表：體重 /30 秒 /1 組 /30 秒	10	260		26
	星期二	〔跑 E 心率 5 分鐘 + 快走 1 分鐘〕×5	30		6	
	星期三	肌耐力課表：30%/15 次 /3 組 /45 秒	45			
	星期四	〔跑 E 心率 5 分鐘 + 快走 1 分鐘〕×5 核心肌力課表：體重 /30 秒 /3 組 /30 秒	30 30		6	
	星期五	肌耐力課表：30%/15 次 /3 組 /45 秒	45			
	星期六	〔跑 E 心率 5 分鐘 + 快走 1 分鐘〕×5	30		6	
	星期日	〔跑 E 心率 8 分鐘 + 快走 2 分鐘〕×4	40		8	
基礎期 （2）	星期一	核心肌力課表：體重 /30 秒 /1 組 /30 秒	10	260		26
	星期二	〔跑 E 心率 5 分鐘 + 快走 1 分鐘〕×5	30		6	
	星期三	肌耐力課表：30%/15 次 /3 組 /45 秒	45			
	星期四	〔跑 E 心率 5 分鐘 + 快走 1 分鐘〕×5 核心肌力課表：體重 /30 秒 /3 組 /30 秒	30 30		6	
	星期五	肌耐力課表：30%/15 次 /3 組 /45 秒	45			
	星期六	〔跑 E 心率 5 分鐘 + 快走 1 分鐘〕×5	30		6	
	星期日	〔跑 E 心率 8 分鐘 + 快走 2 分鐘〕×4	40		8	
基礎期 （3）	星期一	核心肌力課表：體重 /30 秒 /1 組 /30 秒	10	283		30.6
	星期二	〔跑 E 心率 6 分鐘 + 快走 1 分鐘〕×5	35		7	
	星期三	肌耐力課表：30%/15 次 /3 組 /45 秒	45			
	星期四	〔跑 E 心率 6 分鐘 + 快走 1 分鐘〕×5 核心肌力課表：體重 /30 秒 /3 組 /30 秒	35 30		7	
	星期五	肌耐力課表：30%/15 次 /3 組 /45 秒	45			
	星期六	〔跑 E 心率 6 分鐘 + 快走 1 分鐘〕×5	35		7	
	星期日	跑 E 心率 10 分鐘 + 快走 2 分鐘〕×4	48		9.6	
基礎期 （4）	星期一	核心肌力課表：體重 /30 秒 /1 組 /30 秒	10	294		32.8
	星期二	〔跑 E 心率 8 分鐘 + 快走 1 分鐘〕×4	36		7.2	
	星期三	肌耐力課表：35%/15 次 /3 組 /45 秒	45			
	星期四	〔跑 E 心率 10 分鐘 + 快走 1 分鐘〕×4 核心肌力課表：體重 /30 秒 /3 組 /30 秒	44 30		8.8	
	星期五	肌耐力課表：35%/15 次 /3 組 /45 秒	45			
	星期六	〔跑 E 心率 10 分鐘 + 快走 1 分鐘〕×4	44		8.8	
	星期日	E 心率 20 分鐘 ×2（間休 2 分鐘）	40		8	

18 週 初馬完賽課表

18 週 初馬完賽課表							
週期 （週數）	星期	主課表	訓練 時數 （分鐘）	每 週 總時數 （分鐘）	耐力網 體 能 訓練量	每 週 總體能 訓練量
基礎期 （5）	星期一	核心肌力課表：體重 /30 秒 /1 組 /30 秒	10	330		40
	星期二	E 心率 15 分鐘 ×3（間休 1 分鐘）	45		9	
	星期三	肌耐力課表：35%/15 次 /3 組 /45 秒	45			
	星期四	E 心率 10 分鐘 ×5（間休 1 分鐘） 核心肌力課表：體重 /30 秒 /3 組 /30 秒	50 30		10	
	星期五	肌耐力課表：35%/15 次 /3 組 /45 秒	45			
	星期六	E 心率 15 分鐘 ×3（間休 1 分鐘）	45		9	
	星期日	E 心率 20 分鐘 ×3（間休 2 分鐘）	60		12	
基礎期 （6） 減量週	星期一	休息		168		21.6
	星期二	E 心率 12 分鐘 ×2（間休 1 分鐘）	24		4.8	
	星期三	肌耐力課表：35%/15 次 /2 組 /45 秒	30			
	星期四	E 心率 10 分鐘 ×3（間休 1 分鐘）	30		6	
	星期五	肌耐力課表：35%/15 次 /2 組 /45 秒	30			
	星期六	E 心率 12 分鐘 ×2（間休 1 分鐘）	24		4.8	
	星期日	E 心率 15 分鐘 ×2（間休 2 分鐘）	30		6	
基礎期 （7）	星期一	核心肌力課表：體重 /30 秒 /1 組 /30 秒	10	370		48
	星期二	E 心率 20 分鐘 ×3（間休 2 分鐘）	60		12	
	星期三	肌耐力課表：40%/15 次 /3 組 /45 秒	45			
	星期四	E 心率 40 分鐘 核心肌力課表：體重 /30 秒 /3 組 /30 秒	40 30		8	
	星期五	肌耐力課表：40%/15 次 /3 組 /45 秒	45			
	星期六	E 心率 20 分鐘 ×3（間休 2 分鐘）	60		12	
	星期日	E 心率 40 分鐘 ×2（間休 3 分鐘）	80		16	
基礎期 （8）	星期一	核心肌力課表：體重 /30 秒 /1 組 /30 秒	10	390		52
	星期二	E 配速 1 小時 10 分鐘	70		14	
	星期三	肌耐力課表：40%/15 次 /3 組 /45 秒	45			
	星期四	E 心率 40 分鐘 核心肌力課表：體重 /30 秒 /3 組 /30 秒	40 30		8	
	星期五	肌耐力課表：40%/15 次 /3 組 /45 秒	45			
	星期六	E 配速 1 小時 10 分鐘	70		14	
	星期日	E 心率 1 小時 20 分鐘	80		16	

週期 （週數）	星期	主課表	訓練 時數 （分鐘）	每週 總時數 （分鐘）	耐力網 體能 訓練量	每週 總體能 訓練量
巔峰期 （9）	星期一	核心肌力課表：體重 /30 秒 /3 組 /15 秒	30	370		60
	星期二	E 心率 20 分鐘 +T 強度 5 分鐘 ×4（間休 1 分鐘）+ E 心率 5 分鐘	45		17	
	星期三	肌耐力課表：40%/15 次 /3 組 /45 秒	45			
	星期四	E 心率 40 分鐘 核心肌力課表：體重 /30 秒 /3 組 /15 秒	40 30		8	
	星期五	肌耐力課表：40%/15 次 /3 組 /45 秒	45			
	星期六	E 心率 20 分鐘 +T 強度 5 分鐘 ×4（間休 1 分鐘）+ E 心率 5 分鐘	45		17	
	星期日	E 心率 1 小時 30 分鐘	90		18	
巔峰期 （10）	星期一	核心肌力課表：體重 /30 秒 /3 組 /15 秒	30	385		63
	星期二	E 心率 20 分鐘 +T 強度 5 分鐘 ×4（間休 1 分鐘）+ E 心率 5 分鐘	45		17	
	星期三	肌耐力課表：40%/15 次 /3 組 /45 秒	45			
	星期四	E 心率 40 分鐘 核心肌力課表：體重 /30 秒 /3 組 /15 秒	40 30		8	
	星期五	肌耐力課表：40%/15 次 /3 組 /45 秒	45			
	星期六	E 心率 20 分鐘 +T 強度 5 分鐘 ×4（間休 1 分鐘）+ E 心率 5 分鐘	45		17	
	星期日	E 心率 1 小時 45 分鐘	105		21	
巔峰期 （11）	星期一	核心肌力課表：體重 /30 秒 /3 組 /15 秒	30	400		70
	星期二	E 心率 20 分鐘 +T 強度 5 分鐘 ×5（間休 1 分鐘）+ E 心率 5 分鐘	50		20	
	星期三	肌耐力課表：40%/15 次 /3 組 /45 秒	45			
	星期四	E 心率 40 分鐘 核心肌力課表：體重 /30 秒 /3 組 /15 秒	40 30		8	
	星期五	肌耐力課表：40%/15 次 /3 組 /45 秒	45			
	星期六	E 心率 20 分鐘 +T 強度 5 分鐘 ×5（間休 1 分鐘）+ E 心率 5 分鐘	50		20	
	星期日	E 心率 1 小時 50 分鐘	110		22	

18 週 初馬完賽課表

18 週 初馬完賽課表						
週期 （週數）	星期	主課表	訓練 時數 （分鐘）	每 週 總時數 （分鐘）	耐力網 體 能 訓練量	每 週 總體能 訓練量
巔峰期 （12） 減量週	星期一	休息		220		44
	星期二	E 心率 15 分鐘 +T 強度 5 分鐘 ×3（間休 1 分鐘）+ E 心率 5 分鐘	35		13	
	星期三	肌耐力課表：40%/15 次 /2 組 /45 秒	30		6	
	星期四	E 心率 30 分鐘	30			
	星期五	肌耐力課表：40%/15 次 /2 組 /45 秒	30			
	星期六	E 心率 15 分鐘 +T 強度 5 分鐘 ×3（間休 1 分鐘）+ E 心率 5 分鐘	35		13	
	星期日	E 心率 1 小時	60		12	
競賽期 （13）	星期一	休息		384		78.4
	星期二	E 心率 20 分鐘 +T 強度 8 分鐘 ×3（間休 2 分鐘）+ E 心率 10 分鐘	54		20.4	
	星期三	肌耐力課表：45%/15 次 /3 組 /45 秒	45			
	星期四	E 心率 45 分鐘 核心肌力課表：體重 /30 秒 /3 組 /15 秒	45 30		9	
	星期五	肌耐力課表：45%/15 次 /3 組 /45 秒	45			
	星期六	E 心率 20 分鐘 +T 強度 5 分鐘 ×3（間休 1 分鐘）+ E 心率 10 分鐘	45		15	
	星期日	E 心率 50 分鐘 + M 配速 50 分鐘 + E 心 率 20 分鐘	120		34	
競賽期 （14）	星期一	休息		394		80.4
	星期二	E 心率 20 分鐘 +T 強度 8 分鐘 ×3（間休 2 分鐘）+ E 心率 10 分鐘	54		20.4	
	星期三	肌耐力課表：45%/15 次 /3 組 /45 秒	45			
	星期四	E 心率 45 分鐘 核心肌力課表：體重 /30 秒 /3 組 /15 秒	45 30		9	
	星期五	肌耐力課表：45%/15 次 /3 組 /45 秒	45			
	星期六	E 心率 20 分鐘 +T 強度 5 分鐘 ×3（間休 1 分鐘）+ E 心率 10 分鐘	45		15	
	星期日	E 心率 1 小時 + M 配速 50 分鐘 + E 心率 20 分鐘	130		36	

週期 （週數）	星期	主課表	訓練 時數 （分鐘）	每 週 總時數 （分鐘）	耐力網 體 能 訓練量	每 週 總體能 訓練量
		18 週 初馬完賽課表				
競賽期 （15）	星期一	休息				
	星期二	E 心率 20 分鐘 +T 強度 12 分鐘 ×2（間休 3 分鐘）+ E 心率 10 分鐘	54		20.4	
	星期三	肌耐力課表：45%/15 次 /3 組 /45 秒	45			
	星期四	E 心率 45 分鐘 核心肌力課表：體重 /30 秒 /3 組 /15 秒	45 30	404	9	93.4
	星期五	E 心率 45 分鐘	45		9	
	星期六	E 心率 20 分鐘 +T 強度 5 分鐘 ×3（間休 1 分鐘）+ E 心率 10 分鐘	45		15	
	星期日	E 心率 1 小時 + M 配速 1 小時 + E 心率 20 分鐘	140		40	
競賽期 （16）	星期一	休息				
	星期二	E 心率 10 分鐘 +T 強度 10 分鐘 + M 強度 5 分鐘 +T 強度 10 分鐘 + E 心率 10 分鐘	45		18	
	星期三	肌耐力課表：45%/15 次 /3 組 /45 秒	45			
	星期四	E 心率 45 分鐘	45	335	9	89
	星期五	E 心率 45 分鐘	45		9	
	星期六	E 心率 20 分鐘 +T 強度 5 分鐘 ×3（間休 1 分鐘）+ E 心率 10 分鐘	45		15	
	星期日	E 心率 30 分鐘 + M 配速 1 小時 20 分鐘	110		38	
競賽期 （17） 減量週	星期一	休息				
	星期二	E 心率 15 分鐘 + M 配速 30 分鐘	45		15	
	星期三	肌耐力課表：45%/15 次 /1 組 /45 秒	20			
	星期四	M 配速 30 分鐘	30	230	12	76
	星期五	M 配速 30 分鐘	30		12	
	星期六	E 心率 15 分鐘 + M 配速 30 分鐘	45		15	
	星期日	E 心率 10 分鐘 + M 配速 50 分鐘	60		22	
競賽期 （18） 比賽週	星期一	休息				
	星期二	E 心率 10 分鐘 + M 強度 20 分鐘	30		10	
	星期三	E 心率 30 分鐘	30		6	
	星期四	E 心率 30 分鐘	30	110	6	26
	星期五	E 心率 20 分鐘	20		4	
	星期六	比賽天 / 休息				
	星期日	比賽天 / 休息				

20 週全馬破 5 訓練計畫

· 適合對象：

已有全馬比賽經驗。
完賽成績在 5:01~6:00 之間的跑者。

· 週期設計：

6 週基礎期、4 週進展期、5 週巔峰期、5 週競賽期，總計 20 週訓練。
每隔 5 週安排一次「減量週」，讓身體恢復得更好，才能吃下更多
的訓練量。

· 訓練重點：

為了增加每一步的效能，每週會安排兩次肌力訓練，前期以肌耐力
與核心肌力為主，後期以最大肌力為主。
本計畫與初馬訓練計畫最主要的差別在於，E 強度與 M 強度的訓練
時數拉得更長，讓跑者累積出更多大的有氧基礎，也把進展期加進
去，以改善跑者的用氧效率。

· 每週課表安排原則：

可隨個人生活作息自行移動到當週的其他日子，但要注意最好不要
連續安排兩天質量課表。

星期一：核心肌力或休息日
星期二：質量課表

星期三：肌耐力訓練

星期四：核心肌力與體能，若太累可以停練跑步。

星期五：肌耐力訓練

星期六：質量課表

星期日：長跑日。

週期（週數）	星期	主課表	訓練時數（分鐘）	每週總時數（分鐘）	耐力網體能訓練量	每週總體能訓練量
基礎期（1）	星期一	核心肌力課表：體重 /30 秒 /3 組 /15 秒	30	390		48
	星期二	E 心率 45 分鐘	45		9	
	星期三	肌耐力課表：40%/15 次 /3 組 /45 秒	45			
	星期四	E 心率 60 分鐘 核心肌力課表：體重 /30 秒 /3 組 /15 秒	60 30		12	
	星期五	肌耐力課表：40%/15 次 /3 組 /45 秒	45			
	星期六	E 心率 45 分鐘	45		9	
	星期日	E 心率 1 小時 30 分鐘	90		18	
基礎期（2）	星期一	核心肌力課表：體重 /30 秒 /3 組 /15 秒	30	390		48
	星期二	E 心率 45 分鐘	45		9	
	星期三	肌耐力課表：40%/15 次 /3 組 /45 秒	45			
	星期四	E 心率 60 分鐘 核心肌力課表：體重 /30 秒 /3 組 /15 秒	60 30		12	
	星期五	肌耐力課表：40%/15 次 /3 組 /45 秒	45			
	星期六	E 心率 45 分鐘	45		9	
	星期日	E 心率 1 小時 30 分鐘	90		18	
基礎期（3）	星期一	核心肌力課表：體重 /30 秒 /3 組 /15 秒	30	415		53
	星期二	E 心率 60 分鐘	60		12	
	星期三	肌耐力課表：50%/15 次 /3 組 /45 秒	45			
	星期四	E 心率 40 分鐘 核心肌力課表：體重 /30 秒 /3 組 /15 秒	40 30		8	
	星期五	肌耐力課表：50%/15 次 /3 組 /45 秒	45			
	星期六	E 心率 60 分鐘	60		12	
	星期日	E 心率 1 小時 45 分鐘	105		21	
基礎期（4）減量週	星期一	休息		220		28
	星期二	E 心率 30 分鐘	30		6	
	星期三	肌耐力課表：50%/20 次 /1 組 /45 秒	30			
	星期四	E 心率 30 分鐘 核心肌力課表：體重 /30 秒 /2 組 /15 秒	30 20		6	
	星期五	肌耐力課表：50%/20 次 /1 組 /45 秒	30			
	星期六	E 心率 30 分鐘	30		6	
	星期日	E 心率 50 分鐘	50		10	

20 週 全馬破 5 課表						
週期（週數）	星期	主課表	訓練時數（分鐘）	每週總時數（分鐘）	耐力網體能訓練量	每週總體能訓練量
基礎期（5）	星期一	核心肌力課表：體重 /30 秒 /3 組 /15 秒	30	445		59
	星期二	E 配速 1 小時 15 分鐘	75		15	
	星期三	肌力課表：50%/15 次 /3 組 /45 秒	45			
	星期四	E 心率 40 分鐘 核心肌力課表：體重 /30 秒 /3 組 /15 秒	40 30		8	
	星期五	肌耐力課表：50%/15 次 /3 組 /45 秒	45			
	星期六	E 配速 1 小時 15 分鐘	75		15	
	星期日	E 心率 1 小時 45 分鐘	105		21	
基礎期（6）	星期一	核心肌力課表：體重 /30 秒 /3 組 /15 秒	30	460		62
	星期二	E 配速 1 小時 15 分鐘	75		15	
	星期三	肌耐力課表：50%/15 次 /3 組 /45 秒	45			
	星期四	E 心率 40 分鐘 核心肌力課表：體重 /30 秒 /3 組 /15 秒	40 30		8	
	星期五	肌耐力課表：55%/15 次 /3 組 /45 秒	45			
	星期六	E 配速 1 小時 15 分鐘	75		15	
	星期日	E 心率 2 小時	120		24	
進展期（7）	星期一	核心肌力課表：體重 /30 秒 /3 組 /15 秒	30	404		72
	星期二	E 心率 20 分鐘 +I 強度 2 分鐘 ×6（間休 90 秒）+ E 心率 10 分鐘	42		18	
	星期三	肌耐力課表：55%/15 次 /3 組 /45 秒	45			
	星期四	E 心率 1 小時 核心肌力課表：體重 /30 秒 /2 組 /15 秒	60 20		12	
	星期五	肌耐力課表：55%/15 次 /3 組 /45 秒	45			
	星期六	E 心率 20 分鐘 +I 強度 2 分鐘 ×6（間休 90 秒）+ E 心率 10 分鐘	42		18	
	星期日	E 心率 2 小時	120		24	
進展期（8）	星期一	核心肌力課表：體重 /30 秒 /3 組 /15 秒	30	404		72
	星期二	E 心率 20 分鐘 +I 強度 2 分鐘 ×6（間休 90 秒）+ E 心率 10 分鐘	42		18	
	星期三	肌耐力課表：60%/15 次 /3 組 /45 秒	45			
	星期四	E 心率 1 小時 核心肌力課表：體重 /30 秒 /2 組 /15 秒	60 20		12	
	星期五	肌耐力課表：60%/15 次 /3 組 /45 秒	45			
	星期六	E 心率 20 分鐘 +I 強度 2 分鐘 ×6（間休 90 秒）+ E 心率 10 分鐘	42		18	
	星期日	E 心率 2 小時	120		24	

20 週 全馬破 5 課表							
週期 （週數）	星期	主課表	訓練 時數 （分鐘）	每　週 總時數 （分鐘）	耐力網 體　能 訓練量	每　週 總體能 訓練量
進展期 （9） 減量週	星期一	休息				
	星期二	E 心率 15 分鐘 +I 強度 2 分鐘 ×3（間休 90 秒）+ E 心率 10 分鐘	31	232	11	40
	星期三	最大肌力課表：80%/6 次 /2 組 /3 分鐘	30			
	星期四	E 心率 30 分鐘 核心肌力課表：體重 /30 秒 /2 組 /15 秒	30 20		6	
	星期五	最大肌力課表：90%/4 次 /2 組 /3 分鐘	30			
	星期六	E 心率 15 分鐘 +I 強度 2 分鐘 ×3（間休 90 秒）+ E 心率 10 分鐘	31		11	
	星期日	E 心率 1 小時	60		12	
進展期 （10）	星期一	核心肌力課表：體重 /30 秒 /3 組 /15 秒	30	408		76
	星期二	E 心率 20 分鐘 +I 強度 2 分鐘 ×8（間休 90 秒）+ E 心率 10 分鐘	46		22	
	星期三	最大肌力課表：80%/6 次 /3 組 /3 分鐘	45			
	星期四	E 心率 1 小時 核心肌力課表：體重 /30 秒 /2 組 /15 秒	60 20		12	
	星期五	最大肌力課表：90%/4 次 /3 組 /3 分鐘	45			
	星期六	E 心率 20 分鐘 +I 強度 2 分鐘 ×6（間休 90 秒）+ E 心率 10 分鐘	42		18	
	星期日	E 心率 2 小時	120		24	
巔峰期 （11）	星期一	休息		394		83.6
	星期二	E 心率 10 分鐘 +T 強度 8 分鐘 ×2（間休 2 分鐘）+I 強度 2 分鐘 ×4（間休 90 秒） + E 心率 10 分鐘	44		21.6	
	星期三	最大肌力課表：80%/6 次 /3 組 /3 分鐘	45			
	星期四	E 心率 1 小時	60		12	
	星期五	最大肌力課表：90%/4 次 /3 組 /3 分鐘	45			
	星期六	E 心率 30 分鐘 +T 強度 5 分鐘 ×5（間休 1 分鐘）+ E 心率 10 分鐘	65		23	
	星期日	E 心率 2 小時 15 分鐘	135		27	

20 週 全馬破 5 課表						
週期 （週數）	星期	主課表	訓練 時數 （分鐘）	每週 總時數 （分鐘）	耐力網 體能 訓練量	每週 總體能 訓練量
巔峰期 （12）	星期一	休息		394		83.6
	星期二	E 心率 10 分鐘 +T 強度 8 分鐘 ×2（間休 2 分鐘）+I 強度 2 分鐘 ×4（間休 90 秒）+ E 心率 10 分鐘	44		21.6	
	星期三	最大肌力課表：80%/6 次 /3 組 /3 分鐘	45			
	星期四	E 心率 1 小時	60		12	
	星期五	最大肌力課表：90%/4 次 /3 組 /3 分鐘	45			
	星期六	E 心率 30 分鐘 +T 強度 5 分鐘 ×5（間休 1 分鐘）+ E 心率 10 分鐘	65		23	
	星期日	E 心率 2 小時 15 分鐘	135		27	
巔峰期 （13）	星期一	休息		398		86
	星期二	E 心率 10 分鐘 +T 強度 10 分鐘 ×2（間休 2 分鐘）+I 強度 2 分鐘 ×4（間休 90 秒）+ E 心率 10 分鐘	48		24	
	星期三	最大肌力課表：80%/6 次 /3 組 /3 分鐘	45			
	星期四	E 心率 1 小時	60		12	
	星期五	最大肌力課表：90%/4 次 /3 組 /3 分鐘	45			
	星期六	E 心率 30 分鐘 +T 強度 5 分鐘 ×5（間休 1 分鐘）+ E 心率 10 分鐘	65		23	
	星期日	E 心率 2 小時 15 分鐘	135		27	
巔峰期 （14） 減量週	星期一	休息		239		49
	星期二	E 心率 10 分鐘 +T 強度 10 分鐘（間休 2 分鐘）+I 強度 2 分鐘 ×2（間休 90 秒）+ E 心率 10 分鐘	34		14	
	星期三	專項肌耐力課表：30%/3 分鐘 /3 組 /1 分鐘	30			
	星期四	E 心率 30 分鐘	30		6	
	星期五	專項肌耐力課表：30%/3 分鐘 /3 組 /1 分鐘	30			
	星期六	E 心率 20 分鐘 +T 強度 5 分鐘 ×3（間休 1 分鐘）+ E 心率 10 分鐘	45		15	
	星期日	E 心率 1 小時 10 分鐘	70		14	

20 週 全馬破 5 課表						
週期 （週數）	星期	主課表	訓練 時數 （分鐘）	每 週 總時數 （分鐘）	耐力網 體 能 訓練量	每 週 總體能 訓練量
巔峰期 （15）	星期一	休息				
	星期二	E 心率 10 分鐘 +T 強度 10 分鐘 ×2（間休 2 分鐘）+I 強度 2 分鐘 ×4（間休 90 秒）+ E 心率 10 分鐘	48		24	
	星期三	專項肌耐力課表：30%/3 分鐘 /3 組 /1 分鐘	45			
	星期四	E 心率 1 小時	60	408	12	90
	星期五	專項肌耐力課表：30%/3 分鐘 /3 組 /1 分鐘	45			
	星期六	E 心率 30 分鐘 +T 強度 5 分鐘 ×6（間休 1 分鐘）+ E 心率 10 分鐘	70		26	
	星期日	E 心率 2 小時 20 分鐘	140		28	
競賽期 （16）	星期一	休息				
	星期二	E 心率 10 分鐘 + M 強度 20 分鐘 +T 強度 10 分鐘 + M 強度 20 分鐘 + E 心率 10 分鐘	70		26	
	星期三	專項肌耐力課表：30%/3 分鐘 /3 組 /1 分鐘	45			
	星期四	E 心率 1 小時	60	430	12	96
	星期五	專項肌耐力課表：30%/3 分鐘 /3 組 /1 分鐘	45			
	星期六	E 心率 10 分鐘 + M 配速 50 分鐘	60		22	
	星期日	E 心率 2 小時 + M 配速 30 分鐘	150		36	
競賽期 （17）	星期一	休息				
	星期二	E 心率 10 分鐘 + M 強度 20 分鐘 +T 強度 15 分鐘 + M 強度 20 分鐘 + E 心率 10 分鐘	75		29	
	星期三	專項肌耐力課表：30%/3 分鐘 /3 組 /1 分鐘	45			
	星期四	E 心率 1 小時	60	435	12	99
	星期五	專項肌耐力課表：30%/3 分鐘 /3 組 /1 分鐘	45			
	星期六	E 心率 10 分鐘 + M 配速 50 分鐘	60		22	
	星期日	E 心率 2 小時 + M 配速 30 分鐘	150		36	

20 週 全馬破 5 課表							
週期 （週數）	星期	主課表	訓練 時數 （分鐘）	每 週 總時數 （分鐘）	耐力網 體 能 訓練量	每 週 總體能 訓練量	
競賽期 （18）	星期一	休息		445		103	
	星期二	E 心率 10 分鐘 + M 強度 20 分鐘 +T 強度 15 分鐘 + M 強度 20 分鐘 + E 心率 10 分鐘	75		29		
	星期三	專項肌耐力課表：30%/4 分鐘 /1 組 /1 分鐘	45				
	星期四	E 心率 1 小時	60		12		
	星期五	專項肌耐力課表：30%/4 分鐘 /1 組 /1 分鐘	45				
	星期六	E 心率 10 分鐘 + M 配速 60 分鐘	70		26		
	星期日	E 心率 2 小時 + M 配速 30 分鐘	150		36		
競賽期 （19） 減量週	星期一	休息		240		62	
	星期二	E 心率 10 分鐘 + M 強度 10 分鐘 +T 強度 10 分鐘 + M 強度 10 分鐘 + E 心率 10 分鐘	50		18		
	星期三	專項肌耐力課表：30%/2 分鐘 /1 組 /1 分鐘	30				
	星期四	M 配速 30 分鐘	30		12		
	星期五	專項肌耐力課表：30%/2 分鐘 /1 組 /1 分鐘	30				
	星期六	E 心率 10 分鐘 + M 配速 30 分鐘	40		14		
	星期日	E 心率 30 分鐘 + M 配速 30 分鐘	60		18		
競賽期 （20） 比賽週	星期一	休息		130		31	
	星期二	E 心率 10 分鐘 +T 強度 5 分鐘 + M 強度 15 分鐘	30		11		
	星期三	E 心率 40 分鐘	40		8		
	星期四	E 心率 30 分鐘	30		6		
	星期五	E 心率 30 分鐘	30		6		
	星期六	比賽天 / 休息					
	星期日	比賽天 / 休息					

22 週全馬破 4 訓練計畫

· 適合對象：

已有全馬比賽經驗。
完賽成績在 4:01~4:45 之間的跑者。

· 週期設計：

6 週基礎期、4 週進展期、6 週巔峰期、6 週競賽期，總計 22 週訓練。
每隔 3 週安排一次「減量週」，讓身體恢復得更好，才能吃下更多
的訓練量。

· 訓練重點：

每週會安排兩次肌力訓練，內容以肌耐力與最大肌力訓練為主，讓
跑者的每一步變得更有效率。
進入巔峰期後，週末的長跑訓練請以穩定配速的方式進行，就算心
率超出 E 心率沒關係，這樣會更接近比賽時的感覺。
在競賽期會安排長時間的 M 配速跑，讓跑者更加適應跑馬拉松時的
配速。

· 每週課表安排原則：

可隨個人生活作息自行移動到當週的其他日子，但要注意最好不要
連續安排兩天質量課表。

星期一：核心肌力或休息日

星期二：質量課表

星期三：肌耐力訓練

星期四：核心肌力與體能，若太累可以停練跑步。

星期五：肌耐力訓練

星期六：質量課表

星期日：長跑日。

週期 （週數）	星期	主課表	訓練 時數 （分鐘）	每 週 總時數 （分鐘）	耐力網 體 能 訓練量	每 週 總體能 訓練量
基礎期 （1）	星期一	核心肌力課表：體重 /40 秒 /3 組 /20 秒	30	405		51
	星期二	E 心率 1 小時	60		12	
	星期三	肌耐力課表：40%/15 次 /3 組 /45 秒	45			
	星期四	E 心率 45 分鐘 核心肌力課表：體重 /40 秒 /3 組 /20 秒	45 30		9	
	星期五	肌耐力課表：40%/15 次 /3 組 /45 秒	45			
	星期六	E 心率 1 小時	60		12	
	星期日	E 心率 1 小時 30 分鐘	90		18	
基礎期 （2）	星期一	核心肌力課表：體重 /40 秒 /3 組 /20 秒	30	415		53
	星期二	E 心率 1 小時	60		12	
	星期三	肌耐力課表：40%/15 次 /3 組 /45 秒	45			
	星期四	E 心率 45 分鐘 核心肌力課表：體重 /40 秒 /3 組 /20 秒	45 30		9	
	星期五	肌耐力課表：40%/15 次 /3 組 /45 秒	45			
	星期六	E 心率 1 小時	60		12	
	星期日	E 心率 1 小時 40 分鐘	100		20	
基礎期 （3）	星期一	核心肌力課表：體重 /40 秒 /3 組 /20 秒	30	435		57
	星期二	E 心率 1 小時 20 分鐘	80		16	
	星期三	肌耐力課表：50%/15 次 /3 組 /45 秒	45			
	星期四	E 心率 45 分鐘 核心肌力課表：體重 /40 秒 /3 組 /20 秒	45 30		9	
	星期五	肌耐力課表：50%/15 次 /3 組 /45 秒	45			
	星期六	E 心率 1 小時	60		12	
	星期日	E 心率 1 小時 40 分鐘	100		20	
基礎期 （4） 減量週	星期一	休息		260		36
	星期二	E 心率 45 分鐘	45		9	
	星期三	肌耐力課表：50%/20 次 /1 組 /45 秒	30			
	星期四	E 心率 30 分鐘 核心肌力課表：體重 /40 秒 /2 組 /20 秒	30 20		6	
	星期五	肌耐力課表：50%/20 次 /1 組 /45 秒	30			
	星期六	E 心率 45 分鐘	45		9	
	星期日	E 心率 1 小時	60		12	

22 週全馬破 4 課表

週期（週數）	星期	主課表	訓練時數（分鐘）	每週總時數（分鐘）	耐力網體能訓練量	每週總體能訓練量
		22 週全馬破 4 課表				
基礎期（5）	星期一	核心肌力課表：體重 /40 秒 /3 組 /20 秒	30	455		61
	星期二	E 心率 1 小時 30 分鐘	90		18	
	星期三	肌耐力課表：50%/15 次 /3 組 /45 秒	45			
	星期四	E 心率 45 分鐘	45		9	
		核心肌力課表：體重 /40 秒 /3 組 /20 秒	30			
	星期五	肌耐力課表：50%/15 次 /3 組 /45 秒	45			
	星期六	E 配速 1 小時	60		12	
	星期日	E 心率 1 小時 50 分鐘	110		22	
基礎期（6）	星期一	核心肌力課表：體重 /40 秒 /3 組 /20 秒	30	465		63
	星期二	E 心率 1 小時 30 分鐘	90		18	
	星期三	肌耐力課表：50%/15 次 /3 組 /45 秒	45			
	星期四	E 心率 45 分鐘	45		9	
		核心肌力課表：體重 /40 秒 /3 組 /20 秒	30			
	星期五	肌耐力課表：50%/15 次 /3 組 /45 秒	45			
	星期六	E 配速 1 小時	60		12	
	星期日	E 心率 2 小時	120		24	
進展期（7）	星期一	休息		399		75.5
	星期二	E 心率 30 分鐘 +I 強度 3 分鐘 ×4（間休 3 分鐘）+ E 心率 10 分鐘	52		20	
	星期三	肌耐力課表：55%/15 次 /3 組 /45 秒	45			
	星期四	E 心率 1 小時 + 6ST	65		13.5	
		核心肌力課表：體重 /45 秒 /3 組 /15 秒	30			
	星期五	肌耐力課表：55%/15 次 /3 組 /45 秒	45			
	星期六	E 心率 20 分鐘 +I 強度 2 分鐘 ×6（間休 90 秒）+ E 心率 10 分鐘	42		18	
	星期日	E 心率 2 小時	120		24	
進展期（8）減量週	星期一	休息		242		42
	星期二	E 心率 20 分鐘 +I 強度 2 分鐘 ×3（間休 90 秒）+ E 心率 10 分鐘	36		12	
	星期三	肌耐力課表：55%/20 次 /1 組 /45 秒	30			
	星期四	E 心率 30 分鐘	30		6	
		核心肌力課表：體重 /45 秒 /2 組 /15 秒	20			
	星期五	肌耐力課表：55%/20 次 /1 組 /45 秒	30			
	星期六	E 心率 20 分鐘 +I 強度 2 分鐘 ×3（間休 90 秒）+ E 心率 10 分鐘	36		12	
	星期日	E 心率 1 小時	60		12	

22 週全馬破 4 課表						
週期 （週數）	星期	主課表	訓練 時數 （分鐘）	每 週 總時數 （分鐘）	耐力網 體 能 訓練量	每 週 總體能 訓練量
進展期 （9）	星期一	休息		402		78.5
	星期二	E 心率 30 分鐘 +I 強度 3 分鐘 ×5（間休 3 分鐘）+ E 心率 10 分鐘	55		23	
	星期三	肌耐力課表：60%/15 次 /3 組 /45 秒	45			
	星期四	E 心率 1 小時 + 6ST 核心肌力課表：體重 /45 秒 /3 組 /15 秒	65 30		13.5	
	星期五	肌耐力課表：60%/15 次 /3 組 /45 秒	45			
	星期六	E 心率 20 分鐘 +I 強度 2 分鐘 ×6（間休 90 秒）+ E 心率 10 分鐘	42		18	
	星期日	E 心率 2 小時	120		24	
進展期 （10）	星期一	休息		406		82.5
	星期二	E 心率 30 分鐘 +I 強度 3 分鐘 ×5（間休 3 分鐘）+ E 心率 10 分鐘	55		23	
	星期三	肌耐力課表：60%/15 次 /3 組 /45 秒	45			
	星期四	E 心率 1 小時 + 6ST 核心肌力課表：體重 /45 秒 /3 組 /15 秒	65 30		13.5	
	星期五	肌耐力課表：60%/15 次 /3 組 /45 秒	45			
	星期六	E 心率 20 分鐘 +I 強度 2 分鐘 ×8（間休 90 秒）+ E 心率 10 分鐘	46		22	
	星期日	E 心率 2 小時	120		24	
巔峰期 （11）	星期一	休息		395		89.5
	星期二	E 心率 10 分鐘 +T 強度 10 分鐘 ×2（間 休 2 分鐘）+I 強度 2 分鐘 ×5（間休 90 秒） + E 心率 10 分鐘	50		26	
	星期三	最大肌力課表：80%/6 次 /3 組 /3 分鐘	45			
	星期四	E 心率 1 小時 + 6ST	65		13.5	
	星期五	最大肌力課表：90%/4 次 /3 組 /3 分鐘	45			
	星期六	E 心率 15 分鐘 +T 強度 10 分鐘 ×3（間 休 2 分鐘）+ E 心率 10 分鐘	55		23	
	星期日	E 配速 2 小時 15 分鐘	135		27	

週期 （週數）	星期	主課表	訓練 時數 （分鐘）	每 週 總時數 （分鐘）	耐力網 體 能 訓練量	每 週 總體能 訓練量
巔峰期 （12） 減量週	星期一	休息		266		50
	星期二	E 心率 10 分鐘 +T 強度 10 分鐘（間休 2 分鐘）+I 強度 2 分鐘 ×3（間休 90 秒） + E 心率 10 分鐘	36		16	
	星期三	最大肌力課表：80%/6 次 /2 組 /3 分鐘	30			
	星期四	E 心率 30 分鐘	60		6	
	星期五	最大肌力課表：90%/4 次 /2 組 /3 分鐘	30			
	星期六	E 心率 10 分鐘 +T 強度 5 分鐘 ×3（間休 1 分鐘）+ E 心率 10 分鐘	35		13	
	星期日	E 配速 1 小時 15 分鐘	75		15	
巔峰期 （13）	星期一	休息		395		89.5
	星期二	E 心率 10 分鐘 +T 強度 10 分鐘 ×2（間 休 2 分鐘）+I 強度 2 分鐘 ×5（間休 90 秒） + E 心率 10 分鐘	50		26	
	星期三	最大肌力課表：80%/6 次 /3 組 /3 分鐘	45			
	星期四	E 心率 1 小時 + 6ST	65		13.5	
	星期五	最大肌力課表：90%/4 次 /3 組 /3 分鐘	45			
	星期六	E 心率 15 分鐘 +T 強度 15 分鐘 ×2（間 休 3 分鐘）+ E 心率 10 分鐘	55		23	
	星期日	E 配速 2 小時 15 分鐘	135		27	
巔峰期 （14）	星期一	休息		399		91.9
	星期二	E 心率 10 分鐘 +T 強度 12 分鐘 ×2（間 休 2 分鐘）+I 強度 2 分鐘 ×5（間休 90 秒） + E 心率 10 分鐘	54		28.4	
	星期三	最大肌力課表：80%/6 次 /3 組 /3 分鐘	45			
	星期四	E 心率 1 小時 + 6ST	65		13.5	
	星期五	最大肌力課表：90%/4 次 /3 組 /3 分鐘	45			
	星期六	E 心率 15 分鐘 +T 強度 15 分鐘 ×2（間 休 3 分鐘）+ E 心率 10 分鐘	55		23	
	星期日	E 配速 2 小時 15 分鐘	135		27	

22 週全馬破 4 課表

22 週全馬破 4 課表						
週期 （週數）	星期	主課表	訓練 時數 （分鐘）	每 週 總時數 （分鐘）	耐力網 體 能 訓練量	每 週 總體能 訓練量
巔峰期 （15）	星期一	休息		399		91.9
	星期二	E 心率 10 分鐘 +T 強度 12 分鐘 ×2（間休 2 分鐘）+I 強度 2 分鐘 ×5（間休 90 秒）+ E 心率 10 分鐘	54		28.4	
	星期三	最大肌力課表：80%/6 次 /3 組 /3 分鐘	45			
	星期四	E 心率 1 小時 + 6ST	65		13.5	
	星期五	最大肌力課表：90%/4 次 /3 組 /3 分鐘	45			
	星期六	E 心率 15 分鐘 +T 強度 15 分鐘 ×2（間休 3 分鐘）+ E 心率 10 分鐘	55		23	
	星期日	E 配速 2 小時 15 分鐘	135		27	
巔峰期 （16） 減量週	星期一	休息		241		51
	星期二	E 心率 10 分鐘 +T 強度 10 分鐘（間休 2 分鐘）+I 強度 2 分鐘 ×3（間休 90 秒）+ E 心率 10 分鐘	36		16	
	星期三	專項肌耐力課表：30%/4 分鐘 /1 組 /1 分鐘	30			
	星期四	E 心率 30 分鐘	30		6	
	星期五	專項肌耐力課表：30%/4 分鐘 /1 組 /1 分鐘	30			
	星期六	E 心率 15 分鐘 +T 強度 15 分鐘 + E 心率 10 分鐘	40		14	
	星期日	E 配速 1 小時 15 分鐘	75		15	
競賽期 （17）	星期一	休息		430		98
	星期二	M 配速 1 小時 20 分鐘	80		32	
	星期三	專項肌耐力課表：30%/3 分鐘 /3 組 /1 分鐘	45			
	星期四	E 心率 1 小時	60		12	
	星期五	專項肌耐力課表：30%/3 分鐘 /3 組 /1 分鐘	45			
	星期六	E 心率 10 分鐘 + M 強度 10 分鐘 +T 強度 10 分鐘 + M 強度 10 分鐘 + E 心率 10 分鐘	50		18	
	星期日	E 配速 2 小時 + M 配速 30 分鐘	150		36	

22 週全馬破 4 課表						
週期 （週數）	星期	主課表	訓練 時數 （分鐘）	每 週 總時數 （分鐘）	耐力網 體 能 訓練量	每 週 總體能 訓練量
競賽期 （18）	星期一	休息				
	星期二	M 配速 1 小時 30 分鐘	90		36	
	星期三	專項肌耐力課表：30%/3 分鐘 /3 組 /1 分 鐘	45			
	星期四	E 心率 1 小時	60		12	
	星期五	專項肌耐力課表：30%/3 分鐘 /3 組 /1 分 鐘	45	440		102
	星期六	E 心率 10 分鐘 + M 強度 10 分鐘 +T 強度 10 分鐘 + M 強度 10 分鐘 + E 心率 10 分 鐘	50		18	
	星期日	E 配速 2 小時 + M 配速 30 分鐘	150		36	
競賽期 （19）	星期一	休息				
	星期二	M 配速 1 小時 30 分鐘	90		36	
	星期三	專項肌耐力課表：30%/3 分鐘 /3 組 /1 分 鐘	45			
	星期四	E 心率 1 小時	60		12	
	星期五	專項肌耐力課表：30%/3 分鐘 /3 組 /1 分 鐘	45	440		102
	星期六	E 心率 10 分鐘 + M 強度 10 分鐘 +T 強度 10 分鐘 + M 強度 10 分鐘 + E 心率 10 分 鐘	50		18	
	星期日	E 配速 2 小時 + M 配速 30 分鐘	150		36	
競賽期 （20） 減量週	星期一	休息				
	星期二	M 配速 1 小時	60		24	
	星期三	專項肌耐力課表：30%/4 分鐘 /1 組 /1 分 鐘	30			
	星期四	E 心率 30 分鐘	30	270	6	72
	星期五	專項肌耐力課表：30%/4 分鐘 /1 組 /1 分 鐘	30			
	星期六	E 配速 10 分鐘 + M 配速 30 分鐘	40		14	
	星期日	E 配速 20 分鐘 + M 配速 1 小時	80		28	

22 週全馬破 4 課表						
週期 （週數）	星期	主課表	訓練 時數 （分鐘）	每　週 總時數 （分鐘）	耐力網 體　能 訓練量	每　週 總體能 訓練量
競賽期 （21） 減量週	星期一	休息		230		56
	星期二	M 配速 40 分鐘	40		16	
	星期三	專項肌耐力課表：30%/2 分鐘 /1 組 /1 分鐘	30			
	星期四	E 心率 30 分鐘	30		6	
	星期五	專項肌耐力課表：30%/2 分鐘 /1 組 /1 分鐘	30			
	星期六	E 配速 10 分鐘 + M 配速 30 分鐘	40		14	
	星期日	E 配速 20 分鐘 + M 配速 40 分鐘	60		20	
競賽期 （22） 比賽週	星期一	休息		110		32
	星期二	M 配速 30 分鐘	30		12	
	星期三	E 心率 10 分鐘 + M 強度 20 分鐘	30		10	
	星期四	E 心率 30 分鐘	30		6	
	星期五	E 心率 20 分鐘	20		4	
	星期六	比賽天 / 休息				
	星期日	比賽天 / 休息				

24 週全馬破 3 訓練計畫

· 適合對象：

已有全馬比賽經驗。
完賽成績在 3:01~3:30 之間的跑者。

· 週期設計：

6 週基礎期、6 週進展期、6 週巔峰期、6 週競賽期，總計 24 週訓練。
每隔 3 週安排一次「減量週」，讓身體恢復得更好，才能吃下更多
的訓練量。

· 訓練重點：

本計畫的肌力訓練重點，以提升最大肌力為主，前期的肌耐力訓練
主要在讓肌腱與韌帶進行生理適應，共 8 週，第 9 週開始練最大肌
力。
週末的長跑訓練請皆以「定配速」的方式進行，加強跑馬時的配速
能力。
在進展期加入更多 ST（快步跑）與 R 強度間歇跑，同時輔以爆發
力訓練，加強刺激神經肌肉反射，讓雙腿的動作更加靈敏流暢，亦
可抵消前期 LSD 的副作用，進一步改善跑者的經濟性。
巔峰期以 T 強度訓練為主，將跑者的「耐」乳酸與「排」乳酸能力
推到頂峰。
在競賽期安排兩次長時間的 M 配速跑，讓跑者更加適應跑馬拉松時
的配速。

· **每週課表安排原則：**

可隨個人生活作息自行移動到當週的其他日子，但要注意最好不要連續安排兩天質量課表。

星期一：核心肌力或休息日

星期二：質量課表

星期三：肌耐力訓練

星期四：核心肌力與體能，若太累可以停練跑步。

星期五：肌耐力訓練

星期六：質量課表

星期日：長跑日。

24 週全馬破 3 課表						
週期 （週數）	星期	主課表	訓練 時數 （分鐘）	每週 總時數 （分鐘）	耐力網 體能 訓練量	每週 總體能 訓練量
基礎期 （1）	星期一	E 配速 20 分鐘 核心肌力課表：體重 /40 秒 /3 組 /20 秒	20 30	480	4	66
	星期二	E 心率 40 分鐘 ×2（間休 2 分鐘）	80		16	
	星期三	肌耐力課表：50%/15 次 /3 組 /45 秒	45			
	星期四	E 心率 30 分鐘 核心肌力課表：體重 /40 秒 /3 組 /20 秒	30 30		6	
	星期五	肌耐力課表：50%/15 次 /3 組 /45 秒	45			
	星期六	E 心率 40 分鐘 ×2（間休 2 分鐘）	80		16	
	星期日	E 心率 2 小時	120		24	
基礎期 （2）	星期一	核心肌力課表：體重 /40 秒 /3 組 /20 秒	30	510		72
	星期二	E 心率 1 小時 30 分鐘	90		18	
	星期三	肌耐力課表：50%/15 次 /3 組 /45 秒	45			
	星期四	E 心率 1 小時 核心肌力課表：體重 /40 秒 /3 組 /20 秒	60 30		12	
	星期五	肌耐力課表：50%/15 次 /3 組 /45 秒	45			
	星期六	E 心率 1 小時 30 分鐘	90		18	
	星期日	E 心率 2 小時	120		24	
基礎期 （3）	星期一	核心肌力課表：體重 /45 秒 /3 組 /15 秒	30	510		72
	星期二	E 心率 1 小時 30 分鐘	90		18	
	星期三	肌耐力課表：60%/15 次 /3 組 /45 秒	45			
	星期四	E 心率 1 小時 核心肌力課表：體重 /45 秒 /3 組 /15 秒	60 30		12	
	星期五	肌耐力課表：60%/15 次 /3 組 /45 秒	45			
	星期六	E 心率 1 小時 30 分鐘	90		18	
	星期日	E 心率 2 小時	120		24	
基礎期 （4） 減量週	星期一	休息		270		38
	星期二	E 心率 50 分鐘	50		10	
	星期三	肌耐力課表：60%/20 次 /1 組 /45 秒	30			
	星期四	E 心率 30 分鐘 核心肌力課表：體重 /45 秒 /2 組 /15 秒	30 20		6	
	星期五	肌耐力課表：60%/15 次 /2 組 /45 秒	30			
	星期六	E 心率 50 分鐘	50		10	
	星期日	E 心率 1 小時	60		12	

24 週全馬破 3 課表						
週期 （週數）	星期	主課表	訓練 時數 （分鐘）	每 週 總時數 （分鐘）	耐力網 體 能 訓練量	每 週 總體能 訓練量
基礎期 （5）	星期一	核心肌力課表：體重 /45 秒 /3 組 /15 秒	30	540		81
	星期二	E 配速 1 小時 45 分鐘	105		21	
	星期三	肌耐力課表：65%/15 次 /3 組 /45 秒	45			
	星期四	E 心率 1 小時 核心肌力課表：體重 /45 秒 /3 組 /15 秒	60 30		12	
	星期五	肌耐力課表：65%/15 次 /3 組 /45 秒	45			
	星期六	E 心率 1 小時 30 分鐘	90		21	
	星期日	E 配速 2 小時 15 分鐘	135		27	
基礎期 （6）	星期一	核心肌力課表：體重 /45 秒 /3 組 /15 秒	30	540		81
	星期二	E 配速 1 小時 45 分鐘	105		21	
	星期三	肌耐力課表：65%/15 次 /3 組 /45 秒	45			
	星期四	E 心率 1 小時 核心肌力課表：體重 /45 秒 /3 組 /15 秒	60 30		12	
	星期五	肌耐力課表：65%/15 次 /3 組 /45 秒	45			
	星期六	E 心率 1 小時 30 分鐘	90		21	
	星期日	E 配速 2 小時 15 分鐘	135		27	
進展期 （7）	星期一	核心肌力課表：體重 /45 秒 /3 組 /15 秒	30	433		90.5
	星期二	E 心率 20 分鐘 +I 強度 4 分鐘 ×5（間休 3 分 30 秒）+ E 心率 10 分鐘	50		26	
	星期三	肌耐力課表：67%/12 次 /3 組 /45 秒	45			
	星期四	E 配速 40 分鐘 +R 配速 100m × 8（間 休 1 分鐘） 爆發力課表：30%/10 次 /3 組 /2 分鐘	50 30		12	
	星期五	肌耐力課表：67%/12 次 /3 組 /45 秒	45			
	星期六	E 心率 20 分鐘 +I 強度 3 分鐘 ×6（間休 3 分鐘）+ E 心率 10 分鐘	48		24	
	星期日	E 配速 2 小時 15 分鐘 + 6ST	135		28.5	
進展期 （8） 減量週	星期一	休息		261		54
	星期二	E 心率 15 分鐘 +I 強度 4 分鐘 ×3（間休 3 分 30 秒）+ E 心率 10 分鐘	37		17	
	星期三	肌耐力課表：67%/12 次 /2 組 /45 秒	30			
	星期四	E 配速 30 分鐘 +R 配速 100m × 4（間 休 1 分鐘） 爆發力課表：30%/10 次 /2 組 /2 分鐘	35 20		8	
	星期五	肌耐力課表：67%/12 次 /2 組 /45 秒	30			
	星期六	E 心率 15 分鐘 +I 強度 3 分鐘 ×3（間休 3 分鐘）+ E 心率 10 分鐘	34		14	
	星期日	E 配速 1 小時 15 分鐘	75		15	

週期（週數）	星期	主課表	訓練時數（分鐘）	每週總時數（分鐘）	耐力網體能訓練量	每週總體能訓練量
進展期（9）	星期一	核心肌力課表：體重 /45 秒 /3 組 /15 秒	30	433		90.5
	星期二	E 心率 20 分鐘 +I 強度 4 分鐘 ×5（間休 3 分 30 秒）+ E 心率 10 分鐘	50		26	
	星期三	最大肌力課表：80%/6 次 /3 組 /3 分鐘	45			
	星期四	配速 40 分鐘 +R 配速 100m × 8（間休 1 分鐘）	50		12	
		爆發力課表：30%/10 次 /3 組 /2 分鐘	30			
	星期五	最大肌力課表：90%/4 次 /3 組 /3 分鐘	45			
	星期六	E 心率 20 分鐘 +I 強度 3 分鐘 ×6（間休 3 分鐘）+ E 心率 10 分鐘	48		24	
	星期日	E 配速 2 小時 15 分鐘 + 6ST	135		28.5	
進展期（10）	星期一	核心肌力課表：體重 /45 秒 /3 組 /15 秒	30	437		94.5
	星期二	E 心率 20 分鐘 +I 強度 3 分鐘 ×8（間休 3 分鐘）+ E 心率 10 分鐘	54		30	
	星期三	最大肌力課表：80%/6 次 /3 組 /3 分鐘	45			
	星期四	E 配速 40 分鐘 +R 配速 100m × 8（間休 1 分鐘）	50		12	
		爆發力課表：40%/8 次 /3 組 /2 分鐘	30			
	星期五	最大肌力課表：90%/4 次 /3 組 /3 分鐘	45			
	星期六	E 心率 20 分鐘 +I 強度 3 分鐘 ×6（間休 3 分鐘）+ E 心率 10 分鐘	48		24	
	星期日	E 配速 2 小時 15 分鐘 + 6ST	135		28.5	
進展期（11）	星期一	核心肌力課表：體重 /45 秒 /3 組 /15 秒	30	442		96.5
	星期二	E 心率 20 分鐘 +I 強度 3 分鐘 ×8（間休 3 分鐘）+ E 心率 10 分鐘	54		30	
	星期三	最大肌力課表：80%/6 次 /3 組 /3 分鐘	45			
	星期四	E 配速 40 分鐘 +R 配速 200m × 6（間休 2 分鐘）	55		14	
		爆發力課表：40%/8 次 /3 組 /2 分鐘	30			
	星期五	最大肌力課表：90%/4 次 /3 組 /3 分鐘	45			
	星期六	E 心率 20 分鐘 +I 強度 3 分鐘 ×6（間休 3 分鐘）+ E 心率 10 分鐘	48		24	
	星期日	E 配速 2 小時 15 分鐘 + 6ST	135		28.5	

Table title: 24 週全馬破 3 課表

24 週全馬破 3 課表						
週期（週數）	星期	主課表	訓練時數（分鐘）	每週總時數（分鐘）	耐力網體能訓練量	每週總體能訓練量
進展期（12）減量週	星期一	休息		264		55
	星期二	E 心率 15 分鐘 +I 強度 2 分鐘 ×6（間休 90 秒）+ E 心率 10 分鐘	37		17	
	星期三	最大肌力課表：80%/6 次 /2 組 /3 分鐘	30			
	星期四	E 配速 30 分鐘 +R 配速 100m × 6（間休 1 分鐘）	38		9	
		爆發力課表：40%/8 次 /2 組 /2 分鐘	20			
	星期五	最大肌力課表：90%/4 次 /2 組 /3 分鐘	30			
	星期六	E 心率 15 分鐘 +I 強度 3 分鐘 ×3（間休 3 分鐘）+ E 心率 10 分鐘	34		14	
	星期日	E 配速 1 小時 15 分鐘	75		15	
巔峰期（13）	星期一	休息		456		103.9
	星期二	E 心率 10 分鐘 +T 強度 8 分鐘 ×3（間休 2 分鐘）+I 強度 2 分鐘 ×6（間休 90 秒）+ E 心率 10 分鐘	56		30.4	
	星期三	最大肌力課表：80%/6 次 /3 組 /3 分鐘	45			
	星期四	E 心率 1 小時 + 6ST	60		13.5	
		爆發力課表：50%/6 次 /3 組 /2 分鐘	30			
	星期五	最大肌力課表：90%/4 次 /3 組 /3 分鐘	45			
	星期六	E 心率 10 分鐘 + M 強度 20 分鐘 +T 強度 15 分鐘 ×2（間休 3 分鐘）+ E 心率 10 分鐘	70		30	
	星期日	E 配速 2 小時 30 分鐘	150		30	
巔峰期（14）	星期一	休息		456		103.9
	星期二	E 心率 10 分鐘 +T 強度 8 分鐘 ×3（間休 2 分鐘）+I 強度 2 分鐘 ×6（間休 90 秒）+ E 心率 10 分鐘	56		30.4	
	星期三	最大肌力課表：80%/6 次 /3 組 /3 分鐘	45			
	星期四	E 心率 1 小時 + 6ST	60		13.5	
		爆發力課表：50%/6 次 /3 組 /2 分鐘	30			
	星期五	最大肌力課表：90%/4 次 /3 組 /3 分鐘	45			
	星期六	E 心率 10 分鐘 + M 強度 20 分鐘 +T 強度 15 分鐘 ×2（間休 3 分鐘）+ E 心率 10 分鐘	70		30	
	星期日	E 配速 2 小時 30 分鐘	150		30	

24 週全馬破 3 課表						
週期（週數）	星期	主課表	訓練時數（分鐘）	每週總時數（分鐘）	耐力網體能訓練量	每週總體能訓練量
巔峰期（15）	星期一	休息		462		107.5
	星期二	E 心率 10 分鐘 +T 強度 10 分鐘 ×3（間休 2 分鐘）+I 強度 2 分鐘 ×6（間休 90 秒）+ E 心率 10 分鐘	62		34	
	星期三	專項肌耐力課表：30%/3 分鐘 /3 組 /1 分鐘	45			
	星期四	E 心率 1 小時 + 6ST	60		13.5	
		爆發力課表：50%/6 次 /3 組 /2 分鐘	30			
	星期五	專項肌耐力課表：30%/3 分鐘 /3 組 /1 分鐘	45			
	星期六	E 心率 10 分鐘 + M 強度 20 分鐘 +T 強度 15 分鐘 ×2（間休 3 分鐘）+ E 心率 10 分鐘	70		30	
	星期日	E 配速 2 小時 30 分鐘	150		30	
巔峰期（16）減量週	星期一	休息		277		58.6
	星期二	E 心率 10 分鐘 +T 強度 8 分鐘 ×2（間休 2 分鐘）+I 強度 2 分鐘 ×3（間休 90 秒）+ E 心率 10 分鐘	42		19.6	
	星期三	專項肌耐力課表：30%/3 分鐘 /2 組 /1 分鐘	30			
	星期四	E 心率 30 分鐘	30		6	
		爆發力課表：50%/6 次 /2 組 /2 分鐘	20			
	星期五	專項肌耐力課表：30%/3 分鐘 /2 組 /1 分鐘	30			
	星期六	E 心率 10 分鐘 + M 強度 10 分鐘 +T 強度 15 分鐘 + E 心率 10 分鐘	45		17	
	星期日	E 心率 1 小時 20 分鐘	80		16	
巔峰期（17）	星期一	休息		468		111.1
	星期二	E 心率 10 分鐘 +T 強度 10 分鐘 ×3（間休 2 分鐘）+I 強度 2 分鐘 ×6（間休 90 秒）+ E 心率 10 分鐘	62		34	
	星期三	專項肌耐力課表：30%/4 分鐘 /3 組 /1 分鐘	45			
	星期四	E 心率 1 小時 + 6ST	60		13.5	
		爆發力課表：50%/6 次 /3 組 /2 分鐘	30			
	星期五	專項肌耐力課表：30%/4 分鐘 /3 組 /1 分鐘	45			
	星期六	E 心率 10 分鐘 + M 強度 20 分鐘 +T 強度 18 分鐘 ×2（間休 3 分鐘）+ E 心率 10 分鐘	76		33.6	
	星期日	E 配速 2 小時 30 分鐘	150		30	

24 週全馬破 3 課表						
週期 （週數）	星期	主課表	訓練 時數 （分鐘）	每 週 總時數 （分鐘）	耐力網 體 能 訓練量	每 週 總體能 訓練量
巔峰期 （18）	星期一	休息				
	星期二	E 心率 10 分鐘 +T 強度 15 分鐘 ×2（間休 3 分鐘）+I 強度 2 分鐘 ×6（間休 90 秒）+ E 心率 10 分鐘	62		34	
	星期三	專項肌耐力課表：30%/4 分鐘 /3 組 /1 分鐘	45			
	星期四	E 心率 1 小時 + 6ST 爆發力課表：50%/6 次 /3 組 /2 分鐘	60 30	468	13.5	111.1
	星期五	專項肌耐力課表：30%/4 分鐘 /3 組 /1 分鐘	45			
	星期六	E 心率 10 分鐘 + M 強度 20 分鐘 +T 強度 18 分鐘 ×2（間休 3 分鐘）+ E 心率 10 分鐘	76		33.6	
	星期日	E 配速 2 小時 30 分鐘	150		30	
競賽期 （19） 減量週	星期一	休息				
	星期二	M 配速 40 分	40		16	
	星期三	專項肌耐力課表：30%/4 分鐘 /2 組 /1 分鐘	30			
	星期四	E 心率 30 分鐘 爆發力課表：50%/8 次 /1 組 /2 分鐘	30 20	273	6	61.8
	星期五	專項肌耐力課表：30%/4 分鐘 /2 組 /1 分鐘	30			
	星期六	E 心率 10 分鐘 + M 強度 10 分鐘 +T 強度 8 分鐘 + M 強度 10 分鐘 + E 心率 5 分鐘	43		15.8	
	星期日	E 配速 30 分鐘 + M 配速 40 分鐘 + E 配速 10 分鐘	80		24	
競賽期 （20）	星期一	休息				
	星期二	M 配速 1 小時 20 分	80		32	
	星期三	專項肌耐力課表：30%/4 分鐘 /3 組 /1 分鐘	45			
	星期四	E 心率 1 小時	60	455	12	115
	星期五	專項肌耐力課表：30%/4 分鐘 /3 組 /1 分鐘	45			
	星期六	E 心率 10 分鐘 + M 強度 20 分鐘 +T 強度 15 分鐘 + M 強度 20 分鐘 + E 心率 10 分鐘	75		29	
	星期日	E 配速 1 小時 + M 配速 1 小時 + E 配速 30 分鐘	150		42	

週期 （週數）	星期	主課表	訓練 時數 （分鐘）	每 週 總時數 （分鐘）	耐力網 體 能 訓練量	每 週 總體能 訓練量
競賽期 （21）	星期一	休息				
	星期二	M 配速 1 小時 30 分	90		36	
	星期三	專項肌耐力課表：30%/4 分鐘 /3 組 /1 分鐘	45			
	星期四	E 心率 1 小時	60		12	
	星期五	專項肌耐力課表：30%/4 分鐘 /3 組 /1 分鐘	45	465		119
	星期六	E 心率 10 分鐘 + M 強度 20 分鐘 +T 強度 15 分鐘 + M 強度 20 分鐘 + E 心率 10 分鐘	75		29	
	星期日	E 配速 1 小時 + M 配速 1 小時 + E 配速 30 分鐘	150		42	
競賽期 （22） 減量週	星期一	休息				
	星期二	M 配速 45 分鐘	45		18	
	星期三	專項肌耐力課表：30%/4 分鐘 /1 組 /1 分鐘	30			
	星期四	E 心率 30 分鐘	30		6	
	星期五	專項肌耐力課表：30%/4 分鐘 /1 組 /1 分鐘	30	275		72
	星期六	E 心率 10 分鐘 + M 強度 10 分鐘 +T 強度 10 分鐘 + M 強度 10 分鐘 + E 心率 10 分鐘	50		18	
	星期日	E 心率 30 分鐘 + M 配速 1 小時	90		30	
競賽期 （23） 減量週	星期一	休息				
	星期二	M 配速 30 分鐘	30		12	
	星期三	專項肌耐力課表：30%/2 分鐘 /1 組 /1 分鐘	30			
	星期四	E 心率 30 分鐘	30	220	6	55
	星期五	專項肌耐力課表：30%/2 分鐘 /1 組 /1 分鐘	30			
	星期六	M 配速 40 分鐘	40		16	
	星期日	E 心率 15 分鐘 + M 配速 45 分鐘	60		21	
競賽期 （24） 比賽週	星期一	休息				
	星期二	E 心率 10 分鐘 + M 配速 30 分鐘	40		14	
	星期三	M 配速 30 分鐘	30		12	
	星期四	E 心率 30 分鐘	30	120	6	36
	星期五	E 心率 20 分鐘	20		4	
	星期六	比賽天 / 休息				
	星期日	比賽天 / 休息				

24 週全馬破 3 課表

每次執行課表前的動態伸展

請在執行訓練計畫的課表前，都先進行以下的熱身動作，這些動作可以幫你在訓練前先擴大關節的活動度，以及啟動核心與跑步的相關肌群。雖然這些動作很簡單，卻能增加訓練的「效度」，讓同一份課表發揮更大的功效。進行的順序會先從同時用到多種肌群的動作開始，接著再做跟跑步密切相關大肌群，所以小腿和提升腳掌活動度的小馬踮步，擺到最後一項。

1. 跨步轉身

- **執行要點**：先下蹲，下蹲時前方的膝蓋不要超過腳尖，後方的膝蓋要盡量靠近地面（但不能支撐在地面上），接著往前方腳轉動，轉動的同時把氣吐光，讓肚臍盡量往內縮。
- **動作目的**：啟動跑步所需的穩定核心肌群，啟動跑步所需的臀部和大腿附近的肌群。
- **重複次數**：左右腳各往前跨 5~10 步（因為只是熱身，最多請不要超過 10 步）。

- **備註**：若要增加髂腰肌的伸展幅度，可以加上舉手的動作。

2. 棒式

- **執行要點**：先採取伏地挺身預備動作，接著雙肘撐地，支撐點在肩膀正下方，腹部不要掉下來，背部打直，維持三十秒。
- **動作目的**：啟動腹部抗伸展的核心肌群。
- **次數與組數**：每 30 秒為一組，進行兩組，組間休息 30 秒。

3. 橋式

- **執行要點**：先採取坐姿，雙手向後撐住身體（手掌朝下，手指朝腳的反方向撐地），雙腳在身體前方伸直。盡可能向上抬高臀部，此時你的體重只由手掌、腳與上背部一起承擔。回到開始姿勢，臀部重複上下移動。
- **動作目的**：啟動背部與臀部抗伸展的核心肌群。
- **次數與組數**：每重複 10 次算一組，進行兩組，組間休息 30 秒。

進階動作為單腳橋式

4. 側跨步

- **執行要點**：先採取站姿，腳尖朝前，右腳向右側跨一步，腳掌著地後臀部順勢往後坐，同時確認：腳尖仍指向前方，背部維持打直，膝蓋不要超過腳尖。收回左腳回到站姿，接著往左腳往左跨一步，同樣地腳掌著地後臀部順勢往後坐，同時確認：腳尖仍指向前方，背部維持打直。如此算一次側跨步。
- **動作目的**：打開髖關節與其附近的韌帶和肌肉。
- **重複次數**：左右腳各往側邊跨 5~10 次（因為只是熱身，最多請不要超過十次）。

5. 正面小腿上拉

- **執行要點**：先採取站姿，抬起膝蓋後，一隻手抓住腳踝，一隻手抓住前脛，兩手同時施力把小腿朝向胸口拉，拉到最高點後暫停兩到三秒，放下後再抓起另一隻腳，重複上述步驟。兩腳都做完才算一次。
- **動作目的**：伸展臀部
- **重複次數**：重複 20 次。

6. 單腳前伸軀體前彎

- **執行要點**：先採取站姿，向前跨一步，腳尖向上蹺起，背部與膝蓋打直，接著軀體前彎，到極限後暫停兩到三秒，挺起上半身再往前跨出另一隻腳，重複上述步驟。兩腳都做完才算一次。
- **動作目的**：伸展後大腿。
- **重複次數**：重複 20 次。

7. 小腿後勾上拉

- **執行要點**：先採取站姿，單腳支撐，另一隻腳的小腿往後勾，用同側的手握住腳踝，把腳跟往臀部拉，同時臀部往前推，暫停兩到三秒後放下腳掌，接著換腳支撐，再重複上述步驟，兩腳都做完伸展後再向前跑 5 公尺，如此算一次完整的動作。
- **動作目的**：伸展前大腿。
- **重複次數**：重複 20 次。

8. 單腳下犬式

· **執行要點**：先採取伏地挺身姿勢，接著雙手朝腳掌的方向移動兩到三個手掌的距離，把右腳放到左腳腳踝上，接著臀部盡量往上推，到極限後暫停兩到三秒，隨後讓臀部降到與地面平行的位置，改把左腳放到右腳踝上，重複上述步驟，如此算一次完整的動作。
· **動作目的**：伸展小腿和阿基里斯腱。
· **重複次數**：重複 20 次。

9. 小馬踮步（跑技 3 的訓練動作）

· **執行要點**：雙腳快速以極小的幅度不斷反覆向上拉起，腳掌拉起的幅度盡量小，離地不要超過五公分。腳掌幾乎是一離地就放鬆回到地面，只利用前腳掌的蹠球部像蜻蜓點水般一點地就拉起來。這個動作除了快之外，要專心使上半身與股四頭肌保持放鬆，只動用後大腿肌。
· **動作目的**：刺激腳掌、阿斯里斯腱與小腿的神經肌肉反射，以及啟動重心轉移的知覺。
· **時間與組數**：每組進行 30 秒，重複三組，組間休息 30 秒。
　第 1 組：先以每分鐘 180 的步頻開始。每一組維持 30 秒。(利用節拍器可以自由調整要練的步頻)。熟悉動作後再微傾臀部，就會自然前進。
　第 2 組：跟上每分鐘 180 步之後，可以再逐漸增加到每分鐘 220 步，維持 30 秒，過程中若上半身開始覺得緊繃就重新回到較低的步頻。
　第 3 組：轉移重心，在原地小馬踮步過程中向前 / 後 / 左 / 右移動。先原地以每分鐘 180 步跑 10 秒，接著臀部前傾 5 秒，此時身體會自動向前移動；5 秒後臀部向後傾，此時身體會向後跑；5 秒後再把身體與臀部向左傾，5 秒後再向右傾。
· **備註**：上述動作皆可加上跳繩，以增加動作的難度。跳繩可以有效提升大腦與肌肉之間的聯結。

訓練計畫中的肌力課表總覽

下面每一個動作都有難易之分，訓練目的與動作細節請參考第四章。在前幾次訓練時可以先試出目前適合自己的動作難度，請不要太勉強，挑選的原則是：必須能完成課表中規定的次數與組數，而且隔天不能痠到影響體能訓練。若會影響，就應該挑更簡單的動作；反之，若覺得這星期的動作很輕鬆，下次就可以挑難度更高的動作。另外，爆發力課表與專項肌耐力課表中的動作，到了後期，為了更符合跑步專項訓練的原則，我們希望你盡量都改以單腳來進行訓練。

次序	核心肌力課表	肌耐力課表
1	腹部抗伸展	硬舉
2	背部與臀部抗伸展	深蹲
3	側腹側臀抗伸展	弓步
4	腹部抗旋轉	水平推
5		水平拉
6		垂直推
7		垂直拉

次序	最大肌力課表	爆發力課表
1	弓步跳	弓步跳
2	上膊	上膊
3	硬舉	單手抓舉
4	蹲舉	快速踢臀
5	水平推	左右彈跳
6	水平拉	

次序	專項肌耐力課表
1	啞鈴單手硬舉 
2	前蹲舉 
3	弓步／後跨動作 
4	後腳抬高分腿蹲 

以上的動作的圖示都只是其中一個範例，難易度可以自行從下頁表格中挑選。

核心肌力動作難易度

難度	腹部抗伸展	背部與臀部抗伸展	側腹與側臀抗伸展	腹部與臀部抗旋轉
1	棒式 / 手肘撐	橋式 / 雙手平伸置於臀側輔助支撐	側棒式 / 手肘撐	抗旋轉 / 跪姿
2	棒式 / 手掌撐	超人式	側棒式 / 手掌撐	抗旋轉 / 站姿
3	棒式 / 單腳撐地	橋式 / 單腳離地	側棒式 / 手掌撐＋上方手指向天空	抗旋轉 / 弓步＋後膝著地
4	棒式 / 單手撐地	仰棒式 / 手掌撐地	側棒式 / 手掌撐＋轉體	抗旋轉 / 弓步＋後膝離地
5	棒式 / 單手單腳撐地	仰棒式 / 手掌撐地＋單腳離地	側棒式 / 手掌撐＋上方腳抬起	抗旋轉 / 單腳離地

＊數字愈大難度愈高。

 下肢肌力動作難易度

難度	硬舉	蹲舉	弓步
1	硬舉 / 彈力繩加負荷	徒手深蹲	弓步蹲
2	羅馬式硬舉 / 雙手持啞鈴	深蹲時手臂伸直大拇指朝天	弓步後跨下蹲
3	雙腳硬舉 / 雙手持啞鈴	背蹲舉	弓步前跨下蹲
4	雙腳硬舉 / 雙手持槓鈴	前蹲舉	弓步前跨轉體＋吐氣
5	單腳硬舉 / 單手持啞鈴	過頭蹲	側弓步
6		後腿抬高分腿蹲	

上肢肌力動作難易度

難度	水平推	水平拉	垂直推	垂直拉
1	伏地挺身 / 雙膝著地	划船 / 啞鈴雙手	推舉 / 雙手啞鈴	引體向上 / 彈力繩輔助減輕強度
2	伏地挺身	划船 / 槓鈴	推舉 / 槓鈴	引體向上
3	伏地挺身 / 雙腳墊高	划船 / 啞鈴單手	推舉 / 雙腳＋單手啞鈴	引體向上 / 槓鈴負重增加強度
4	臥推 / 槓鈴	划船 / 啞鈴交替	推舉 / 單腳＋雙手啞鈴	
5	臥推 / 啞鈴單手		推舉 / 單腳＋槓鈴	
6			推舉 / 單腳＋單手啞鈴	

 爆發力動作難易度

難度	蹲跳	上膊	抓舉
1	深蹲跳	上膊 / 雙手啞鈴	抓舉 / 雙手啞鈴
2	弓步跳	上膊 / 槓鈴	抓舉 / 槓鈴
3	跳箱弓步跳	上膊 / 雙腳＋單手啞鈴	抓舉 / 雙腳＋單手啞鈴
4	深蹲跳 / 雙手持啞鈴	上膊 / 單腳＋雙手啞鈴	抓舉 / 單腳＋雙手啞鈴
5	跳箱深蹲跳 / 雙手持啞鈴	上膊 / 單腳＋槓鈴	抓舉 / 單腳＋槓鈴
6	跳箱弓步跳 / 雙手持啞鈴	上膊 / 單腳＋單手啞鈴	抓舉 / 單腳＋單手啞鈴

＊可上耐力網 Youtube 線上觀看示範動作

chapter 7

跑者的意志力

意志力不是一種美德，
而是像體能一樣可以鍛鍊、需要恢復、可以變強的能力！

前面我們談過了跑者的體能、肌力與技術訓練，除了技術跟你的感知力（Perception）與覺察力（Noticing）有關外，本書談的科學化訓練大都是在強化身體的能力，這些知識的發源地在西方，從古希臘時代開始西方人就開始鑽研訓練與健身；但中國人的老祖先很少為了健身、健美、成績或運動表現而鍛鍊，中國講「修身養性」，修身是手段，養性才是目的，所以中國人練功的目的不是為了變強或追求勝負，而是為了追求某種精神上的更高境界。

人類肢體的運動並不獨立存在。當人類活動身體的同時，也同樣在鍛造從事這項運動時所動用的精神、肉體與靈魂。因此，接著我們要談到跑者的心志面，一種馬拉松跑者最津津樂道的能力——意志力。意志力是什麼？它是否可以追求？又該如何鍛鍊意志力？

在討論意志力之前，我們必須先思考一下世界上只有動物具有「意志」，所以石頭與小草都無法決定自己的下一步。世上所有物種，可以被分為植物與動物兩大類。植物與動物的差別在於前者會動，後者不會動。動物能動的原因是具有肌纖維以及神經元（大腦的基本單位）。因為光有肌纖維，若沒有「控制單元」的話還是無法行動，所以肌纖維與控制單元是在同一個時間點演化出來的。從脊索動物門的海鞘可以證實這點：它天生就有簡單的脊索和數百個神經元，當牠還是幼蟲時，會在淺水到處移動尋找合適的珊瑚礁，接著它會附著在珊瑚上，開始把自己的腦吃掉，變成「植物」。對於這種怪異的行為，科學家的解釋是：「既然牠不再需要移動，腦子也就沒什麼用了」。

前寒武紀新元古代的腔腸動物就已經有龐大的神經元和突觸（控制單元）了，演化到現代，這種控制單元在昆蟲和猿猴腦中的差異是：前者比較簡單、後者比較複雜。因為在昆蟲的生活型態中，它不需要複

雜的大腦來執行哺乳、採集或抓蟲子等工作。

這樣看起來，具有「控制單元」的動物似乎比較先進，可以控制身體到處移動，但事實上，動物的許多行動都已被內建在大腦裡，除非經過訓練，否則並無法自主控制。像是《少年 Pi 的奇幻之旅》中的猛加拉虎，一開始看到 Pi 時，只是看到食物，他並不會想到未來在船上沒有人幫牠打漁，或是為了避免未來在救生艇上沒人陪伴感到孤單的感覺，而克制獵捕的本能與填飽肚子的欲望。直到後來用棍子和食物訓練牠，牠才學會克制自己不把同一艘船的 Pi 給吃掉。

也就是說，大部分的動物雖然有移動力，但移動方針基本上都是跟著「本能」與「衝動」（也可稱為「欲望」）而行的。而人類的特殊之處就在於我們具有強烈的個人意志，可以克制衝動與欲望，以及忤逆本能的指令。

意志力的三股力量

談到意志力，許多人先入為主認為意志力是一種人格特質、一種美德：你要不是很有意志力，不然就是毫無意志力。然而，科學家研究發現：意志力就跟跑步一樣是人類演化而來的能力，是每個人都具有的本能，而且也都可以鍛鍊。

人類跟其他哺乳類動物最大的差異，除了我們無毛、會笑還有用兩條腿移動之外，我們最大的特徵在於大腦具有可塑性很強的「意志力」（Willpower），其他動物大都跟著欲望與衝動行事，只有少數經過訓練的動物能夠剋制欲望，忍耐等待主人下令後才去吃盤裡的食物；或

是遵從主人的指令，跑到遠方把皮球撿回來。

掌控意志力的部位在大腦的前額葉皮質，這個部位的確只有比較進化的動物才有。凱莉‧麥高尼格（Kelly McGonigal）在《輕鬆駕馭意志力》（The Willpowr Instinct）一書中把意志力分成三種力量：「我要去做」、「我不去做」以及「我真正想做」。

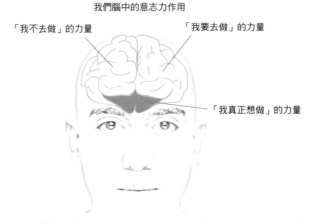

圖片參考：《輕鬆駕馭意志力》，台北市：先覺出版社，2012 年 9 月出版，頁 20。

我要去做：此種意志位於前額葉皮質的左上方，它能幫忙人完成困難、單調與艱辛的任務，例如你可能最害怕 LSD 課表，因為太長太無聊，每次來到這種課表你都很想找理由逃避，這正是你需要運用意志力來行動的時刻，我把它稱為「意志的行動力」。

我不去做：右半邊的功能可以幫你克制衝動與欲望，例如你想早起練跑，就必須運用意志力，制止自己按掉鬧鐘後又爬回床上，我把它稱為「意志的自制力」。

我真正想做：此區塊的位置最低，它專門用來記住你的目標和夢想，讓你能一步步的實現它，我把它稱為「意志的夢想力」。這是人類最

特殊的能力，只有人類會為了在 42 公里的距離內打破最佳個人紀錄而在每天上班前早起練跑。它是行動力和自制力的能量來源。

動物在意志行動力的展現上，對人類來說可能更是望塵莫及，像是鮭魚與侯鳥。他們的大腦會發出強烈的指令，要牠們在季節轉換時，橫跨廣大的海洋，牠們移動的距離與不到終點絕不罷休的毅力，就跟牠們獨特的運動能力一樣，讓大多數的人類都比不上。

但動物的意志力主要僅止於「我要去做」的力量，牠們的自制力很差，也沒有規劃未來與實踐夢想的能力。你無法叫一隻鮭魚停止迴遊到出生地（自制力），牠不會為了變成世界上游得最快的鮭魚（夢想力），開始在海裡訓練游泳的肌肉和心「鰓」系統。你也無法要侯鳥為了挑戰最高飛行紀錄而開始節食、減重和鍛鍊飛行能力。

人類會為了達成環遊世界的夢想開始省吃簡用，但動物大都著眼於眼前的利益，滿足當下的欲望，不會想太遠，意思就是我們心裡都有「真正想做的事」，其他動物沒有想做什麼，牠們只是不同的基因打造出來會動的生物，執行寫在基因裡所指定的任務，找吃的、保護自己、交配、哺育後代，人類的基因裡也已經寫入這些任務的程式，但人類的特殊之處在於我們可以為了長遠的目標，不顧這些指令，忍受當前的痛苦，同時也忍耐著不去滿足眼前的欲望，所以只有人這種動物在吃飽後（以現代來說是週末放假不用工作的空閒時間）不好好休息還到戶外去跑個 42 公里。

能夠設定長遠目標，接著執行再達成的能力，只有人類才有，這是天生的，而且還能經過訓練而變得更強。所以菁英跑者的前額葉皮質都非常發達，因為跑步不只鍛鍊肉體，也鍛鍊了他／她們的心志。

意志的夢想力：立定志向，讓目標變得更明確

本書的目的是「讓你變成一位更強的馬拉松跑者」，要做到這件事除了要知道上面所談的那麼多關於馬拉松的科學化訓練知識，怎麼練體能、怎麼練肌力、怎麼練技術之外，要執行這些知識，還是要靠你的心來執行。但心的狀態常常是「浮動」的，漂來漂去，紛馳無依，沒有定向。要你下指令給它方向，它才能進中能量，完成某件事。所以我們都知道「專心」很重要，把精神力專注在同一個方向，所以孔子才一再強調「志」的重要性，《說文解字》載：「志者，心之所之也」。「志」拆開來看就是有「心」之「士」，一個人心的方向很明確，就不會時常被各種欲望與衝動拉著走。先確立志向，將來才有足夠的行動力與自制力。

志向立定得愈明確，夢想力量愈強；夢想力愈強，將來在執行的行動力和自制力也會跟著強大起來。

對跑步來說，所謂的「立志」的具體步驟是：
1. **先確立目標**：你的目標賽事是哪一場？你的目標成績是？
2. **想要達標的理由**：詳細把你為什麼想要達成這個目標的理由一點一點列出來。
3. **達標的步驟與方法**：把每個週期的小目標列出來，拆得愈細，愈容易達成愈好。

這也是為什麼姿勢法的創辦人羅曼諾夫博士（也是曾擔任過多次奧運教練）強調要寫跑步訓練日誌的原因，他認為在訓練前要先把「今日訓練重點」寫下來，在寫的過程中會強化你訓練的動機，你的多巴胺會改刺激你「想要訓練」的神經元，因為目標明確，你也會練得更好。

意志的行動力：
先做簡單的事來養成有利於達標的習慣

許多人的夢想無法實踐的原因是太過遠大、不夠具體，所以不知從何做起。其實，應該從你已會做的簡單的事情開始，而不是從能力範圍邊界的困難事情做起，困難的事當然也要做，但不能常常做，因為做困難的事需要動用到龐大的意志力，太常挑戰困難的課表，身心都會耗竭，本來就很難堅持。若你一開始就不斷要自己每天都要跑 2 小時的 LSD，這本來就是強人所難的事。也許你會說，為什麼關家良一和史考特辦得到？那是因為他們體力與意志力已經過長期的累積。意志跟配速一樣是非常個人化的事，就像你不能比賽一出發就跟著肯亞選手跑一樣。

貫徹平日訓練的毅力，比馬場上的求勝意志來得重要

簡單的事，重複做，雖然在自己眼裡還是一樣簡單，但做久了就會達到不簡單的境界。「重複做自己能力範圍裡面的事，不要去想能力範圍外的事。」

像是在進行週期化訓練時，我們一再強調不要在大週期中改變 E/M/T/I/R 的配速，比如說你在訓練前測出來的跑力是「44」，各級的配速分別為：

E 配速 = 每公里 5 分 29 秒～ 6 分 10 秒

M 配速 = 每公里 5 分 03 秒

T 配速 = 每公里 4 分 43 秒

I 配速 = 每公里 4 分 21 秒

兩個月後，你覺得 E 配速的 5 分 29 秒實在太簡單了，因此你每次練 E 時都把它自動調成 5 分以內的配速，如此反而很容易提早用盡自己的

體力與意志力，造成後繼無力，使計畫流產。人的心裡很容易想要挑戰困難的事物，那的確是強化意志力的好方法，但如果太頻繁又沒有適度休息的話，那同時也是使你意志崩盤的最佳途徑。因為意志力有限，就如像肝醣一樣，它會耗竭也需要休息補充。

大部分我們認為很強的跑者，他們之所以很強並非他們一直挑戰做不到的事。他／她們只是不斷地重複去做一些本來就做得到，在能力範圍以內的事。若我們把自己能做的事想成一個大圓，圓心附近是 E 配速，圓周則是有氧能力極限的 I 強度，I 強度以內都在你有氧能力的範圍。能耐得住性子不斷重複做自己能力範圍裡的事（這當然就需要熱情），則是「毅力」的展現。挑戰全馬，堅持到最後，只能算是具有堅定的完賽意志。毅力是需要長期培養的，培養的方式是從簡單的事情優先做起，如此你就不用動用太多意志力，當重複夠久，養成習慣之後，你就無須再動用意志力了。

習慣後就無須動用意志力

大學時代，我每天五點鐘一到，就會自動走向泳池，跟泳池的管理員打聲招呼，脫掉全身的衣物換上泳褲，走到池邊暖身，這些動作大多是在半自動的情況下完成，有時候才剛回過神來，雙腳腳趾已經扣著池邊準備跳水開始訓練了。很多泳隊的學長姊稱讚我訓練很勤奮；學弟妹則把我當成「精神指標」，是自制力和毅力的代表。但其實我只是習慣了而已。在他／她們眼中，要每年 365 天每天下水訓練（包括週末和寒暑假），對某些人（還沒有養成習慣的學弟妹來說），每天去游泳可能需要具有很強烈的訓練動機，動用大量的意志力，才能克服其他誘惑來到泳池練習，我一開始也經歷過那種掙扎的過程，但經過一年之後，「每天下課後到泳池訓練」這件事就變得非常自然，像

是睡覺前要刷牙一樣，對我來說並不需要動用意志力。

那段期間曾有兩次被迫中斷每天游泳的習慣，一次是學長騎機車載我摔車，傷口復原花了一個月，那一個月「不能游泳」的痛苦比傷口還難受，能再度下水的那一天就像久逢甘霖的心情；還有一次是學校泳池整修，整個關閉無法訓練，才沒幾天我就受不了，去買隔壁私人泳池的一整本門票，總共買了好幾萬元，這對當時還是大學生的我來說是一大筆開銷，學長姐都說我練得好拚，真肯花錢。但其實我是忍不住，下水練泳已經變成當時我的一項必要需求，我只是花錢來滿足這項需求而已，這跟意志力無關。

已經習慣的行為，被迫中斷後，在一定的時間內要再回到原來的行為慣性中，也會比別人重新養成習慣要容易多了，就像從小練跑步的選手，因聯考中斷訓練，之後要再練回到原本的水準，相對也會容易許多。

因為習慣後，就用不著意志力了，好比鮭魚的神經系統中已內建了迴游的程式。但我後來也發現，有些東西是一輩子天天做也無法習慣的，所以一直要動用意志力來執行，例如跑 I 強度間歇（亞索八百間歇）時那種乳酸堆積後缺氧的「痛苦」。我們需要一直動用意志力來「制止」身體想停下來休息的衝動，因為太痛苦了，停下休息的渴望會非常強烈，當下意志力必須夠強才能凌駕其上，駕馭那股「想要休息」的強烈衝動；本能上，呼吸自動加速、乳酸在體內亂竄、心率飆高，這是意志所無法控制的，身心都會希望回到穩定與舒服的狀態，趨向安逸是人的天性，我們能做的是動用意志力來忍受痛苦與克制想停下來回到舒適狀態的欲求，不斷告訴自己「再忍耐一下」，透過忍耐，我們的耐力與耐心都會與時俱進。而且，在痛苦忍過以後，隨之而來的是滿溢的成就感與超越感。

結論是：「對於我們真正想做的事，能夠養成習慣的就要開始規律去做，盡量節省意志力，才能把意志力用在真正需要堅持的時刻」。

沒有痛苦，馬拉松就沒有意義

痛苦，是其中一項永遠無法習慣的事，所以面對痛苦時非得動用意志不可。所以每一次面對痛苦都在鍛鍊它。

痛苦雖然無法習慣，但我個人時常覺得自己是非常需要它，所以我常去自找痛苦：參加馬拉松、比超鐵（226 公里長的鐵人三項賽）、跑環島（2008 年與 2013 年各跑了一次）、在訓練時把自己逼向極限。我想原因有二：

其一是通過終點那一剎那所體悟到的純粹幸福感。在終點線後，光停下來就是幸福，坐著休息、好好呼吸、喝口水、吃著主辦單位準備的西瓜，那可是跟躺在沙發上喝水吃西瓜的感受天差地遠，雖然水跟西瓜的品質並無不同，但在變強或超越極限、體驗真實的痛苦之後，就能真切體會到水跟空氣都甜美無比的純粹幸福感。因為痛苦之後幸福的門檻總是降得特別低，全部的注意力都回到生理基本的需求上：空氣、水、食物、他人的陪伴與鼓舞。像是到達馬拉松的終點後，光是能停下來不動就會感到幸福，一杯水、一片西瓜、一陣微風與終點親友的臉孔，就會帶來當下俱足的愉悅感。所以我想，喜愛耐力運動的我們，正是想透過這種自找的痛苦，來加強自己正活著的觸感。如果沒有痛苦的話，我想沒有人會刻意要挑戰馬拉松。如果跑馬拉松跟坐在走路逛街一樣輕鬆的話，它本身的意義就消失了，所以我時常覺得自己需要痛苦，人生沒有痛苦的話，很多美好的事物也會不再美好。

其二是自我控制能力的增加。人的欲望是紛馳的，尤其活在行銷手段充斥的現代，刻意激發人的各種欲望，讓意志紛馳，讓身體跟著欲望走，最好能在不自覺中下決定，按下購物鍵。通過痛苦的訓練，控制自我的能力也增加了。要求身體去面對缺氧、乳酸堆積、肌肉痠痛與身心疲累等痛苦時，都需要動用極大的意志力來克服天生趨向舒適與安逸的欲望。在極限邊緣徘徊時，身體被痛苦充滿，為了抵達終點，只能專心地與自己的身體對話，說服自己不要放棄，維持配速，維持在臨界點往終點前進。它的癮頭在於痛苦當下自己有能力超越它，不屈服於身體本有的限制而掌控它，那種超越感會一直延續到訓練或比賽結束，讓人產生面對人生的信心。

 意志的自制力：人若無求自然強

衝動和欲望是意志力的最大剋星，比如說你剛下班回到家正覺得饑腸轆轆時，太太煮了香噴噴的義大利麵，在你看到美味食物的同時，雖然還沒吃到，但大腦中央部位會釋放出一種名為「多巴胺」的神經傳導物質，傳送到控制注意力、動機以及行動的大腦區域，要你做出行動去滿足填飽肚子的欲望。你上了一整天的班，已經很累了，原本已經計畫好要練跑 1 小時的 LSD，但當下好想坐在沙發上邊看電視邊吃義大利麵，相對於一個人外出跑步，溫暖家裡的義大利麵、電視與沙發會讓大腦不斷釋出多巴胺，此種物質像個小惡魔，它會不斷說服你去滿足它。

別擔心，大腦演化出的另一個機制就是意志力，它會督促你去做真正重要的事。

那要怎麼克服衝動，使自己不致於一直被想要立即滿足欲望的「小惡魔」給出賣呢？答案是「等待」與「忍耐」，期間再把注意力放在呼吸上。

我們先來看一個有趣的「誘惑」實驗：參與實驗的是 19 隻黑猩猩和 40 位大學生，這些大學生來自於美國哈佛大學與德國萊比錫的馬克斯普朗克協會。第一階段：實驗者拿葡萄誘惑黑猩猩，人類則用葡萄乾、花生、M&M 巧克力、香脆餅乾和爆米花。一開始，桌上分別放著兩盤食物，其中一盤每樣六顆，另一盤則有兩顆，黑猩猩和人類都可以自己選擇。這項選擇很簡單，兩種動物都選擇六顆那盤。接著第二階段，實驗者加上一點變化，提出兩個選擇：先拿出兩顆盤，告訴他們可以直接拿去吃，或是先忍耐一下不要吃，等兩分鐘後會換六顆盤給他／牠們。從第一階段中，我們知道不管是人類還是黑猩猩都覺得六顆比兩顆好，但他／牠們是否願意等待呢？結果有 72% 的黑猩猩選擇等待，但大學生們只有 19% 的人願意等。怎麼可能，難道黑猩猩的自制力竟然比人類好！？當然不是，從各種面相來說人類的自制力強過世界上所有的動物，這也是人類的特徵之一，那這項研究結果該做何解釋？

我們引述作者凱莉在《輕鬆駕馭意志力》說明科學家的結論：
人類的複雜的大腦往往不是做出最有利的決定，反而允許自己做出較不理性的舉動。這是因為人類龐大的前葉額皮質不僅掌管自制力，也會將不好的決定合理化，說服自己相信下次會做得更好。那些黑猩猩想必不會告訴自己：「我這次先吃掉兩顆葡萄，下次再來忍耐，等六顆葡萄。」至於人的思想則會耍各種花招，說服自己明天再來抗拒誘惑，於是有龐大前額葉皮質的我們，竟一再屈服於立即滿足的誘惑之下。[1]

就像我們現在都知道週期化課表、肌力訓練、技術訓練很好，做了一

定會進步，但為什麼不去做呢？就像哈佛大學生知道兩分鐘後可以用兩顆換六顆，為什麼不願意等待。經濟學家把這種行為稱為「延遲折現」（delay discounting），意思是取得報酬的時間愈長，該報酬對個人的價值就愈低。也就是說對跑者而言，要等四個月後才能驗收成果，時間拉太長，使得進步的價值都低於隨性練跑時的滿足感或間歇訓練所看到的明顯成效。拖延是人的本性之一，但拖延的同時也出賣了未來更大的報酬。例如原本早上要練跑，但看到下雨就開始找理由，像是鞋子會濕掉、會感冒、沒時間洗衣服、上班會遲到等，大部分的人都曾為了當前溫暖的被窩而出賣訓練計畫開始前的雄心壯志。

以上述的實驗為例，如果哈佛的大學生都能在拿到兩顆的盤子時先告訴自己：「等待 30 秒後再決定」，在這段過程中你可能會焦躁不安，此時專心在呼吸可以觸發副交感神經，進而讓身心放鬆。這 30 秒是在去欲、去掉慣性的衝動。30 秒後，意志的自制力就會變得更加堅定，開始有機會壓過想要滿足當下欲望的衝動。

做一些簡單且重複性高的事可以增加自制力，像是呼吸、原地跑或是深蹲，意志會在等待的過程中變得更加堅定，進而壓抑想立即獲得滿足的衝動。

當然，想要對抗冬日早晨溫暖被窩裡的小惡魔，靠意志力到寒流裡練跑，30 秒是不夠的，意志力的研究專家凱莉認為，最佳的時間為 10 分鐘。請給自己 10 分鐘的時間，之後如果欲望還沒消褪，才讓自己屈服。對跑者來說，10 分鐘期間如果你很專心去除所有思緒，專心呼吸與原

---

1 凱莉・麥高尼格：《輕鬆駕馭意志力》，2012 年，頁 220

地跑，如果最後還是很想窩回被窩裡，那可能就代表你太累了，休息也無妨。因為欲望不只是會出賣你，它也是從天生的需求（飲食、睡眠、性欲、穿暖）中轉變出來的，叫你回去睡覺的小惡魔並非天生就壞，若 10 分鐘後它還諄諄善誘，那很可能真的就是太累了，你就好好遵循「休息是訓練一部分」的原則！

等待可以消滅小惡魔的力量，在你早晨昏昏欲睡，意志最薄弱的時候，這種消極的方式是不得已的下策。但若在清醒時，你可以反過來主動出擊，用意志要求自己「做 10 分鐘後再放棄」。例如原本課表是 2 小時的 LSD，但今天早上身體有點不舒服，此時你可以先把目標切小一點，要自己先出門慢跑熱身，「等 10 分鐘之後再決定是否繼續訓練」。你可能會發現，一旦開始跑了，就會想繼續跑下去。

我認為馬拉松想要練得好，而且想要比賽時感到扎實，在進終點時擁有最終的成就感，就必須在準備階段先不斷地丟掉其他東西，才有可能把生命的熱情專注在特定的事情上，滿足感才有從中產生，變強才有可能。

你的心同時不會想有兩種、三種、四種需求，你的心只有一種需求，需求愈少，你的心愈堅強，所以老子說「無欲則剛」（出自《論語》公冶長第五）。無欲則剛並不是說真的要什麼欲求都沒有，人還是要吃飯睡覺，還是需要溫飽，它強調的是要把欲望降到最低，你的心就會是最強悍的。因為有欲必有所求，有求於人必受制於人，有求於物必受制於物，欲求多了則處處受制，又如何能剛強起來？這裡的「剛」，不是指血氣之勇，而是指一個人的意志力堅定不移，經得起考驗，不被外力、外物屈服左右。對於一位可被稱為跑者的人來說，早上能「捨」掉溫暖的被窩，到戶外去練跑，讓身體從寒冬中逐漸溫熱起來；能「捨」

掉朋友邀約的聚餐，親人放鬆閒聊的時光，一個人換上跑鞋外出練跑；要能「捨」掉更多的工作和賺錢的機會，一個人默默地吃下每天的課表。馬拉松跑者除了要練的是體能、技術與肌力之外，還要鍛鍊他的心。練心的方式就是要懂得「割捨」，捨得愈多，你的心愈堅強。

在這不斷丟棄的過程中，勢必孤獨。不孤獨，無法真正的成長。但在社會化的過程中，身上的擔子會愈來愈多，如何丟棄？這是老子所謂損之又損的功夫，不懂得「捨」，永遠「得」不到最寶貴的禮物。那禮物不見得是名次、獎金或破 PB，而是一種去除多餘的欲求後，實踐自我真心想追求的夢想之後所帶來的滿足感。

善用你水塔裡有限的意志力

在花蓮，常有台北的鐵人朋友來找我一起訓練，我大多會帶他／她們到鯉魚潭練開放式水域。某位台北朋友 B 小姐帶來一群鐵人來花蓮移地訓練，我預排在週六早上一起從潭北橫渡鯉魚潭，游到潭南。但到了當天早上起床後聽到雨聲淅瀝，實際騎車到外面去，風灌進衣領裡，細雨從嘴角鑽進去，看到溫度計只有 15 度外加視覺上陰暗與冷雨的觸感，我自己也不禁直哆嗦，這是最消磨人意志的天氣了。我想，不管是誰，「本能」都會排斥下水。但我非常清楚，在最不想做的情況下，完成既定計畫的暢快感是最豐沛的。因為戰勝了自己，所以我一出門就下定決心非下水不可。而且我同時想做個實驗，看看這次來花蓮的十位鐵人，在這樣的天候下，有幾位有意願下水訓練（他／她們大都帶了防寒衣，也都有實力游完）。

因為出門時邊騎邊想這個實驗，速度慢了些，晚了 10 分鐘到。一到潭

北，大家看著我，如我預期大家都一副不想下水的樣子，我說：「先去摸摸水，看水溫如何再說」，因為我知道鯉魚潭的水溫變化不大，水溫勢必沒有空氣冷。我也清楚做任何事要先從簡單的開始：「先不想下水的事，先想『摸』水比較簡單」。

因為人類大腦裡內建了抗拒不舒服感覺的本能，只要想到「好冷喔，會失溫」，就會不想也不敢下水。但我知道實際情況並非如此，大部分的人都游得完，只是害怕而已。這種害怕，跳下水後就好了。

前面我們已經把意志力分成：我要去做（行動力）、我不去做（自制力）與我真正想做（夢想力）三種精神力量。其中的「行動力」與「自制力」跟那天的情況很像，首先我必須先動用自制力，制止我不斷想逃避今天課表的思緒不要再漫延，制止我把注意力放在「冷的感覺」上，再來最重要的是用行動力來強化自制力。

我的行動是（在做每一步時都不想下一步，意志力就不會分散）：先走到岸邊摸水→拿泳具→把衣服脫掉→穿上防寒衣→走到岸邊拍照（公諸於世：我要下水了）→跳下水。做到這一步，今天的課表就算完成 80% 了！

科學家研究意志力的結論是：「我們的每一項意志力似乎都來自同一種力量，因此每當我們在某處成功發揮自制力，對於其他事物的意志力反而更顯薄弱。」[2]意志力領域研究的權威鮑梅斯特（Baumeister）也用「自我耗損」（ego depletion）這個詞來描述人類約束自我思想、感受行為的能力衰退。他發現意志力用光後（包括不斷克制欲望或執行決策都在消耗意志力），最後就會屈服放棄。自我耗損是一種雙重打擊，因為當意志力衰退時，欲望也會比平常更強、更難克服。

貪圖安逸也是欲望的一種。如果昨晚工作太累、太晚睡，早上已動用強大的意志力才從床上爬起來時（更可能發生的情況是早上的意志力就不足以打敗睡魔），那你今天就很可能在訓練時覺得意興闌珊，或直接屈服於溫暖的被窩，敵擋不住心中的小惡魔不斷說服你「今天太冷了，可能會感冒，不要外出」。

研究人員在觀察實驗室內外數千人之後，得到兩點結論：
· **你的意志力是限量供應，而且越用越少。**
· **當你應付各式各樣的事情時，你用的是同一批意志力的存量。**[3]

意志力就像「水塔裡的水」，供應有限，不管你洗澡、洗菜、洗車或飲用都用同一個水塔裡的水。雖然每個人的水塔大小不一，因此每人每天的存量不同，但都是限量的，用完就沒了。

 意志力與專注力

因此「專注」就變得非常重要。專心就像用手指壓住水管口讓水柱射得更遠更有力一樣。既省水，力量又大。如果一次只把意志力用在一件事情上，事情就比較容易向前進。就像在寒雨中橫渡鯉魚潭的步驟：岸邊摸水→拿泳具→把衣服脫掉→穿上防寒衣→走到岸邊拍照→跳下水中→游完全程。最後一步游完全程反而是比較容易的，比較困難的反而是要走到「跳下水中」這一步。就像練跑最難的通常都是穿上跑鞋出門。

2 Kelly McGonigal 著；薛怡心譯：《輕鬆駕馭意志力》，頁 83
3 Baumeister 著；劉復苓譯：《增強你的意志力》（Willpower），頁 51

如果一次只把意志力用在一件事情上，就比較容易持續專心好幾個小時。就像水塔外部若只流向一條水管，相同的水量就可以用比較久。意志力和專注力是兩種不同的能力，你的水塔可能很大，水量也很充沛，但想做的事情太多，無法專一。你必須先把不重要的水管關閉，把水力集中在你最想做的事情上。但千萬別每天都捨不得用意志力，意志力就跟肌肉一樣愈用愈有力量（水塔會愈練愈大）。別省著積在水塔裡，死水再多也無用，流動的水才有價值，我們需要的是把意志力用在自己真正想做的事情上。

另外，痛苦會讓人失去專注力。我相信許多人都有牙痛的經驗，牙痛時什麼事都無心去做，更別談要專心了。所以在跑 I 強度的間歇課表時，你水塔裡的意志力全都要被迫用來抵抗痛苦，此時你將無法思考其他事情。

該何時鍛鍊意志力？如何練？

鍛鍊意志力的時機是在訓練時，而非比賽時。比賽就像考試，你在考試時學到的很少，知識是透過平常累積起來的。因為你不會天天考試，但可以每天學習，如果只靠比賽鍛鍊，你的意志力和體力也不會好到哪裡去，因為訓練不足，身心反而都會有受創的風險。因此，平常訓練時就該多多動用意志力去測試身體的極限，累積意志力的庫存量。日常生活中由於各種欲望和衝動會遮掩掉你所設下的目標，但比賽時目標明確（終點），現場的氛圍很容易就會讓你的多巴胺神經元不斷被觸動，所以不用特別動用意志力你就可以一直跑下去。

怎麼鍛鍊？快被欲望、衝動和本能征服時，等待十分鐘，在這十分鐘內什麼都不做，想一想你所設下的目標和今天課表的訓練目的，盡量不要想太遠，也不要想把今天的課表推給未來的自己。十分鐘後若內心還是興起一堆「今天好忙」或「今天好累」之類讓你不想練習的聲音，此時

因為自制力的肌肉已經弱掉了，開始用行動力的力量，請告訴自己：「那我先練十分鐘就好，看看身體的狀況是不是真的很累」。這就是前面所謂的「親身去嘗試」，試完十分鐘之後你就能確定你所謂的忙與累是真是假了，若是真的，你十分鐘後就可以返家忙你的工作或洗澡睡覺；若是假的，就繼續完成今天的課表（假的情況居大多數）。不管是真是假，只要出門親身嘗試，都鍛鍊到一次意志力。之後若能時而為之，你內心裡裝載意志力的水塔自然會愈來愈大。接下來就是要有充足的睡眠，科學家研究顯示睡眠時能讓意志力恢復，就像抽水馬達會自動把水塔加滿一樣，若睡眠不足，不管再怎麼鍛鍊，效果都不大。

 不要去猜自己的能耐，要親身去嘗試

最後，十個人當中只有三個人跟我一起橫渡鯉魚潭（約 1500 公尺）。事後，我跟 B 小姐說明以上的論述，聽完後她問我：「那我怎麼知道我的意志力是否用過頭？若我的意志力超過我的實力，冒然下水那不是很危險？」我聽完後先跟他分享「意志力超過實力」的真實案例，有次和馬拉松國手張嘉哲見面時，我問他腳傷有比較好了嗎？因為他之前在 2014 丹麥世界半程馬拉松賽的比賽過程中「脛後肌肌腱」撕裂拉傷。 他說：「之所以會受傷是因為帶傷參賽，下錯了決定，以為憑著意志力就可以跑完，誰知道靠意志力就斷掉（脛後肌）[4] 了。」

面對危險時，人的本能是戰鬥或逃跑，比如說你碰到有人拿刀要砍你，你會有兩種反應，要不趕快逃，不然就是拿起手邊的武器跟他拼了。很少有人碰到危險不逃跑也不戰鬥，而是用意志力站在那任人宰割（那種是夢想力大到可以捨身取義的人，像是文天祥或黃花崗七十二

---

4 脛後肌腱位於腳踝的內側，負責支撐、穩定腳踝與墊腳的動作，對於跑者而言當然是關鍵的元件之一。

烈士）。所以，當危險發生時，大腦最原始的本能開始掌管你的身體，大多數人的意志此時會開始失效。

某些運動員具有強大的意志力，能壓過本能，但若還在身體的極限內就還好，怕的是超過身體本身的負荷那就危險了。所以，有時意志力太強也不好！尤其是意志強過實際能耐時，在耐力運動場上通常是受傷、昏倒（最遭的情況是失去生命）。我在賽場上就曾昏倒過兩次。所以要怎麼知道自己的能耐，以免鍛鍊出來的意志力過於強大，造成身體的傷害。答案是「try it」。以 B 小姐的問題為例，雖然她游泳不好，但只要她穿上防寒衣，在當天的情況下，她絕對能成功橫渡鯉魚潭，我知道她也很想挑戰，但她害怕。人在碰到有危險性的挑戰時，心裡本能上會找各種理由限制意志力發揮功能，所以她在下水前會說「我下水的話會游太慢讓大家等太久，所以來幫大家拍照就好」。此機制的確能保證安全無虞，但也同時讓自己留在安逸的舒適圈。

而且最關鍵的一點在於她自己並不確定自己的能耐，她只是猜測。在東華大學擔任鐵人三項校隊的教練期間，我最常向學生們說的一句話就是：「人沒有你想像的那麼脆弱」，台灣的小朋友從小就被灌輸安全至上的理念，大部分的人都太低估身體天生所具有的能耐。

B 小姐說：「我怕自己一跳下去就全身發抖、不聽使喚，一慌張忘記游泳姿勢該怎麼辦？」

我說：「那只是你的猜測，你應該親身跳下去試看看。」

若 B 小姐真的跳下去，也的確如她所料，不自覺全身發抖，緊張到忘記該怎麼游，那當然該立即上岸，也「證明」她的直覺（害怕的感覺）

是對的；但我相信包括 B 小姐在內的這十位台北來的朋友，跳下水中後大都不會有原先猜想的生理反應。只要沒跳下去，就永遠沒機會確認。

從日常生活中所遇到的「是否動用意志力去執行你害怕的事？」或是比賽當中的恐懼「已經不舒服了，是否該動用意志力繼續堅持把全馬跑完，會不會受傷？」要確定答案很簡單，就是要不斷去嘗試，試出自己的臨界點，試得愈多你就會更加認識你自己。

 ## 愈用愈強韌：在強風吹拂下仍繼續破風挺進

近幾年來有幾本以跑步為主軸的運動小說，對於熱愛閱讀與跑步的我來說，當然都依序入手，一本都不放過：從 2008 年 2 月出版的《強風吹拂》開始，2008 年 8 月接著出版了另一本譯自日文的《轉瞬為風》，以百米短跑運動為主軸，一樣寫得精彩動人；到了 2010 年 4 月出版風靡全世界的 Born to Run 中文版《天生就會跑》，在香港書市則悄悄在 2010 年 10 月出版青春小品《400 米的終點線》，到了 2011 年 1 月出版了《雨中的 3 分 58 秒》。這五本跑步小說都能觸動我的心，而其中我卻最愛三浦紫苑的《強風吹拂》。

五年前剛讀到這本書時就大為驚嘆：「怎麼可以把跑步故事說得這麼動人，從十個人的故事把長跑的真諦詮釋地如此全面。」如果文學裡有「跑步小說」這種類型的話，我想將來應該很難有小說可以超越它在跑步小說中的成就了吧！

之後，每每遇到也在跑步世界中追求速度的朋友時，我總會推薦這本

書給他／她們，跟他／她們說這本書絕對會感動人、讓人更熱愛跑步，也能讓人更了解熱愛跑步的主因何在。因為我們天生愛美，我們在強風吹拂的世界裡追求各種形式的美。

這本書之所以吸引我一再地重讀，我想是因為每次都能從中找到繼續訓練下去的力量，當我對於訓練感到徬徨不安時，這個故事每次都能安慰我，讓我看清自己投入耐力訓練的初衷：我要透過訓練讓自己變得更強！

孔子說：「逝者如斯弗，不捨晝夜」。不再流動的河水就無法稱為河水了。雖然流動本身對自己或他人沒有任何意義，跟小說中阿雪的司法考試、KING 煩惱的打工、雙胞胎追求的愛情、青竹莊其他的房客們追求畢業與之後的人生相比，跑步都像是「多餘的行為」般，沒・有・意・義！

雖然我們無法像小說中的藏原走一樣，以每公里三分內的速度，優美、流暢、輕巧地從路面點地而過，跑出讓人發出驚嘆的成績。但清瀨說：最「快」並不是練跑的目的，而是最「強」。所謂「強」，是一種構築在微妙的平衡之上，某種美麗絕倫的東西。

跑得愈快，所面對的風阻愈強。在長跑的道路上，想要跑得更快更遠，有太多外在的人、事、物要把你擋下，甚至把你擊倒。在電影《洛基》第六集中，洛基對他的兒子說了一段令人印象深刻的話：

這個世界不是永遠陽光普照，彩虹滿天。它是個險惡狡詐之處，不管你有多強悍，若你放心讓它擊倒你，你就永遠站不起來。你、我、任何人的打擊力道，都比不上人生。但重點不在打擊力道有多強，而是

在於你可以承受多重的打擊之後，仍繼續向前挺進，被打了多拳之後，再繼續向前挺進。那就是致勝之道。若你知道自己有多強，就去爭取你該有的一切。但你必須願意承受打擊。而不是瞎說你不該只是如此，胡亂怪罪別人他或她或任何人害你跌倒。懦夫才會那麼做，那不是你。你比那樣更好。[5]

這段洛基對兒子說的話，就像對不斷在強風吹拂下的跑者們說似的：強風吹拂下仍繼續挺進的行動本身就是意義！這強風可能是實質上十二月的東北季風或西濱的海風，也可能是批評、社會主流價值與生活中的各種阻力，總之，完全順風的時候很少，大多時候都是速度愈快，逆風愈強。只要肯啟動意志力跨出去面對強風的阻力，也具有休息的智慧，你就會變成愈來愈強韌的跑者。

---

5 原文：The world ain't all sunshine and rainbows.It's a very mean and nasty place... and I don't care how tough you are, it will beat you to your knees and keep you there permanently, if you let it. You, me or nobody, is gonna hit as hard as life.But ain't about how hard you hit... It's about how hard you can get hit, and keep moving forward... how much you can take, and keep moving forward. That's how winning is done.Now, if you know what you worth, go out and get what you worth. But you gotta be willing to take the hits. And not pointing fingers saying: You ain't what you wanna be because of him or her or anybody. Cowards do that and that ain't you! You're better than that!

chapter 8

跑步有什麼用？

跑步雖不能當飯吃，
卻可以帶來許多錢買不到的價值！

在台灣幾乎每位認真練過跑步的人，都被問過一個問題「你花這麼多時間練跑步有什麼用？」「你花那麼多時間練習，花這麼多錢到處去比賽，到底為了什麼？」我也曾被問過好幾次，一開始每次都答不出來。

我記得在東華大學攻讀中文碩士期間，顏崑陽老師曾在黑板上寫下「體用不離，相即不二」八個大字，他說這八個字可是中國哲學思想中非常獨特且弔詭的見解。關於「體」與「用」這兩個概念，顏老師舉了一個很簡單的例子，杯子是「體」，杯子能「用」來裝水與喝水，杯子是根本，沒有這個根本，功用也就消失了。當我一聽到這個論點，之後每次有人質疑我「跑步有什麼用時？」我可以直接回答他／她們：用來鍛鍊強韌的身體。所以在西方此種哲學體系下，很強調身體的鍛鍊，他們認為沒有了健康的身體，什麼都做不了。所以我很喜歡古希臘的一句哲言：「如果你想要健康，跑吧！如果你想要俊美，跑吧！如果你想要聰慧，跑吧！」

跑者的壽命比較長？

練跑除了實質上能使你的耐力與體力變好之外，還有一個絕佳的好處，這個好處時常被外界所忽略，也因為這個好處，全世界各地才有這麼多的人喜歡跑馬拉松，可能他們都不自知。那就是跑步這項運動可以同時增強我們的耐心與耐性。「耐」這個字是指經久、持久，忍受力高的意思。我們可以透過許多靜態活動來培養自己的耐心，像是素描。大學時代花了不少精神學習素描，必須靜下心來觀察某種事物，然後鉅細靡遺地描繪，很花時間，但成就感也很高，一投入進去，時間就

像流水般稍稍消逝。經過研究，這種「耐心」也是長壽的關鍵，心急氣躁的人，壽命也比較短。

我們用量化的觀點來討論一下這件事：安靜心率是每天剛起床時坐在床上量得的每分鐘心跳次數（不能躺著量，因為躺姿的心率比站姿少10~12bpm）。安靜心率是人處在最平靜的情況下所量得的心跳數。我想，如果禪修的境界可以量化成某個數據的話，絕對非安靜心率莫屬了！

下面這張安靜心率的曲線圖[1]每次都會吸引我的目光。

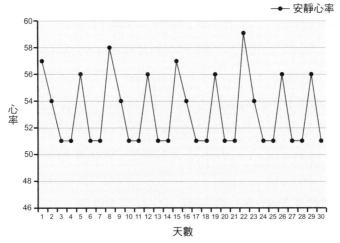

書中的這張圖是根據一位長跑選手一整個月的安靜心率所繪製成的。每次經過高強度或長距離訓練後隔天的安靜心率都會提高。這項資訊對運動員幫助很大，因為如果這位選手知道他狀況最佳的安靜心率是51bpm(beat per minute)，如果某天早晨起床後的安靜心率提高到59bpm（例如圖中的第22天），那他就可以確定自己的體力尚未完全恢復，

1 摘自羅伊・班森 (Roy Benson)、狄克蘭・康諾利 (Declan Connolly)；王比利譯：《心跳率，你最好的跑步教練》，臉譜出版：2015 年 3 月出版，頁 25

不但可以藉此確認身體恢復的狀況，也可以即時調整訓練內容以避免過度訓練。

「最大心率不會因為鍛鍊而改變，但卻會隨著年紀而下降。」這項事實總是會讓我連想到另一種無法證實的假說——「心率的命定說」：每個人一生的心跳總數是固定的，用完就代表生命走到盡頭了！先不論這種說法的可信度，思考起來倒很有趣。一月底太太臨盆前幾個小時，護士在她的肚子上裝了感測器，隨時監控寶寶的心跳，除非太太在陣痛，不然寶寶的平均心率大都落在 120~140bpm 之間。

心率會隨著年齡增加而逐漸變慢，到了十四歲以後的心率就跟成人很接近了。成人的心率高低跟心臟大小和身材高低有關……人類一生的心率平均下來是 72bpm（平均每天跳 103,680 下），為了計算人類平均一生的心跳總數，我們以去年（2014 年）九月發佈的「國人平均壽命統計表」來看，臺灣人平均壽命為 79.12 歲（其中男性為 75.96 歲、女性 82.47 歲）。我們就以每分鐘 72 下心跳與 79.12 年的壽命來算：

· **臺灣人平均 1 年的總心跳數是：37,843,200 下（72bpm × 365 天 × 24 小時 × 60 分鐘）**
· **79.12 年下來平均每位國人的心跳總數為：2,994,153,984 下（79.12 年 × 37,843,200 下），也就是「30 億下」左右。**

我們假設心率命定說是對的（當然無法驗證），也就是說心跳自出生就從 2,994,153,984 開始遞減，跳完就沒了！那就會產生一個有趣的命題：「常拿心臟來操的運動員不就比較短命？」我們以訓練最嚴苛的職業馬拉松選手為例，他／她們平均一週的訓練時數為 35 小時，每天訓練 5 小時左右：

· 假設訓練時的平均心率為 **172bpm**

· 每分鐘比平均值高出 **100** 下（172 減去 **72bpm**）

·**5** 小時（**300** 分鐘）的心跳總數就比平常多出了 **30,000** 下，看起來好像很可怕，五個小時就比平常多用掉了 **30,000** 下的存量！

但當我們把運動科學家歸納的結論：「安靜心率卻會因為有氧訓練而下降」考慮進來，就變得有趣了。以二〇〇〇年雪梨奧運的馬拉松金牌得主高橋尚子小姐為例，她的安靜心率只有 35bpm，她平常休息或從事靜態活動時的心率大概平均在 42bpm 左右，一天當中剩下二十個小時的心率都是處在低檔狀態，跟一般人相比她每分鐘都少用了 30 下的存量（72 減去 42bpm），這 20 個小時（1200 分鐘）總共節省了 36,000 下（30×1200），以如此的訓練量來估，扣掉訓練時多用掉的 30,000 下，每天還可以比平常人多節省了 6,000 下心跳，算起來運動員還是賺得比較多。高橋尚子小姐實際節省的天數如下：

· 每天總共替心臟省下：**6,000** 下心跳

· 每年總共省下：**2,190,000** 下心跳

· 一年省下來的心跳數可以夠她再用 **21** 天（**2,190,000÷103,680**），也就是說訓練十年下來，高橋尚子小姐可以多活 **210** 天！！

上面還是以最嚴苛的職業運動員為例，若以我的安靜心率 52bpm 和每天的訓練時數來說，剛好處於中庸之道，沒操太多，但安靜心率的確掉到比一般人少了二十下。所以只要持續訓練的話一年可以省下 70 天，每多訓練十年就可以多活 700 天啊！！

這種從假說開始的推論，當然無法驗證，但運動能維持體力與意志力這件事，卻是在各種行業都成立的事實。

跑步是體，創作是用

村上春樹曾在《關於跑步，我說的其實是……》這本書中提到：他開始跑步是在完成《尋羊冒險記》之後，那時候他一天要抽 60 根菸，全身都是菸味，他知道這怎樣都對身體不好，但也很想在漫長的人生中以小說家的身分繼續活下去，所以非得找出能繼續維持體力的方法。他選擇了跑步。村上曾說：跑步是讓他能在寫小說這種慢性毒藥的浸漬下還能健康活下去的一帖良方。

寫小說是不健康的作業，這種主張，基本上我想贊成。我們在寫小說的時候，也就是在用文章把故事塑造起來時，無論如何都必須把人性中根本存在的毒素挖出表面來。作家多少必須向這毒素正面挑戰，明明知道危險卻必須俐落地處理。沒有這種毒素的介入，是無法進行真正意義上的創造行為的（很抱歉以奇怪的比喻來說，就像河豚那樣有毒的地方才最美味，或許有點像）。這不管怎麼想都不能算是「健康的」作業吧。[2]

為了能對抗這種精神上所產生的毒素，所以他不得不透過跑步讓身心維持健康、具有良好的抵抗力，才能把毒素代謝掉，就像鍛鍊過了強度的身體能夠增加排乳酸的能力一樣。村上從 29 歲開始寫小說，今年已經 65 歲，創作量與品質也愈來愈高。他之所以能把寫作這項身體的其中一項功能發揮到如此境界，勢必要擁有夠強壯的身心。我一直認為，不管才能如何，實力可以靠累積而成，但一個人的身體如果 50 歲就病痛不斷，累積的過程就勢必停止，意志再堅定，不健康的身體也很難讓你繼續堅持下去。拿村上來說，如果他沒開始跑步，可能 60 歲之後就被肺病纏身。若帶著憔悴的身體，我想村上是不可能寫出《1Q84上中下》這部品質精良的長篇巨著。我這麼想，要能在某個專業上持

續創作與具有生產力，不管這個專業是工程師、藝術家、工匠、教師或醫師，生產出來的作品品質要愈來愈高，除了經驗之外，體力和精神力也要盡量維持（當然能變強更好）。

強調功用是西方的哲學，就中國思想來說很少直接說「體」，而是「從用求體」。直接說體都變成只是概念的描述而已，那是西方人的說法，中國很少那樣談的，所以我們不可能用有限的語言去表述一個無限的「道體」。那時我一直不懂顏崑陽老師講這段話的意思，某天當我在晨跑時才有所體悟：以村上春樹的小說家的身分來說，他的作品是書；李安的作品是電影；馬友友的作品是大提琴所演奏出來的音樂；潘冀的作品是他的建築；丹尼斯（Dennis Kipruto Kimetto，目前馬拉松世界紀錄保持人，2014 年柏林馬拉松，02 小時 02 分 57 秒）的作品就是他跑步時的身體。他們「用」身體創作出書、電影、音樂和建築，但丹尼斯所創作出來的作品正是他在柏林賽場上那 02 小時 02 分 57 秒的過程中感動數萬人的身體，身體既是他的體，也是他最終用來展現的作品。當他把身體的其中一項功用——跑步——發揮到極致所帶來的感染力，即是一種藝術的展現，像是光是在網路上看丹尼斯跑步，就能感動到一位遠在天邊與他毫不相識的台灣人。

「我們都有其限制，但我們都能在自己這個身體的限制底下追求極限！」像是我的心臟太小，致使最大攝氧量只能練到 68ml/kg/min，腳踝多次扭到的舊傷、略 O 型腿。我想，我們這群跑者都喜歡在自己的限制下追求自我的極限，利用跑步這個既單純又樸素的動作，來體驗身體的無限可能，同時在所屬於自己最親密的物體——我的身體——上進行創造。那天晨跑當我思考到此，讓我因此決定投入耐力訓練的

---

2 村上春樹：《關於跑步，我說的其實是……》，時報文化，2008 年 11 月出版，頁 113

研究，因為「研究如何透過訓練變強」這件事，是如此接近中國哲學的核心思想「體用不二，相即不離」。當然身體也能用來寫書和蓋房子，但書和房子都是外在之物，不像你的跑步成績和你身體的強弱密切相關，兩者之間互不相離。

身體即是我們這群跑者所要創造的作品

每次訓練完，我都會更喜歡我自己。

如果你是經驗老道的馬場老將，是否曾有這種經驗：在操場上練跑的同時有許多附近居民錯落在跑道上健走與慢跑時，你會興起一股自豪感，一圈又一圈，從他們身旁飛奔而過，你跑得很入神，同時感覺自己很帥（很美）！因為你會覺得這個「身體」是你努力鍛造出來的作品，在眾人面前，這個藝術品是值得被欣賞的。

跑步這種運動，雖然很簡單，但要變得夠強，實在包含太多的知識（前面幾章我們已經花了很多篇幅來整理有關跑步的科學化訓練知識），我們利用這些知識，花時間從生理、技術、肌肉與精神中雕琢自己的身體，創作出世上獨一無二的作品。我深深覺得這種可實踐的知識實在是太棒了，世上有哪種知識是可以直接透過自己的身體實際去驗證的呢？物理、化學、數學、國文、英文、音樂與美術……都是學習外在的東西，創造外在的新事物，那些當然都是人類文化中很重要成果與資產，就像電影、音樂、畫作與書。但唯有「運動」這門科目，是學習自己身體的事，身體既是本體又是最終顯現成果的主角。

那些國際知名跑者的身體就是當代的藝術品，他們有他們的追求，我

們有我們的追求，因為不同的身體，有不同的限制。訓練的主要目的是為了在自己的限制下追求進步，並不是要贏過別人；是為了讓自己的身體在賽場上變成一件可以感動人心的藝術品，並不是為了名次與獎金。當然獲勝、得名與拿獎金也很值得自豪，但我們要知道跑步的根本是什麼？

根本是「超越與感動」，不管是場上場下都一樣，場上的超越需要場下的智慧與耐心，更需要知識上的提升與意志上的修練，絕對不只是體能上的鍛鍊而已。再者，如果你所創作的作品無法在完賽時感動你自己，又怎能感動他人？一件無法感動人心的作品，就算獲勝也不能算是成功。這也是為什麼當世界知名自行車名將阿姆斯壯在多次環法賽期間吃禁藥時，眾人會如此嚴厲地批判他，因為原本因他的卓越表現而感動的粉絲都被他的行為深深傷害了！因此，就算他拿過七次環法冠軍，作假之後就無法再感動人心。

「身體即是我們這群跑者所要創造的作品」，如果我們能抱持這個信念來練馬拉松，跑步所帶來的許多美妙的價值都會接續紛陳而來。更進一步，如果我們每次跑在賽道上與通過終點時都能不斷地感動自己，我們將不只是一位跑者，而是將從一次次的比賽中變成一位更為圓滿的人。

跑步家

開始訓練之後，我不希望只是做一個「運動員」，而是希望成為一位「運動家」。運動家是透過運動的訓練與競賽，讓自己達到一個更圓滿的境界。我認為，若能在某種活動狀態中感到安心與自在，你就可稱自

己為「○○家」。若你也把跑步當成一種可以「安住」的歸宿，在路上跑步時你就會覺得安心與自在。

知止而後有定，定而後能「靜」，靜而後能「安」，安而後能慮，慮而後能得。（朱熹：《四書・大學》）

那是一個把跑步當作自在、舒服、歸宿的地方，每當有什麼煩惱都會想回去的「家」。「家」是心之所安之處。平靜之後才能心安。關於「心安」，顏崑陽老師在〈後山的存在意義〉中有非常深刻的論述：

從存在主義的觀點來看，每個人都只是毫無選擇地被「拋擲」到世界的某個角落罷了。因此，人的存在從「無家」開始，終其一生，都在尋尋覓覓自己的歸宿；而這個歸宿的「家」，並不是一座硬體建設，而是一個使自己的生命存在能實現其意義、進而能「安住」的地方。[3]

若你也能把辛苦的訓練菜單當成家常便飯般吃完，把跑步當成像日常生活一部分般，像「家」一樣理所當然地自在穿梭其間，跑步就能達到安心與靜心的功效。雖然練習很苦，工作和家庭的責任很重，但你卻「安於」如此簡樸的過程。練到此種以跑步為家的心境，我認為比成績進步更有意義。這也才是「跑步家」的「體」，體穩固了，訓練自然會有成效，成績只是最終的結果。成為一位自己認可的跑步家，才是本書想要傳達的價值。柏拉圖曾說過：「為了讓人類擁有成功的生活，神提供了兩種管道：教育與運動。它們不僅是分離的（一個為了心靈，一個為了肉體），也是並行的。透過這兩種管道，人類便能臻至完美。」

「沒有人是完美的」，但我心目中的跑步家是一個想像中接近完美的人格典範，他當然並非人人可當，但這種人會成為其他人的楷模，就

像歷來偉大的作家、音樂家與藝術家一樣，「透過跑步來實踐自我的意義」。像是超馬界的名將史考特・傑瑞克（Scott Jurek），他在超馬的領域裡「體悟生命的真義」。從他自傳性的著作《跑得過一切》（Eat & Run）中我們可以發現史考特甚為好學，他的生活中除了「吃和跑」之外就是讀書，他不只是吸收有關跑步的理論知識，而且透過知識的實踐來「重新鍛造自我」，不斷審視世界跟自己的關係。史考特說他跑超馬是為了「想更深入了解身體和意志的真相，想丟掉自我」。史考特在不斷追求「強韌」境界的過程中，變成一位只吃素食與研究素食料理的人，也從一位運動員變成一位修道者。

許多人都會問，為什麼會有人想跑二十四小時超馬賽？綜合大家的疑問，……問題不外乎是：為什麼選擇這個時候參加？你想證明什麼？你想逃避什麼？答案非三言兩語可以說盡，我確實想再奪下冠軍。我確實想進入「無我」與「無念」的境界，而唯有千篇一律的二十四小時賽可以讓我達成這個目標。（史考特・傑瑞克 Scott Jurek 著：《跑得過一切》，臺北市：遠流出版社，2013 年 9 月出版，頁 280）

當代禪修大師薩姜・米龐仁波切（Sakyong Mipham Rinpoche）也是一位跑者，他說：身體的本質是「色」與「物質」，心的本質是「意識」；由於兩者的不同本質，對其有助益者也各具不同的性質。運動對身體有益，而寂靜對心靈有益。跑步是身體的訓練，禪修是心靈的訓練。變強的過程是發生在靜止休息的時候。史考特深知這點，所以他不只透過跑超馬來磨鍊「身」與「心」，同時精選餵養身心的食物，藉由「吃與跑」來重新鍛造更強的身體與心靈，也透過身心修練來讓自己跑得

---

3 顏崑陽〈後山的存在意識〉，吳冠宏主編《後山人文》，二魚文化，2008 年 8 月出版，頁 26

更好。他不斷學習外在的食物、身體的知識，才能把身心鍛造地如此強韌，奪下一場又一場的世界超馬冠軍。如果你也是跑步的愛好者，一定要認識這位把跑步融入生活的跑者，因為你會了解到一位跑步家的具體樣貌：一種在比賽中可以一再進入莊子〈逍遙遊〉中提到的「無己無功無名」之境，在那種境界中連自我都消失了，遑論成績與名次。

 ## 跑步家的三個元素

村上春樹是我最遵崇的作家之一，他也是一位跑者。村上曾寫過一本《關於跑步，我說的其實是……》散文集，書中第四章的標題是〈我寫小說的方法，很多是從每天早晨在路上跑步中學來的〉。其中有一句話，深深打動我的心：「在每個人個別被賦予的極限中，希望能盡量有效地燃燒自己，這是所謂跑步的本質，也是活著（而且對我來說也是寫作的）隱喻。[4]」他認為要成為一個優秀的小說家，必須具備「才能」、「專注力」與「持續力」。我認為要成為一位優秀的跑步家也是。所謂的跑步家，不是說你可以跑多快，或是可以每次跑步都上凸台，不少菁英運動員就算跑進奧運的殿堂也稱不上跑步家。我們回過頭再聽聽看村上春樹怎麼談這三種小說家的必備能力：

・**才能**：這是天生的，它像是藏在身體裡的祕密水脈，有的人的水脈很淺，而且在身體裡四通八達，很好挖。但有人的才能隱藏在自己內在的深處，除了需要運氣，還需要忍氣吞聲，用著鑿子，一面流汗一面努力挖掘。若能碰巧挖到一直藏在深處的祕密水脈，當然也有運氣的成份，但村上認為這種「幸運」之所以可能，還是因為堅持，以及過往透過挖掘的動作已經培養出強大的肌力。他認為「那些晚年之後才能才開花結果的作家們，應該多少都經歷過這一類的過程。」

· **專注力**：這是一種把自己所擁有的才能，專注到必要的一點的能力，如果沒有這個，什麼重要的事情都無法達成。反之這種力量若能有效運用，某種程度上可以彌補才能的不足或不均。[5] 這就是前一章所說的能捨棄其他事物，放下一切到外頭去跑步。想想看，如果某個人天生是跑步奇才，但若他想做的事情太多，既想玩音樂，也想踢足球，也喜歡打籃球、看電影和上夜店，那就算有充沛的才能，不夠專注在訓練的話，什麼好成績也跑不出來。

· **持續力**：專注力之後必要的是持續力。[6] 就算每天都能夠騰出二到四個小時專注訓練，但如果持續一個星期就累垮（過度訓練），那也練不出成績，反而容易受傷。為了不過度訓練與把自己搞受傷，每天不但要持續訓練，還要不斷地跟身體對話，跑步家被要求具有維持健康與持續變強的能力。

我是在十八歲才開始正式接受游泳訓練，也才開始知道訓練是怎麼一回事，但剛開始不管怎麼練都沒有成績，雖然泳隊一星期團練三次，但我每天都下水訓練，一星期七天，每次都至少三千公尺以上，但成績始終沒有起色，甚至到了大二，許多一樣都沒有經驗的大一學弟妹，剛進來練沒幾個月後都能游得比我快。說不氣餒是不可能的，練了那麼久，連女生都游得比我快。雖然游不快，但也不是沒進步，只是進步非常緩慢而已。我還是持續每天都去訓練，就算是期末考週也從沒停過，每天都會到泳池去吃下教練、學長或自己開的菜單。雖然成績還是平平，直到大學最後一年大專運動會的一千五百公尺，最後也只

4 村上春樹：《關於跑步，我說的其實是……》，時報文化，2008 年 11 月出版，頁 97
5 村上春樹：《關於跑步，我說的其實是……》，時報文化，2008 年 11 月出版，頁 92
6 村上春樹：《關於跑步，我說的其實是……》，時報文化，2008 年 11 月出版，頁 92

游出 23 分 03 秒，乙組第九名的成績。

大學畢業後來到東華大學加入鐵人三項隊，好像突然開竅了一般，就像是村上說得「挖到祕密水脈」的感覺，成績很快地提升上來，出去比賽竟然能得獎，而且不只在乙組能得名，跟甲組或國家隊的選手比時竟也能超越他們，好像終於挖到自己的水脈所在似的，到了 2012 年，不只在泰國拿到鐵人三項冠軍，也在台東拿到超鐵 226 公里的冠軍，在墾丁舉辦的 Ironman Taiwan 70.3 也拿到分組冠軍（台灣選手總排第二）。事後想想，若在大學時代不夠專一（肯捨棄一切外務專心訓練），也沒在大學畢業後繼續堅持下去，這些成績和感動都不會出現。

跑步的療效

過去跟過不少跑團訓練，時常聽到社團裡的朋友說家人反對他們跑步的聲音：「下班一回家就跑出去練習，都不陪家人」、「週末一早就不見人影，小孩都不顧就跑出去，快中午才回來，一吃飽飯又呼呼大睡」。「跑到拋家棄子」是這些社團裡那些大哥大姐時常被家人冠上的指控，我們先不談他／她們這樣做是對是錯，我們來思考一下為什麼他／她們會那麼熱中練跑步這件事。

在工作或家裡時，必須滿足許多人的期望，像是上司、業主、家人或孩子，你必須為了滿足他們的需求而活。外出跑步，能夠讓人暫時甩開社會上的羈絆，面對自己。在跑步時能單純地面對自己的內心世界享受一個人的自由，讓自己能好好安靜下來反省自己最近的所做所為，把被工作、家庭切割成片斷的自己重組起來。

我想，練跑時，是這些大哥大姐能暫時「逃避」社會與家庭責任，「逃向」自由的獨處時光。在段義孚所著的經典著作《逃避主義》中提到關於「逃避」一詞，雖然在社會上多多少少帶有一些貶義的意味，但它絕對是人類進步的原動力之一：

逃避主義具有一定消極的意味，因為從一般的觀點來看，人們逃避的是真實，逃向的是幻想。人們會這樣說：「我厭倦了工作中的激烈競爭，我想到夏威夷去，去享受那裡美麗的海灘與宜人的風光。」夏威夷在人們的心目中是天堂的象徵。[7]

夏威夷只是人們幻想與神遊的出口，當然幻想與神遊的出口很多，像是與朋友聚會閒聊、到 KTV 去歡唱一夜、到電影院去沉浸在另一個世界的故事裡、讀一本好小說、在家裡放空聽音樂或是出國到五星級旅館住上一夜，不管是逃向哪裡，這些我們嚮往的地方似乎都比我們日常生活的品質還高。這種高品質的生活一般源於簡化的過程，像是從忙碌的生活中跑到花蓮過一段簡樸生活，或是從一週繁雜的工作中抽空到河濱公園跑一段 LSD，紓緩壓力。

這種簡化的過程，看似逃避，但只是「暫時」的，當跑者們從路上回到社會、工作上或家庭裡的時候，精神上反而會更堅定更有活力，因為跑步具有一種「療效」，就像睡眠在生理上讓生命再生的療效一樣。文藝復興時期法國作家蒙田，在其《蒙田散文集》中曾說道：「他們退後一步，只是為了站得更穩，跳得更遠，以便能夠更有力的跳回到人群裡面去。[8]」跑步對我們這群有正職的人來說，補充了重新面對生活的能量，也讓我們從社會上各種創傷中恢復。

---

7 段義孚著，周尚意、張春梅譯：《逃避主義》，立緒文化，2006 年，頁 29
8 The Essays of Montaigne, P242

太過強調跑步的療效可能會讓一些跑步愛好者嗤之以鼻，因為會讓其他人把跑步美好的本質簡化成一種手段，而忽略了它本體所具有的價值。因為有許多人本來就對工作充滿熱忱，也有幸福的家庭，但他們仍會尋找生活中的片刻時光獨自踏上路途練跑。因為，他們投入跑步並非為了逃避某種壞的東西，而是在跑步中追尋某種更好的東西。除了逃向孤獨之外，有些人是想透過跑步滿足「自我實現」的願望，也就是說他們暫時離開社會與家庭責任，到操場去練跑，很單純只是為了想要進步，想要變強，想要用跑步來雕琢自己的身體與意志。

 離開憂鬱，提升專注力

關於跑步的效用，當我讀到《運動改造大腦》[9]（Spart: The Revolutionary New Science of Exercise and the Brain）時，開始有了另一番思考。書中提到當我們在活動肌肉時，身體會製造出某些蛋白質，像是「第一型類胰島素生長因子」（IGF-1）和「血管內皮生長因子」（VEGF），它們會隨著血液進入腦部，促進腦神經中突觸的生長。這也是為什麼我們完成跑步後，除了心情感到特別平靜之外，思路也會特別清晰與敏捷，專注力也會提升。

沒錯，我自己很常把跑步當成是沉澱思緒的手段。像是之前在翻譯《丹尼爾博士跑步方程式》時，碰到句子翻不出來的情況，前後句意思接不起來，有時一句就能卡關一個小時，碰到這種情形我最常做的事情就是去外面跑一跑，邊跑邊想，讓句子在腦中沉澱下來，幾乎每次都能從步伐聲中找到適當的答案。

思考特定的難題時，我也喜歡出去邊跑邊想，尤其是練一場長距離的LSD 後，難題通常都能迎刃而解。因為人類在長距離跑步的過程中，腦下垂體會分泌一種腦內啡（Endorphine）的物質，它對腦部產生的效果會如同嗎啡和鴉片一般，讓人感到愉悅並且具有止痛效果，為天然的鎮定劑。因此，有些醫師會建議憂鬱症患者以長跑驅趕低落的情緒。一般來說運動超過 2 小時較有可能分泌大量的腦內啡，因此與其他運動選手相比，馬拉松選手比較常體驗跑者的愉悅感。一般認為，跑者的愉悅感是使運動員能夠撐過艱苦訓練的原因，運動員在訓練過程中受腦內啡影響，忍痛能力會跟愉悅感一起提高。當我們陷在難題中時，心情不低落才怪，所以此時出去練跑後，不但心情變好，在難題中掙扎的忍受力變強，解決困難的機會也會大增。但近年來，德國研究人員透過精良儀器發現，在跑步機上跑步不會分泌腦內啡，這可能是缺乏知覺上的刺激，因為在跑步機上感受不到風景，以及隨著步伐消逝被輕風拂過皮膚的知覺。

此外，腦內啡也可以提升人體免疫力與自信心。在愉快且信心高漲的情況下，巨大難題中的小問題也會一一浮現，也就是說邊跑邊思考會比較容易發現問題當中的癥結點，跑完後也比較「有耐心」靜下心來一一處理掉。因為難題通常是由一個個小問題堆疊而成的，就像在處理 Photoshop 中的照片般，原本一整張圖片的看起來好像很多問題，但只要利用「放大檢視」功能來處理圖片中有瑕疵的點就會覺得容易多了。但當你的專注力不足時，大腦放大檢視與處理問題的能力就會消失。練跑可以幫我們找回這種能力。這是由於跑步能促進大腦分泌多巴胺和正腎上腺素，這兩種酵素正是調節注意力系統的主角，跑步能

---

9 John J. Ratey 醫生、 Eric Hageman 合著；謝維玲譯：《運動改造大腦》，野人文化，2009 年 6 月初版，頁 272-273

增加注意力的原理，就在於它能增加這些神經傳導物質的含量，而且是立即見效，每次跑必有效。有了規律的跑步習慣之後，我們就能藉由刺激某些腦部區域的神經新生，提升多巴胺與正腎上腺素的基準值，也就是分泌量比平均值高，你的專注力也會高於一般不運動的人。

跑步能維持我們大腦與身體平衡

在《和羚羊競速：動物在跑步和生活上能教導我們什麼》（Racing the Antelope: What Animals Can Teach Us about Running and Life）一書中，生物學家伯恩德・漢瑞奇（Bernd Heinrich）把人類描述成一種耐力型的掠食者，今日主宰著我們身體的基因，都正從數十萬年前演化而來的，那時我們總是處於活動狀態，無論在覓食，還是耗費好幾天的時間在大草原上追羚羊。漢瑞奇提到我們的老祖先即使面對羚羊這種數一數二的飛快動物，還是能夠耗盡牠們的精力（不停地在後面追逐，直到牠們沒有力氣脫逃）成功獵取其性命。羚羊是短跑健將，但牠們的新陳代謝系統沒辦法讓牠們無止境地跑下去，我們卻可以，而且我們的快縮肌纖維與慢縮肌纖維的分布相當均勻，因此即使橫越了數公里遠，我們還是擁有短距離衝刺與進行獵殺的新陳代謝能力。

當然，今天我們不再需要靠狩獵維生，但我們的基因卻已內建了這種機制，我們的大腦也注定會發出這些指令，把這項機制拿掉，你就是打斷了歷經數十萬年微調的精細生物平衡。所以道理很簡單，我們只要讓這種耐力十足的新陳代謝功能派上用場，就能使身體和大腦保持在最佳狀態。

原始人類的大腦，是為了解決原始生活中的各種問題而演化出來的。為了解決這些問題，原始人必須運用身體，利用走路、慢跑、長途跋涉採集食物、或是遇到獵物時使出短距離衝刺的獵殺絕招，在進行這些身體活動時，大腦同時分泌出各種酵素來保持身心的堅強。如今，在現代社會中我們不必長途跋涉採集食物，也不用逃避或追捕獵物……長期久坐

的身體不只讓身體失衡，也讓大腦失衡，各種文明病當然隨之而來，跑步這種「最原始」的運動，正是維持我們大腦與身體平衡的關鍵機制。

團跑的價值：尋求共苦的歸屬感

我相信跑者們大都能從團練中尋求到不同的滿足感。以我自身為例，在大學時代能夠跟一群有志同道合的人一起訓練，那種愉快的感覺，現在還深深地刻在腦海中。我想，許多跑友之所以喜歡加入跑步社團，是因為有一群夥伴共同練習，互相交流，一起享受共苦的歸屬感。

果真如此：在跑團中，大家一起吃一份艱苦的間歇菜單，之後共同伸展，停下來休息，一起吃早餐時閒聊著，就算不刻意談論，大家也都能共同體會訓練時的艱苦感，因為這份共有的經驗，使大夥在同桌吃飯，或一同安靜下來（不再跑步）談話時，也會跟一般其他團體的聚餐有著截然不同的感受。

跟著團體訓練有許多好處，除了可以學習前輩的訓練與比賽經驗，也能在訓練時分擔痛苦，像是練間歇時若是由一群人跟你一起衝，跑起來也會比較有勁，訓練氣氛也會讓訓練的心情好很多，也比較不容易偷懶。一大早的跑道上有一群同好在那邊集結準備團練的日子，你也比較會有早起訓練的心情。若只有獨自一人，在寒冬中鬧鈴響起時你可能就會想：「好冷喔！不要勉強訓練造成感冒了，今天休息一天好了！」這種退縮的心情，在團體中就比較不容易出現，就像在戰場上當大家一起衝鋒時，你就不會想那麼多，很容易就被一起拉著往前衝。而且在團體中互相競爭會讓人不斷激起求勝的鬥志，例如社團中有另一位夥伴的成績跟自己差不多，是同一時期入社的，你就會很容易拿

他做比較，在比賽時也會想比他早一點進終點，這種比較的心情會激勵人持續鍛鍊下去。

關於團練還會出現一種很鮮明的對比，如「表演者」與「觀賞者」，這兩種角色的心理狀態會使團練激盪出一種很高昂的訓練氣氛。這是譽寅在某次參加三重箭歇團團練時觀察出來的。

那次，他去三重箭歇團訓練時，一次間歇課表，有三、四十人參與，有些人是菁英選手等級的，速度非常快，有些人則是剛入門的，所以跑另一份距離較短的菜單。雖然他們的速度不快，但他／她們也都非常樂於參與團練。這兩種角色在訓練過程中的心理狀態非常不同，而且其中的不同點也很有趣，這種不同點所激盪出來的「氣氛」正是這種團練吸引人的地方。

速度快的跑者很明顯會有一種「表演」的心態，我能跑這麼快，因為他們知道自己是這一群人當中少數幾個有能力跑這麼快的跑者，所以若當次團練是練間歇，就會盡情地跑，不只是為了訓練效果，也是因為能做到、所以表現出來給那些做不到的人看一下，會有一種自豪感。這種表演的心情很像演唱會上的歌手，花了很多時間創作歌曲、編舞、設計舞台效果，然後在「舞台」上盡情地揮灑自己，表現自己獨特且優異的歌唱或舞蹈能力，這種感覺很過癮，但過癮的關鍵是在「有觀眾」懂得欣賞。若只是一個人在舞台上唱獨角戲，興奮感就不存在了。所以演唱會除了台上的主角是關鍵之外，台下的觀眾也很重要。台下的觀眾也會跟著台上的明星一起唱，但他／她們並不想上台，就像團練時的大部分跑者，並不想衝到最前頭去當表演者，只是想感受團練的氛圍，只想在台下欣賞主角們的風采，為他們加油打氣。更重要的是，同時間一起吃苦，一起成長會在這種路跑社團內帶來一種跑者間

獨有的歸屬感。

 ## 獨跑的價值：體驗精神上的自由感

大部分跑者喜歡從事跑步訓練，除了想追求變強的成就感與訓練完後那種身心合一的純粹感受之外，另一項吸引他們投入跑步的原因是：能夠獨處。一位在大陸的朋友說：只有跑出門後才能撇開電腦、網路、電視、朋友與家人的聯繫，單純地面對自己。我想，尋求孤獨，是某些人能夠一直跑下去的原因。我個人也是。我在 2008 年完成第一次 17 天環台路跑之後，2013 年再跑一次環台，主要就是希望斷開俗事的枷鎖，投身到道路上去真誠面對自己，重新反省自己，把身體逼到疲累的極限，如此我的心就會因此而達到一種空靈的狀態。

外出跑步時，能讓我們按自己的方式用自己的身體產生能量移動它本身，而且愈是訓練，自己所能控制的速度範圍就愈大。除了身體的自由度之外，更重要的是在跑步的過程中尋求精神上的自由，像莊子就喜歡以類似「跑步」一詞的「御」、「騰」、「逍遙」、「遊」來形容人道合一之後那種超越一切的自由狀態。跑步時常可以讓人暫時擺脫社會的束縛，自由自在的遨遊於自我與自然之中，當生命只深潛在步伐中時，經驗的邊界似乎就變得漫無止境了！

團練當然也能夠為我帶來樂趣，過去喜歡跟東華鐵人隊一起享受晨間訓練時光，或是在中和捷豹路跑與教練們團練，我也喜歡跟花蓮當地的吉安路跑社一起從吉安慶豐，沿著中央山脈山腳下的產業道路跑到鯉魚潭，繞個幾圈再拖著沉重步伐從原路折返。但在跟他人一起跑步時，無論是多麼友善或熱心的跑友，他／她們難免都會對你有所要求，

要求聽他們講話，要求跟上他們的步伐，或是要求跟著大夥的課表一起練。你會被要求融入大夥團練的開心氣氛中，也就是涉入團體的意識中，當自己的意識和團體的意識混而為一，沒錯：痛苦感會變得更為淡薄，團練也會比獨練更愉快，尤其是 LSD 的時間也會過得比較快，但跑步所帶來獨處的美好，以及孤獨的各種價值也會因此消失。那也是為什麼我現在更喜歡獨自一人的訓練時光。

菲力浦・科克（Philip Koch）花了一本書的篇幅說明「孤獨」的定義、本質與價值。他在《孤獨》（Solitude）的第一章〈孤獨的各種面貌〉中旁徵博引，反覆思辯，最終替「孤獨」此一概念給定明確的界義，他說：

那麼，歸根究柢，孤獨是什麼？那是一種持續若干時間、沒有別人涉入的意識狀態。有了這個核心的特徵，孤獨的其他特徵也就跟著源源而出了：孤身一人；具有反省的心態；擁有自由，擁有寧靜；擁有特殊的時間感和空間感。[10]

這不就是跑步帶給我們的價值？讓我們能擁有一段持續若干時間、沒有別人涉入，獨自在路上移動腳步，感受特殊的時間感和空間感，感受平靜的心靈與自由無比的精神狀態。

一個人到咖啡館和圖書館，不一定就能享受獨處的樂趣，因為你還是有可能不自覺的想到別人，你所在意的某人還是會從你的腦中蹦出來，涉入到你的意識中，如此就不能稱為孤獨。但在跑步時，你會因為「跑者的愉悅感」（Runner's High），進入無人涉入的自給自足狀態。
獨自練跑的美妙，在於能夠誠實地面對自己，現在與未來的界線開始模糊，一切混而為呼吸、心跳與步伐聲。這種美妙的滋味是那種能守

住孤獨心靈與懂得損之又損的人才能享有，你必須先暫時捨棄一切，換上跑鞋獨自一人面對跑道。有些人是守不住孤獨的，要一個人面對長時間的訓練，是要懂得孤獨之美而不會感到寂寞的人。

寂寞（Loneliness）跟孤獨不同，它是一種情緒，而情緒乃是由你目前的生理感受、過去生活中所累積的價值觀、身心的欲望以及知覺模式所共同構成的聚合體。哲學家菲力浦對「寂寞」下了絕佳的定義：寂寞是一種不愉快的情緒，一種渴望與他人發生某種互動的情緒。[11]

孤獨與寂寞非但不同，而且是對立的，因為寂寞是一種渴求跟他人在一起的情緒，當某人感到寂寞的那段時間，也正是別人在他意識中涉入最深的時刻。就像是你在欣賞月光的同時思念起外地的戀人一樣，那是一種寂寞的情緒，而非孤獨。

電影中有許多失戀或苦苦思念另一半時在街頭奔跑的畫面。有些人因為失戀或思念而買醉，或找好友填補寂寞的心靈，但其實從寂寞光譜這一端要移往另一端方法就是跑步，當血液高速的流動、心臟加速跳動，此時能讓你的意識逐漸遠離他人的涉入狀態，你會逐漸奔向孤獨，甩開他人的羈絆，感受到自由的滋味。

在獨跑時，讓自己能夠從世俗中抽離出來，好好反省與檢視自我。在規律擺動身體的過程中，我們能把被社會切碎的自己花時間一片片地拼湊起來，找回真實自我的面貌。除此之外，在大自然中獨跑，能讓身心體會與大自然合而為一的感覺。尤其在原始非柏油路面上跑步時

---

10 菲力浦‧科克 Philip Koch 著，梁永安譯《孤獨》，立緒文化，1997 年出版，頁 40
11 菲力浦‧科克 Philip Koch 著，梁永安譯《孤獨》，立緒文化，1997 年出版，頁 44-45

所發出乾脆的觸地聲，每一下著地都能感受到腳掌與石礫與泥地接觸時所回傳的感覺，那觸感讓自己覺得就像某種在野地間奔跑的野生動物似的。這種感覺會讓身體回到它最原始的韻律感。實驗心理學已經證實在林間野地出現最多的綠色和淺藍色，對人類有著特殊的安撫效果，野地的分貝量，也剛好位於人類神經系統最能接受的水平。這一切都讓獨跑後的自我產生一股有用感和自信感。

獨跑者，除了尋求精神的自由之外，也為了解開精神上的枷鎖與困境，像是人際關係的糾紛或是工作上的難題無法解決，這些在跑步的過程中隨著規律的步伐，心情也會隨之安靜下來，在平靜的心湖上創意亦時常靈光乍現。

跑步不只帶來健康，還能替你鍛造出強韌的身心，透過跑步你能夠體驗自由、寧靜、特殊的時間感與空間感，在簡單的步伐聲中沉思，變成一位更好的人。這是跑步的用處，也是花再多錢都買不著的價值。

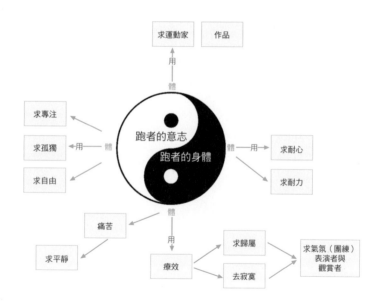

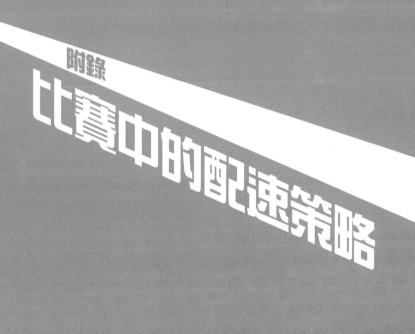

附錄
比賽中的配速策略

如何利用心率錶跑出最佳成績？

作為一個馬拉松跑者，接受漫長的訓練無非都是想要在目標比賽中發揮出自身最大的潛能，誰也不想在重大比賽時發生任何狀況，最常見的包括錯誤配速、補給不足、心理壓力等等，因此在賽前訂定一個適當的比賽策略絕對不可或缺。

根據丹尼爾博士幾十年的教練經驗以及研究成果，指出馬拉松比賽時最佳的心跳率應該是落在最大攝氧量的 75-84% 之間、或是最大心率的 79-89% 之間，經過適當且足夠訓練的馬拉松跑者，維持在這個區間之內通常都能跑出一場滿意的全馬。

半馬比賽策略：

- 前 3K 先把心率壓在 85~88%HRM。
- 3~10.5K，盡量讓心率維持在 85~88%HRM 區間，但此時可視情況調整，感覺不錯的話可拉到 88%，狀況不好則可降至 85% 來調整步調。
- 10.5~16.1K，可以讓心率再拉高到 89~90%。
- 16.1~18.1K（倒數 5 公里），可以再把心率拉到 92%。此時雖然拉高心率，但因為肌肉已經過於疲累，所以速度可能不變，甚至比前一段還慢一些，對此請不要在意，不必刻意維持速度。
- 18.1~21.1K（最後 3 公里），如果已經覺得有點勉強，請維持 92% 的強度，但如果覺得還可以，最高可拉至 95%，此強度應該可以再撐 15 分鐘左右，目的是跑到終點時剛好衰竭。

全馬比賽策略：

初階 / 初馬跑者：

- 前 20K 的心率控制在 75-80%HRM，介於 E 與 M 強度之間，前面的 20 公里就當作是暖身跑。
- 20~35K 的心率在 80-84%HRM，此時應該仍然感覺遊刃有餘。
- 35~42K 的心率在 84-89%HRM，最後 7 公里，千萬不能急，平穩地到達終點即可。

進階跑者：

- 前 20K 的心率控制在 80-84%HRM，盡量不要超過 84%，維持著適當的配速前進。
- 20~30K 的心率在 84-86%HRM。
- 30~35K 的心率在 86-88%HRM。
- 35~40K 的心率在 88-92%HRM。
- 40~42K，最後 2 公里，若有餘力的話就試著把力氣用盡吧！（92-95%HRM），或是維持在 88-92% 直到衝過終點線。

心率錶的警示功能：
讓心率錶成為賽場上的好夥伴

在進行長跑訓練或馬拉松比賽時，可以利用手錶的警示功能，定出理想的區間，當心率或配速超出或低於設定範圍時（建議以 M 心率區間為指標），會發出聲音和震動提醒，這樣就可以讓全程都能夠在合理的範圍內前進。

除了使用心率錶之外，你還可以設定 M 配速上限的警示功能。因為在馬拉松的賽場上，最容易犯的錯是「覺得很順就愈跑愈快」，此時可能心率沒有即時反應，而讓你在賽場上跌入「超速」的陷阱中。確定自己 M 配速的方法是：

1. 在週期 4 競賽期前半段找一天來測驗 10 公里，測驗前減量訓練至少

3 天。

2. 透過「跑力表」或「耐力網」來找出跑力。

3. 把跑力加 **1**，以此數值來找出對應的 **M** 配速

4. 把它當成你此次比賽的速度上限值，避免在比賽中超速。

假設測驗出來的 10 公里成績為 40 分鐘，耐力網計算出來的跑力為 52，加 1=53，對應出來的 M 配速為每公里 4 分 18 秒。因此 4:18/km 即為你此次馬拉松比賽時的速度上限。你最好把它設為警示，除非是陡下坡，否則當你的速度超過它時，就應該立即放慢。

馬拉松配速時間表

全馬時間	平均每公里	5 公里	10 公里	15 公里	20 公里	半馬	25 公里	30 公里	35 公里	40 公里	全馬時間
02:00:00	00:02:51	00:14:13	00:28:26	00:42:40	00:56:53	01:00:00	01:11:06	01:25:19	01:39:32	01:53:45	02:00:00
02:10:00	00:03:05	00:15:24	00:30:49	00:46:13	01:01:37	01:05:00	01:17:01	01:32:26	01:47:50	02:03:14	02:10:00
02:20:00	00:03:19	00:16:35	00:33:11	00:49:46	01:06:22	01:10:00	01:22:57	01:39:32	01:56:08	02:12:43	02:20:00
02:30:00	00:03:33	00:17:46	00:35:33	00:53:19	01:11:06	01:15:01	01:28:52	01:46:39	02:04:25	02:22:12	02:30:00
02:40:00	00:03:48	00:18:58	00:37:55	00:56:53	01:15:50	01:20:01	01:34:48	01:53:45	02:12:43	02:31:41	02:40:00
02:50:00	00:04:02	00:20:09	00:40:17	01:00:26	01:20:35	01:25:01	01:40:43	02:00:52	02:21:01	02:41:09	02:50:00
03:00:00	00:04:16	00:21:20	00:42:40	01:03:59	01:25:19	01:30:01	01:46:39	02:07:59	02:29:18	02:50:38	03:00:00
03:10:00	00:04:30	00:22:31	00:45:02	01:07:33	01:30:03	01:35:01	01:52:34	02:15:05	02:37:36	03:00:07	03:10:00
03:20:00	00:04:44	00:23:42	00:47:24	01:11:06	01:34:48	01:40:01	01:58:30	02:22:12	02:45:54	03:09:36	03:20:00
03:30:00	00:04:59	00:24:53	00:49:46	01:14:39	01:39:32	01:45:01	02:04:25	02:29:18	02:54:11	03:19:05	03:30:00
03:40:00	00:05:13	00:26:04	00:52:08	01:18:12	01:44:17	01:50:01	02:10:21	02:36:25	03:02:29	03:28:33	03:40:00
03:50:00	00:05:27	00:27:15	00:54:31	01:21:46	01:49:01	01:55:01	02:16:16	02:43:32	03:10:47	03:38:02	03:50:00
04:00:00	00:05:41	00:28:26	00:56:53	01:25:19	01:53:45	02:00:00	02:22:12	02:50:38	03:19:05	03:47:31	04:00:00
04:10:00	00:05:55	00:29:37	00:59:15	01:28:52	01:58:30	02:05:01	02:28:07	02:57:45	03:27:22	03:57:00	04:10:00
04:20:00	00:06:10	00:30:49	01:01:37	01:32:26	02:03:14	02:10:01	02:34:03	03:04:51	03:35:40	04:06:28	04:20:00
04:30:00	00:06:24	00:32:00	01:03:59	01:35:59	02:07:59	02:15:01	02:39:58	03:11:58	03:43:58	04:15:57	04:30:00
04:40:00	00:06:38	00:33:11	01:06:22	01:39:32	02:12:43	02:20:01	02:45:54	03:19:05	03:52:15	04:25:26	04:40:00
04:50:00	00:06:52	00:34:22	01:08:44	01:43:06	02:17:27	02:25:01	02:51:49	03:26:11	04:00:33	04:34:55	04:50:00
05:00:00	00:07:07	00:35:33	01:11:06	01:46:39	02:22:12	02:30:01	02:57:45	03:33:18	04:08:51	04:44:24	05:00:00
05:10:00	00:07:21	00:36:44	01:13:28	01:50:12	02:26:56	02:35:01	03:03:40	03:40:24	04:17:08	04:53:52	05:10:00
05:20:00	00:07:35	00:37:55	01:15:50	01:53:45	02:31:41	02:40:01	03:09:36	03:47:31	04:25:26	05:03:21	05:20:00
05:30:00	00:07:49	00:39:06	01:18:12	01:57:19	02:36:25	02:45:01	03:15:31	03:54:37	04:33:44	05:12:50	05:30:00
05:40:00	00:08:03	00:40:17	01:20:35	02:00:52	02:41:09	02:50:01	03:21:27	04:01:44	04:42:01	05:22:19	05:40:00
05:50:00	00:08:18	00:41:28	01:22:57	02:04:25	02:45:54	02:55:01	03:27:22	04:08:51	04:50:19	05:31:48	05:50:00
06:00:00	00:08:32	00:42:40	01:25:19	02:07:59	02:50:38	03:00:01	03:33:18	04:15:57	04:58:37	05:41:16	06:00:00

只要填寫回函，並剪下回函寄回遠流出版公司，
就有機會抽中以下由 UNDER ARMOUR 提供的限量贈品！

男子路跑服裝一套

HG Armour Vent
慢跑窄肩背心
市價 1480 元

HG 慢跑緊身短褲
市價 1480 元

女子路跑服裝一套

HG Armour Vent 慢跑背心
市價 1480 元

HG Great Escape II
慢跑短褲
市價 1080 元

活動辦法：
只要填寫回函，並剪下回函寄回「台北市 100 南昌路 2 段 81 號 4 樓 遠流出版三
部收」，就有機會抽中以上由 UNDER ARMOUR 提供的限量贈品。即日起至 2015
年 7 月 31 日前寄回（郵戳為憑），2015 年 8 月 10 日於「閱讀再進化」公布得
獎名單！

領獎辦法：
＊參加抽獎視同同意領獎辦法。領獎辦法係滿足國稅局相關規定，中獎人請體諒
並勿與本公司爭執。
＊獲得贈品之中獎人，需於上班時間攜帶身分證親赴本公司填寫收據後領取贈
品。公布得獎名單 1 個月後未親領者視同放棄贈品，由其他參與抽獎讀者替補。

備註：
＊本活動贈品不得要求變換現金或是轉換其他贈品，亦不得轉讓獎品給他人。
＊如遇尺寸未能滿足得獎者之情形，UNDER ARMOUR 保留更換等值贈品之權利。
＊贈品請以實際物品為準且不得挑選顏色。

- 您的跑步經歷是多久？
  □少於 1 年　□1~2 年　□3~5 年　□5 年以上　□10 年以上
- 您為什麼開始跑步？
  □健康　□樂趣　□朋友邀約　□媒體網路　□名人偶像　□其他（填寫）＿＿＿＿＿＿＿
- 您目前月跑量大約多少公里？（含參加賽事）
  □80K 以下　□81~200k　□201~300k　□301~400k　□400k 以上
- 請問您參加過距離最長的賽事距離為？
  □10K 以下　□半馬　□超半馬　□全馬　□超馬
- 請問您目前最常穿的跑鞋品牌？
  □ Under Armour　□ Asics　□ Mizuno　□ Nike　□ Adidas　□其他（填寫）＿＿＿＿＿＿＿
- 您是否有參加跑團？
  □是（填寫跑團名稱）＿＿＿＿＿＿＿＿＿＿　□否
- 您是否有參加過跑步訓練課程？
  □是（填寫為哪個品牌所舉辦）＿＿＿＿＿＿＿＿＿＿　□否
- 請問您參加的跑步訓練課程共有幾堂？
  □單堂　□2~4 堂　□5~8 堂　□9~12 堂　□12 堂以上
- 請問該課程是否收費？
  □是（收費金額／堂數）＿＿＿＿＿＿＿＿＿＿　□否
- 您參加的品牌跑步訓練課程類型為？（可複選）
  □跑姿訓練　□跑者肌力訓練　□跑者耐力訓練　□其他（填寫）＿＿＿＿＿＿＿＿＿
- 您有使用過 Under Armour 產品嗎？
  □是　□否
- 請問您是購買 Under Armour 的什麼產品？
  □服飾　□球鞋　□配件　□其他（填寫）＿＿＿＿＿＿＿＿＿
- 若未購買過，請問原因為何？
  □沒聽過　□價格過高　□店點太少　□不符需求　□其他（填寫）＿＿＿＿＿＿＿＿＿

（ 請您填寫最穩定常用的 EMAIL 信箱，儘量避免不穩定的免費 EMAIL，否則您有可能會收不到中獎通知。）

姓　　名：　　　　　　　　（請務必確實填寫您的中文姓名）
性　　別：　□男　□女
生　　日：　　年　　月　　日
電　　話：　　　　　　請填寫得獎人電話
　　　　　　　　　　　（電話與手機為必填欄位，可擇一填寫）
手　　機：　　　　　　請填寫得獎人手機
　　　　　　　　　　　（電話與手機為必填欄位，可擇一填寫）
地　　址：　　　　　　　　　　　　　　　　　　　（請填寫您的得獎人地址）
學　　歷：　□高中以下　□高中／高職　□專科／大學　□碩士　□博士
職　　業：　□資訊業　□製造業　□金融業　□廣告業　□服務業　□公務人員　□教師
　　　　　　□軍人　□學生　□已退休　□待業中
- 您是否願意收到 UNDER ARMOUR 最新產品訊息及優惠活動？
  □是，可 mail＿＿＿＿＿＿＿＿＿＿＿＿＿　□否

麥可・菲爾普斯
MICHAEL PHELPS
世界紀錄保持者史上最傑出游泳運動員之一

EA
YO
ARM
武裝

體能！技術！肌力！心志！
全方位的馬拉松科學化訓練

作者	徐國峰・羅譽寅
主編	蔡曉玲
行銷企劃	顏妙純
封面設計	李東記
內頁設計	張凱揚
攝影	子宇影像工作室 徐榕志
DVD 影像提供	Garmin

發行人	王榮文
出版發行	遠流出版事業股份有限公司
地址	臺北市南昌路 2 段 81 號 6 樓
客服電話	02-2392-6899
傳真	02-2392-6658
郵撥	0189456-1
著作權顧問	蕭雄淋律師

2015 年 5 月 1 日 初版一刷
2016 年 3 月 8 日 初版三刷
定價 新台幣 380 元（如有缺頁或破損，請寄回更換）
有著作權・侵害必究 Printed in Taiwan
ISBN 978-957-32-7627-2
遠流博識網 http://www.ylib.com
E-mail: ylib@ylib.com

特別感謝示範動作協力：楊志祥，鐵人國手，曾獲得世界大學鐵人三項錦標賽與
IRONMAN 70.3 世界錦標賽選手資格。

國家圖書館出版品預行編目 (CIP) 資料

體能！肌力！技術！心志！全方位的馬拉松科學化訓練 / 徐國峰, 羅譽寅著 . -- 初版 . -- 臺北市 : 遠流，
2015.05
　面；　公分
ISBN 978-957-32-7627-2(平裝)

1. 馬拉松賽跑 2. 運動訓練

528.9468　　　　　　　　　104005710